本书的研究和出版得到了国家自然科学基金项目（71903172）、教育部人文社科研究项目（18YJC790034）、浙江大学公共管理学院、中国农村发展研究院（CARD）、环境与能源政策研究中心的资助，在此表示衷心的感谢！

# 页岩能源革命

## 全球石油天然气产业的兴衰和变迁

龚斌磊◎著

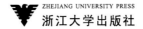
ZHEJIANG UNIVERSITY PRESS
浙江大学出版社

# 序 一

能源是国家经济发展的重要保障。近年来,美国通过水平井与水力压裂等新技术,掀起"页岩能源革命",实现非常规油气资源的有效开发。我国常规油气勘探总体已进入勘探开发中后期,特别是东部老油区勘探开发均已进入后期,稳产难度较大,亟待加强非常规油气资源勘探开发,弥补老油区产量的递减。

可喜的是,我国非常规油气勘探开发取得了重大突破,特别是致密气、页岩气和煤层气等非常规天然气的产量已超过国内天然气总产量的1/3。其中,页岩气是我国近期发展潜力最大的非常规品种,将成为今后5~10年天然气产量增长的主力,致密气及煤层气开发也将取得平稳发展;致密油勘探开发初具规模,页岩油和油页岩资源潜力大,将成为重要的后备接替资源。

但是,我国非常规油气勘探开发仍存在一些不足,例如对页岩油和油页岩的重要地位和勘探开发潜力认识不够、非常规油气工业化体系尚未建立、技术理论和基础管网建设与美国存在差距等。在此背景下,学习和借鉴美国"页岩能源革命"的先进经验,同时根据我国非常规油气资源的特点进行自主研发和技术改进,是尽早实现中国版"页岩能源革命"目标的关键途径。

龚斌磊博士所著的《页岩能源革命:全球石油天然气产业的兴衰和变

迁》，通过大量数据和案例，围绕"未来十年全球油气市场将如何变化？美国如何成为世界第一油气生产国？中国页岩产业和能源安全路在何方？水力压裂和水平钻井技术是喜是忧？能源生产是经济驱动还是环境驱动？全球石油巨头们谁是谁的竞争对手？"等重要课题开展了高质量的研究。

在这本观点鲜明、逻辑清晰的书里，作者从宏观和微观视角全面地呈现了全球石油天然气产业兴衰与变迁的过程。宏观部分首先介绍了全球市场总体变化趋势，然后分别分析了天然气和石油两个市场的兴衰与变迁，最后研究了我国页岩油气产业的现状与发展。微观部分重点研究了油气行业上游的石油服务企业和全产业链中的石油企业的微观行为与绩效，包括新技术的协同作用与生产效率、所有制对企业绩效的影响、企业间的竞争与合作等。如果你想了解未来能源市场将因页岩革命发生哪些变化，这是一本值得一读的好书。

中国工程院院士　康玉柱

2019.11.22

# 序 二

自 20 世纪 50 年代以来,油气逐步取代煤炭成为世界一次能源的主导力量。冷战期间,两次石油危机的发生使很多国家将能源安全上升到国家安全的高度。进入 21 世纪,美国页岩能源革命取得成功。原本能源对外依存度较高的美国,在很短的时间内实现了"能源独立"。

美国是如何做到的? 美国"能源独立"对国际关系和地缘政治有何影响? 未来油气在能源格局中的地位如何? 中国能否复制美国页岩能源革命的成功模式? 诸如此类的问题,受到中国能源工作者的普遍关注。

龚斌磊博士撰写的《页岩能源革命:全球石油天然气产业的兴衰和变迁》,是系统全面研究美国页岩能源革命的专著。龚博士长期在美国高校、能源企业和能源公共政策研究机构学习工作,现任职于浙江大学公共管理学院。其在海外求学、工作期间,恰逢美国页岩能源革命蓬勃发展之际。龚博士敏锐地注意到能源领域的这一历史性变化,十年磨一剑,将其近距离的观察和心得著成此书。

全书分上、下两篇,分别从宏观和微观角度探讨了页岩能源革命的影响。在宏观上,作者就全球油气行业结构的变化趋势、天然气在未来能源结构中的地位、我国页岩油气产业发展面临的挑战等主题进行研究,得出了一系列有价值的结论。而微观研究则涉及大型油气企业、页岩科技发展等问题。作为公共政策研究者,作者兼有能源科技和经济学的学术背景,其研究不是就事论事，而是对这些现象背后的成因做了深入分析，并提出了一系列宝贵的政策建议。

相信本书的出版能为能源经济研究者和能源产业从业人员提供许多可资借鉴的观点，并为广大读者拓展能源问题的全球视野提供帮助。期待作者有更多、更好的研究成果，为我国能源事业做出更大的贡献。

2019 年 11 月 27 日

# 前　言

　　能源是人类社会发展的物质基础。迫于环境压力,我国正努力减少煤炭使用。在新能源难以大量供给的背景下,油气资源,特别是天然气,因其相对清洁性将成为我国未来几十年稳定发展的重要保障。然而,我国油气开发无法满足国内需求,2018年石油和天然气对外依存度分别为70%和45%,均创历史新高。因此,如何更好地开发和利用油气资源对我国能源安全、经济发展和环境保护具有重要意义。

　　20世纪末,伴随着一系列的科技创新,一场能源革命来临。从1821年北美最早的页岩气井在纽约州被发现开始,人类逐渐意识到,大量石油和天然气被埋藏在页岩中。然而,从20世纪30年代利用酸溶解岩石提取原油开始,人类一直没有找到大量开采页岩油气资源的有效手段。直到1998年,美国米歇尔公司发明了水力压裂法,以及2001年,美国戴文能源公司发明了水平钻井技术。两项技术革新解锁了页岩资源的应用,引领了新的能源革命。

　　页岩能源革命率先触发了美国能源复兴。首先,在天然气方面,得益于页岩气的规模化开发,美国于2009年取代俄罗斯成为全球第一大天然气生产国。随后,页岩技术应用于石油产业,美国石油产量从2009年的日均500万桶倍增至2017年的日均1000万桶,超过沙特阿拉伯成为世界第一大产油国。其石油对外依存度从2008年的61%骤减至2015年的

24%，近年来更是开始大量出口石油。以米歇尔公司和戴文能源公司为代表的油气企业，通过科技创新，帮助美国抢占国际能源变革先机，并在地缘政治、社会经济、气候问题等方面产生深远影响，这对我国能源行业发展有较大的借鉴意义。

2009—2011年，我进入美国密歇根州立大学攻读硕士学位，主要进行美国新能源政策评估。通过两年的研究，我发现新能源的发展还存在很多障碍和挑战，使其无法在短期内取代碳氢能源，成为保障人类社会发展的主体能源。同时，正在席卷美国的页岩能源革命，让我看到技术创新如何在金融危机之后，将石油天然气这个美国的"夕阳产业"重塑成"朝阳产业"。因此，硕士毕业后，我选择进入美国莱斯大学攻读博士学位，研究能源经济学，并将研究重点放在石油天然气产业。

2011—2016年，我在被称为"世界能源之都"的美国休斯敦学习、工作和生活。除了在莱斯大学经济系攻读博士学位，借助休斯敦的区位优势，我还通过其他途径去观察和分析这场能源革命。2014年8月，我进入全球四大石油服务公司之一的威德福国际（Weatherford International），在副总裁凯伦·戴维格林（Karen David-Green）的手下，主要从事能源市场的宏观分析和金融分析工作。也许是巧合，2014年第4季度石油价格开始暴跌，市场格局开始发生变化。这段工作经历，让我有幸近距离观察这场国家间的博弈、新旧企业间的博弈，也让我重新认识到页岩技术革命的强大生命力和竞争力。一年之后，我进入美国贝克公共政策研究所能源中心，在这个全球第一的能源智库，以研究者的身份，关注整个油气市场的兴衰和变迁。贝克公共政策研究所由担任过美国财政部部长和国务卿的詹姆斯·贝克创建。贝克先生服务过福特、里根、老布什、小布什四任美国总统，主导了"广场协议"和德国统一协定，并在苏联解体和海湾战争等事件中扮演着重要角色。因此，贝克公共政策研究所吸引了全球各国政要来此参观和演讲。这也给了我许多交流和学习的机会，特别是能够和各国政要讨论能源政策和能源战略的机会。例如，美国能源部前部长、诺贝尔奖得主朱棣文（Steven Chu）就给了我许多关于博士论文的建议。这篇关于全球油气企业竞争力分析的博士论文，获得了莱斯大学杰出博士论文奖。研究结果还通过凯伦·戴维格林交至威德福高层，对其兼并收购战略提供了重要信息。

本书就是以我的博士论文，以及之后发表在能源经济三大刊（*Energy Journal*、*Energy Economics*、*Energy Policy*）上的研究成果为基础创作完成的，由上、下两篇组成，分别从宏观和微观角度分析全球油气市场。上篇是油气市场宏观分析，由四章组成：第一章是全球油气行业的总体分析；第二章和第三章分别介绍页岩革命背景下天然气市场和石油市场的发展情况；第四章分析我国页岩油气产业发展现状与未来。下篇是油气企业微观分析，由四章组成：第五章和第六章基于全球油服企业数据，分别探讨页岩技术对企业效率的影响以及企业之间的相互作用；第七章和第八章基于全球石油天然气企业（包括中国"三桶油"）数据，分别探讨企业所有制对油气生产的影响和油气企业间的竞争情况。

近年来，关于页岩革命和油气产业的书籍大量出版，这正说明了这场革命的重要性。与其他同类书籍相比，我认为本书主要有四个特点。首先，本书的学术性较强。油气市场宏观分析部分由四篇独立的中文论文构成，油气企业微观分析部分由四篇发表在 SSCI 一区期刊上的英文论文翻译而来。其次，本书的逻辑性较强。虽然八章是独立的八篇学术文章，但其内在联系紧密：上半部是宏观市场研究，先介绍全球市场整体情况，然后分天然气和石油两个市场展开研究，最后结合国际经验探讨我国开发页岩油气资源的前景和路径；下半部是微观企业分析，分别研究油服企业和油气企业这两类企业的生产效率。第三，本书数据的质量和时效性较强。本书分别利用 Rystad Energy 的 UCube 数据库构建 1990—2030 年全球油气宏观数据，利用 Spear 的 OMR 数据库构建 1996—2014 年全球 114 家主要油服企业面板数据，利用 Energy Intelligence 的百大石油企业数据库构建 2009—2016 年全球 54 家主要油气企业的面板数据，上述三个数据库均是全球权威数据库发布的最新数据。第四，本书的受众群体较广。虽然本书学术理论性较强，但多篇论文都是为解决作者在油气业界工作时遇到的实际问题展开的，例如本书给出了全球油服企业和油气企业的竞争力排名和各企业的主要竞争对手名单，从而科学地回答了企业管理中"谁是我的竞争对手"和"我是谁的竞争对手"等问题，除能源经济和产业经济领域的学者以外，能源行业从业者和管理者、能源投资者也将是本书的目标读者。

本书的出版，需要感谢美国莱斯大学社会科学学部部长安东尼奥·梅洛（Antonio Merlo）教授，经济系罗宾·西克尔斯（Robin Sickles）教授、唐勋（Tang Xun）教授和胡亚·埃拉斯兰（Hulya Eraslan）教授，商学院古斯塔沃·格鲁伦（Gustavo Grullon）教授，威德福国际副总裁凯伦·戴维格林、资深分析师邵彬（Bin Shao）和苏珊·尼曼（Suzanne Niemann），贝克公共政策研究所彼德·哈特利（Peter Hartley）教授和肯尼斯·麦德洛克（Kenneth Medlock）教授，美国密歇根大学赵金华（Jinhua Zhao）教授和金松青（Songqing Jin）教授，浙江大学郁建兴教授、郭苏建教授、黄祖辉教授和钱文荣教授，北京大学国家发展研究院王敏教授，中国人民大学能源经济系宋枫教授，自然资源部油气资源战略研究中心赵先良书记、王越研究员和王陆新研究员，以及美国能源部前部长、诺贝尔奖得主朱棣文（Steven Chu）和诺贝尔奖得主罗杰·迈尔森（Roger Myerson）对本书的指导和建议。还需要感谢我在浙江大学研究团队中的学生张书睿、王硕、章楠、许金凤、张启正、韩雨晴、赵嘉欣、徐慧敏、贺桢妮、袁菱苒对本书的翻译和校稿。对本书的不足之处，恳请读者给予批评指正。

2019 年 4 月 18 日于浙大启真湖畔

# 目　　录

下篇　全球石油天然气企业微观分析

# 上篇　全球石油天然气市场宏观分析

# 第一章 全球石油天然气行业结构变化与趋势分析

## 一、引 言

石油和天然气是全球最重要的能源和战略物资。自 1848 年在里海的巴库钻探出世界上第一口油井开始,油气资源就为人类文明的演进提供了坚实的物质基础。化石燃料(主要为石油、煤和天然气三种碳氢资源)在世界能源使用总量中所占比重达到 80% 左右。全球主要经济体特别是中国和美国,在能源消费中都非常倚重和依赖化石燃料,中国化石燃料消费量占能源消费总量的 92.6%,美国是 86.4%(Kolb,2013)。在化石燃料内部,在第一次工业革命中占主导作用的煤炭资源的地位正在下降。这一方面是因为煤炭在运输方面与石油相比劣势较大(Kolb,2013);另一方面是由于其温室气体排放量较高而成为各国节能减排的重要控制目标。因此,石油和天然气在全球能源供应中占据主体地位(Speight,2013),油气资源的开发和利用对国民经济的稳定与发展极其重要。中国在 2016 年 3 月发布的《中华人民共和国国民经济和社会发展第十三个五年规划纲要》和2016 年 9 月发布的《页岩气发展规划(2016—2020 年)》中,明确表示非常规油气(特别是页岩气)开采将是中国"十三五"时期重点工程和产业之一。

油气行业面临诸多压力与挑战。首先，石油和天然气是一次性能源，社会上长期存在对资源枯竭的恐慌。其次，世界主要优质油气田开发殆尽，资源开采成本飞速上升。第三，世界能源价格波动剧烈，对经济和民生产生重大影响。第四，油气资源集中的中东等地区政治稳定性差，资源供给无法保障。最后，随着环境保护意识的日趋增强，新能源发展迅猛，挤占了传统能源的市场份额。基于以上原因，许多国家正试图摆脱对油气资源的依赖。

与此同时，技术革命给油气行业带来机遇。首先，油气勘探技术得到提高。截至 2015 年，全球已经生产出的石油大约是 1.3 万亿桶。美国地质调查所①估计全球常规（液体）石油资源超过 6.7 万亿桶。美国能源信息署②则估计全球石油总地质储量为 9 万亿桶，加上天然气凝析液，总共有 20.6 万亿桶的石油资源。按此计算，人类已经开采的石油资源只占地质储量的 4% ～ 7%（Gorelick，2011）。美国能源信息署的数据还显示，1980 年，全球已探明石油储量为 0.6 万亿桶，可开采年限是 28 年，这意味着当时探明的石油储量将在 2007 年左右消耗殆尽。然而到了今天，石油非但没有枯竭，已探明储量和可开采年限仍在增加。英国石油公司（BP）的《2017 年世界能源统计年鉴》显示，全球探明石油储量达 1.707 万亿桶，石油储产比提高到 50.6 年，这都要归功于更加先进的油气勘探技术。其次，油气资源的商业化开采技术日趋成熟。1950 年，钻井出油的成功率仅仅为 20%，而 2004—2007 年，该成功率提升至 52% ～ 58%。商业化的成功，还给微观油气企业带来了丰厚的回报。2000 年以前的 15 年间，总部位于美国的主要能源公司的投资回报率（ROI）为 2%，但 2000—2008 年，

---

① 美国地质调查所（US Geological Survey）的评估是对世界上石油资源基本状况最可靠、最全面的评价。

② 美国能源信息署（Energy Information Administration，EIA）是隶属于美国能源部的一个统计机构，其公布的能源数据具有高度的权威性。

这些公司的投资回报率已经上升到7%,超过美国制造公司的平均回报率(Gorelick,2011)。

全球油气行业既面临着环境问题与新能源发展的挑战,又遇到技术创新与页岩革命带来的发展机遇。未来10年,该行业将发生哪些结构性变化,又将何去何从?本章运用挪威著名能源咨询公司Rystad Energy的数据,对1990—2030年全球石油天然气行业的投入与产出情况进行分析,重点剖析这40年中油气产业结构性的调整以及未来发展的趋势。Rystad Energy公司与全球范围内的石油服务公司、金融组织、投资者和政府关系密切并提供高质量的全球油气宏观及微观数据,其行业数据和分析报告常常被美国能源信息署等知名分析机构和石油服务公司所引用。本章研究结果表明:(1)全球油气市场投入持续加大,增产趋势放缓;(2)在油与气的竞赛中,天然气产量大增,竞争力明显提高;(3)陆地优质油气田枯竭,海上油气开采前途光明;(4)页岩革命助推非常规油气开发,低油价难阻其继续发展;(5)中东与北美占据全球能源市场的半壁江山,亚非拉将保持稳定,欧洲市场将持续萎缩。

## 二、全球油气总体情况

表1-1显示了全球油气行业1990—2030年的总体情况,从投资额、产量和单产所需投资三方面进行比较。油气市场受经济周期影响明显,为消除波动产生的偏差,本章比较每10年平均值的变化情况[①]。

---

① 20世纪90年代和21世纪前10年的数据均为对应每10年实际产量的平均值(例如,20世纪90年代产量为1990—1999这10年的平均年产量)。21世纪第二个10年的数据是2010—2015年的实际值和2016—2019年预测值的平均数,21世纪20年代的数据是2020—2029这10年预计值的均值,2030年为该年的预计值。

表 1-1  全球油气总体开发情况

| | 20世纪90年代 | 21世纪前10年 | 21世纪第二个10年 | 21世纪20年代 | 2030年 |
|---|---|---|---|---|---|
| 投资额/(亿美元/年) | 2070 | 5619 | 12095 | 18187 | 21950 |
| 年均增长率/% | | 10.5 | 8.0 | 4.2 | 4.3 |
| 产量/(亿桶油当量/年) | 388 | 463 | 545 | 603 | 618 |
| 年均增长率/% | | 1.8 | 1.6 | 1.0 | 0 |
| 单产所需投资/(美元/桶) | 5.33 | 11.89 | 22.25 | 30.11 | 35.51 |
| 年均增长率/% | | 8.4 | 6.5 | 3.1 | 4.3 |

从投资额上看,全球油气总体投资额预计将从20世纪90年代年均2000亿美元上升到2030年的2.2万亿美元。总体而言,投资额的增长趋势逐渐放缓,从21世纪前10年的10.5%下降到如今的8%,预计2020年后将会进一步降低到4%的水平。

从产量上看,全球油气产量的绝对值仍在增加,从20世纪90年代平均年产量388亿桶油当量预计上升到2030年的618亿桶油当量。但油气产量的增长率呈逐渐下滑趋势,从2000年开始,每10年的平均增速从1.8%下降到1.6%再下降到1.0%。到2030年,油气产量的增速预计将降至0.0%,这意味着油气产量的峰值即将到来,与美国能源部得出的石油产量峰值将会出现在2030年的预测相吻合(Gorelick,2011)。

从单产所需投资上看,由于产量比较稳定,全球单位产出所需投资的增长情况与总体投资额类似,20世纪90年代开采一桶油的平均成本为5.33美元,现阶段大约在每桶油当量22美元,预计到2030年单位产出所需投资额将提高到35美元以上。

## 三、石油和天然气开发

按能源种类分,全球油气资源可以分为石油和天然气两大类。金融危机之后,全球进入了气候立法时代。气候法案常常覆盖大多数行业,并提出苛刻的减排目标(陈波,2012)。相对于煤炭和石油,天然气是一种更清洁的能源。当用于供暖或工业生产时,同热值的天然气比石油少排放25%~30%的二氧化碳,比煤炭少排放40%~50%的二氧化碳;当用于发电时,天然气比煤炭少排放60%的二氧化碳(耿小烬等,2015)。因此,当新能源无法在短期内稳定大量地供给时,天然气被认为是一种重要的过渡性能源,甚至是很长一段时间内的主力清洁能源,其受重视程度与日俱增。天然气市场份额不断增长的一个重要原因是发达国家在发电方面用其替代了煤炭,另外一个原因是交通运输部门的崛起。

当然,与石油市场相比,天然气市场也存在一些问题。天然气市场尚未成熟,生产者之间互相争夺市场份额,地理位置具有优越性的供应商获得了暂时垄断的机会。长距离管道运输是一种解决途径,但其具有投资周期长、投资规模大等风险,因此在许多地区天然气供需不平衡的情况仍难以得到改善。发展液化天然气市场从中期或长期来看也是打破这种区域垄断的一种途径,因为液化使得天然气便于运输,真正成为石油的替代品(El-Gamal and Jaffe,2009),但是如何降低液化、运输和气化的成本是一道难题。

表 1-2 将全球油气总体的投入产出分为石油和天然气两大块,并且从投入与产出的绝对值和相对值等多个方面比较石油和天然气的发展趋势。

表 1-2　全球石油与天然气开发情况

| | | | 20 世纪 90 年代 | 21 世纪前 10 年 | 21 世纪第二个 10 年 | 21 世纪 20 年代 | 2030 年 |
|---|---|---|---|---|---|---|---|
| 投入 | 投资额/(亿美元/年) | 石油 | 1247 | 3362 | 7530 | 11486 | 13867 |
| | | 天然气 | 725 | 2001 | 4295 | 6701 | 8083 |
| | 占全球比重/% | 石油 | 63.2 | 62.7 | 63.7 | 63.2 | 63.2 |
| | | 天然气 | 36.8 | 37.3 | 36.3 | 36.8 | 36.8 |

续表

| | | | 20 世纪90 年代 | 21 世纪前 10 年 | 21 世纪第二个 10 年 | 21 世纪20 年代 | 2030 年 |
|---|---|---|---|---|---|---|---|
| 产出 | 产量/(亿桶油当量/年) | 石油 | 231 | 264 | 292 | 311 | 312 |
| | | 天然气 | 151 | 188 | 236 | 272 | 285 |
| | 占全球比重/% | 石油 | 60.4 | 58.5 | 55.3 | 53.3 | 52.2 |
| | | 天然气 | 39.6 | 41.5 | 44.7 | 46.7 | 47.8 |
| 投入产出效率 | 单产所需投资/(美元/桶) | 石油 | 5.39 | 12.53 | 25.86 | 36.91 | 44.49 |
| | | 天然气 | 4.79 | 10.41 | 18.25 | 24.56 | 28.34 |
| | 投入产出指数(全球平均为 1) | 石油 | 1.01 | 1.05 | 1.16 | 1.23 | 1.25 |
| | | 天然气 | 0.9 | 0.88 | 0.82 | 0.82 | 0.8 |

从投入来看,石油和天然气的投资额比例从 1990 年到 2030 年都将一直稳定在 63∶37。这说明对于这两种能源的投入增速保持在一致的水平上,未来 15 年石油仍将得到稳定的资金支持。

然而,石油产量的增速却远低于天然气产量的增速。石油产量稳定在每年 300 亿桶,并且即将逼近峰值,而天然气产量在 2030 年之前预计将会保持持续、稳定、显著的增长。这个结论的得出主要基于以下两点原因:一是在供应端受惠于页岩革命带来的页岩气产量的爆发式增长;二是在需求端得益于相对清洁的天然气在全球应对气候变化的背景下更广泛的使用。因此,天然气产量占油气总产量的比重从 20 世纪 90 年代的 40%预计将上升到 2030 年的 48%,接近油气总产量的一半。

此外,表 1-2 列出了石油和天然气每桶产出所需投资额,并且以表 1-1 中的总体单产所需投资额为基准,给出投入产出指数。根据投入产出数据,与石油相比,天然气的投入产出比更低,而且石油和天然气投入产出比的差距随时间增大,这表明天然气价格更低、竞争力更强,并且这种优势正在加大。天然气的价格优势有利于经济的发展,《金融时报》认为低能源成本将在未来 10 年为美国 GDP 带来 1%的增长,而且天然气会推动美国经济的总体热潮(Kolb,2013)。

## 四、陆地和海上开发

按照钻井平台的分布,全球油气活动可分为陆地开采和海上(离岸)开采。随着陆上油气资源的日益枯竭,许多产油国将加大对深海水域的开发力度。海上钻井是在大陆架海区,为勘探开发海底石油和天然气而进行的钻探工程。与陆地相比,海上钻井主要有四点困难:一是如何搭建抗风浪的平稳井架;二是如何把海水与井筒隔绝开来;三是平台空间狭小,防爆要求高;四是需要水下机器人进行水下观察和水下操纵(韩明良等,2012)。正因为这些难题,海上钻井开采石油的费用普遍高于陆地开采。表1-3描述了陆地和海上开采油气资源的投入产出数据。

从投资额上看,20世纪90年代投资陆地油气田的资金占总体的56.5%,在2000年后上升并保持在60%以上。由此可见,未来的一段时间内石油服务公司仍然偏好对陆地上的油气资源进行投资。虽然海上油气田的投资额有所下降,但是海上油气的产量却逐年提高,从20世纪90年代油气开采总量的27.7%预计上升到2030年的33.5%。这一方面是因为优质的陆地油气田正在逐步枯竭;另一方面,由于深海油气田的开发日益成熟,生产环节日益稳定,成本得到了有效降低。从投入产出比上看,海上油气开发的投入产出比仍然高于陆地油气田开发,但是二者的差距正在缩小。20世纪90年代海上开采的单位投资额是全球平均投资额的1.6倍,是陆地开采的2倍以上。而到2030年海上开采的单位成本预计仅比全球平均水平高两成,比陆地开采单位成本高三成(参见表1-3)。

表 1-3　全球陆地与海上油气开发情况

| | | | 20 世纪 90 年代 | 21 世纪 前 10 年 | 21 世纪 第二个 10 年 | 21 世纪 20 年代 | 2030 年 |
|---|---|---|---|---|---|---|---|
| 投入 | 投资额/ (亿美元/年) | 陆地 | 1169 | 3449 | 7690 | 11154 | 13228 |
| | | 海上 | 901 | 2169 | 4405 | 7034 | 8723 |
| | 占全球比重 /% | 陆地 | 56.5 | 61.4 | 63.6 | 61.3 | 60.3 |
| | | 海上 | 43.5 | 38.6 | 36.4 | 38.7 | 39.7 |
| 产出 | 产量/ (亿桶油当量/年) | 陆地 | 280 | 321 | 386 | 417 | 411 |
| | | 海上 | 108 | 142 | 159 | 186 | 207 |
| | 占全球比重 /% | 陆地 | 72.3 | 69.3 | 70.8 | 69.2 | 66.5 |
| | | 海上 | 27.7 | 30.7 | 29.2 | 30.8 | 33.5 |
| 投入 产出 效率 | 单产所需投资 /(美元/桶) | 陆地 | 4.17 | 10.52 | 19.99 | 26.74 | 32.16 |
| | | 海上 | 8.39 | 14.98 | 27.77 | 37.64 | 42.16 |
| | 投入产出指数 (全球平均为1) | 陆地 | 0.78 | 0.89 | 0.9 | 0.89 | 0.91 |
| | | 海上 | 1.57 | 1.26 | 1.25 | 1.25 | 1.19 |

## 五、常规与非常规油气开发

常规油气资源大多储藏在地下的砂岩或碳酸岩层中,经垂直钻井后较容易抽取和生产,开采过程好比把一根吸管插入饮料中,极易吸取,产量大且成本低;而非常规油气资源,如储藏于页岩、煤层或致密砂岩层的油气资源,因其流动性小而不易开采。

首先成功实现非常规油气资源商业化开采的是乔治·米歇尔的项目。该项目在 1998 年利用水力压裂法开采页岩气(孔祥永,2014)。水力压裂和水平钻探两项技术革新解锁了上述页岩气的开采,触发了美国能源的复兴(Kolb,2013;舒建中,2014;张大权等,2015)。新的井工厂技术和 3D 成像技术更是推进了页岩气开采的商业化步伐,以宾夕法尼亚的马塞勒斯页岩为例,其单口水平井①开发的体积是直井的 4000 多倍(Speight,2013)。

　　页岩气革命将使美国实现"能源独立"(高辉清,2012;潜旭明,2014;李强等,2014;张茂荣,2014),有研究认为页岩气和新探明的常规天然气可供美国国内消费 200 年甚至更久(元简,2012)。这会导致美国在中东的持续战略收缩,由此引发一系列地缘政治反应(郎一环等,2008;管清友等,2013;王龙林,2014)。同时,该革命将激发欧洲国家、中国等能源消费大国开发页岩气的兴趣(Riley,2012)。页岩气的大规模开发还将推动世界能源格局进入廉价天然气时代,这将挤占风能、太阳能等可再生能源的市场份额(刘长松,2013;潜旭明,2014),也将阻碍全球能源消费向可再生能源的转变(Jaffe,2010)。

　　大陆石油公司、黑丁顿石油公司和莱科能源集团(在巴肯地区)证明了,使用页岩技术,从坚硬的岩石中不仅可以获取天然气,还可以获取石油(徐小杰,2013)。石油分子比天然气分子更容易在岩石中流动(Zuckerman,2013)。水平井钻井技术、大规模压裂技术和微地震实时监测诊断技术是页岩油开采的三大关键技术。Chaudhary(2015)通过研究发现,应用水平井多级分段压裂能将页岩油的最终采收率提高 6%(孙张涛等,2015)。

　　随着页岩气和页岩油的大规模商业化,非常规油气资源成为油气资源中一股不可忽略的新力量。表 1-4 将全球油气资源分为常规和非常规两大类,并分别分析其投入与产出的发展态势。

---

　　①　水平钻探实际路径是有夹角的,有时候又被叫做鱼钩钻探(fishhook drilling)(Kolb,2013)。

表 1-4  全球常规与非常规油气开发情况

| | | 20 世纪90 年代 | 21 世纪前 10 年 | 21 世纪第二个 10 年 | 21 世纪20 年代 | 2030 年 |
|---|---|---|---|---|---|---|
| 投入 | 投资额/(亿美元/年) 常规 | 1806 | 4625 | 8842 | 13097 | 15656 |
| | 非常规 | 165 | 738 | 2984 | 5091 | 6294 |
| | 占全球比重/% 常规 | 91.6 | 86.2 | 74.8 | 72.0 | 71.3 |
| | 非常规 | 8.4 | 13.8 | 25.2 | 28.0 | 28.7 |
| 产出 | 产量/(亿桶油当量/年) 常规 | 364 | 422 | 442 | 442 | 442 |
| | 非常规 | 19 | 30 | 86 | 141 | 155 |
| | 占全球比重/% 常规 | 95.1 | 93.3 | 83.8 | 75.8 | 74.0 |
| | 非常规 | 4.9 | 6.7 | 16.2 | 24.2 | 26.0 |
| 投入产出效率 | 单产所需投资/(美元/桶) 常规 | 4.96 | 10.81 | 20.01 | 29.64 | 35.42 |
| | 非常规 | 8.84 | 22.67 | 36.32 | 35.94 | 40.63 |
| | 投入产出指数(全球平均为1) 常规 | 0.93 | 0.91 | 0.9 | 0.98 | 1 |
| | 非常规 | 1.66 | 1.91 | 1.63 | 1.19 | 1.14 |

在投入方面,20 世纪 90 年代非常规油气投资额占油气行业总体投资的比重不足 10%,如今已猛增到 25%。虽然今后投资增速将会放缓,但预计到 2030 年仍有望提高到 28.7%。在产出方面,非常规油气的占比更是从 20 世纪 90 年代的 5%提高到如今的 16.2%,并且这种高增速预计将会持续,到 2030 年有望再提高 10 个百分点。

通过投入产出比的变化趋势可以发现,从 20 世纪 90 年代到 21 世纪第二个 10 年,非常规油气单产所需投入的变化不大,其市场份额的提高更多是依赖投资额的增加。而今后的一个重大变化是,非常规油气产量的持续提高将更多依赖科技的进步而非粗放型增长,因此非常规油气的投入产出比将大幅下降。尽管非常规油气的单位成本相对于常规油气仍然偏高(21 世纪第二个 10 年中非常规油气与常规油气的单位成本比是 1.63:0.9),但是两者的差异正在迅速缩小(21 世纪 20 年代非常规油气与常规油气的单位成本比是 1.19∶0.98),常规油气的竞争优势明显降低。

## 六、各地区油气发展情况

本节分别从投入、产出和投入产出比三个方面对中东、北美、亚洲、非洲、南美洲、欧洲、俄罗斯与大洋洲等八个地区的油气开发情况进行分析。按照国际惯例,在油气行业分析中将俄罗斯从欧洲单列出来,原因有三:地缘政治上,俄罗斯是重要的油气生产大国,但不属于欧盟成员国;地理上,俄罗斯的大部分产油气区处于亚洲;资源禀赋上,俄罗斯的开采环境和欧洲大部分地区不同,资源开采成本较低。

表 1-5 汇报了全球各地区油气投入情况。从投资绝对额来说,所有地区的油气投资量都随时间增加,但各地区的投资比重却有显著差异。北美地区的投入是最大的,始终保持在全球的 30% 左右。中东的投资额从 20 世纪 90 年代的 11.1% 稳步提升到现在的 12.4%,并且将会继续增加,到 2030 年预计将会突破全球油气产业总投资的 15%。亚洲的油气投资从 20 世纪 90 年代至今一直保持略高于中东的水平,但其份额到 21 世纪 20 年代将会逐渐下降,预计到 2030 年会低至全球投资额的 11.5%。非洲和南美洲的投资额总体保持稳定增长的态势,预计到 2030 年将逼近亚洲的水平,达到全球份额的 11% 左右。与此同时,欧洲和俄罗斯的市场份额却急速下降,欧洲的油气投资额从 20 世纪 90 年代至今下降了一半以上,从 18.2% 萎缩至 8%,预计今后将会保持在这一水平;俄罗斯的下滑速度略低于欧洲,从 20 世纪 90 年代的 13.5% 下降到当前的 10%,但这种缓慢的下滑态势应该不会停止,预计到 2030 年仍会下降 1 个百分点。此外,大洋洲的投资额是所有区域中最小的,在 20 世纪 90 年代仅占全球的 2%,但其增长率是最高的,预计到 2030 年其市场份额将会超过 4%。

表 1-5    全球各地区油气投入情况

| | | 20 世纪90 年代 | 21 世纪前 10 年 | 21 世纪第二个 10 年 | 21 世纪20 年代 | 2030 年 |
|---|---|---|---|---|---|---|
| 投资额/（亿美元/年） | 中东 | 230 | 652 | 1498 | 2571 | 3335 |
| | 北美 | 557 | 1640 | 3711 | 5564 | 6612 |
| | 亚洲 | 252 | 813 | 1867 | 2406 | 2521 |
| | 非洲 | 175 | 591 | 1155 | 1952 | 2505 |
| | 南美洲 | 161 | 532 | 1240 | 1948 | 2396 |
| | 欧洲 | 376 | 596 | 967 | 1329 | 1708 |
| | 俄罗斯 | 279 | 679 | 1194 | 1767 | 1963 |
| | 大洋洲 | 40 | 115 | 462 | 650 | 910 |
| 占全球比重/% | 中东 | 11.1 | 11.6 | 12.4 | 14.1 | 15.2 |
| | 北美 | 26.9 | 29.2 | 30.7 | 30.6 | 30.1 |
| | 亚洲 | 12.2 | 14.5 | 15.4 | 13.2 | 11.5 |
| | 非洲 | 8.5 | 10.5 | 9.6 | 10.7 | 11.4 |
| | 南美洲 | 7.8 | 9.5 | 10.3 | 10.7 | 10.9 |
| | 欧洲 | 18.2 | 10.6 | 8.0 | 7.3 | 7.8 |
| | 俄罗斯 | 13.5 | 12.1 | 9.9 | 9.7 | 8.9 |
| | 大洋洲 | 1.8 | 2.0 | 3.7 | 3.7 | 4.2 |

表 1-6 汇报了全球各地区油气产出情况。虽然北美的投资额为世界第一,是中东的两倍,但是中东的石油产量在 21 世纪初就实现了对北美的反超,预计到 2030 年中东和北美将分别贡献全球产量的 27.1% 和 26.5%,两地区的油气产量之和将会超过全球其他区域产量的总和。亚洲的产量占全球的比重从 1990 年至今有所上升,但预计今后会下降,到 2030 年市场份额将会回到 1990 年的水平,占全球的 11.6%。非洲和南美洲的贡献率较为稳定,分别占全球总量的 8% 左右。欧洲和俄罗斯的市场份额随着投入比重的减少而快速下降,其中欧洲的份额预计将出现断崖式

下跌,从 1990 年的 10.7% 下滑到 2030 年的 5% 以下,俄罗斯的份额从 1990 年的 16.1% 预计下降到 2030 年的 10.8%。大洋洲的产出比重从 1990 年至今稳定在 1.3% 左右,但预计会迅速提高,到 2030 年将达到全球总量的 3%。值得注意的是,整个美洲大陆的石油产量将从如今的 30.7% 增加到 2030 年的 34.4%,无论是总量还是增量都超过中东,这印证了世界油气中心将从中东地区"西移"至美洲的观点(林利民,2012;武正弯,2014)。

表 1-6　全球各地区油气产出情况

| | | 20 世纪<br>90 年代 | 21 世纪<br>前 10 年 | 21 世纪<br>第二个 10 年 | 21 世纪<br>20 年代 | 2030 年 |
|---|---|---|---|---|---|---|
| 产量/<br>(亿桶油当量/年) | 中东 | 81.5 | 105 | 139.9 | 164.2 | 167.6 |
| | 北美 | 95.4 | 100.8 | 127.4 | 160.5 | 164.1 |
| | 亚洲 | 45.1 | 61.1 | 75.6 | 72.1 | 71.7 |
| | 非洲 | 31.6 | 44 | 45.4 | 45.1 | 51.7 |
| | 南美洲 | 24.9 | 34.9 | 39.8 | 43.4 | 48.9 |
| | 欧洲 | 41.5 | 43.6 | 32.8 | 30.5 | 28.9 |
| | 俄罗斯 | 62.5 | 67.7 | 76.5 | 73.8 | 66.5 |
| | 大洋洲 | 5.1 | 5.7 | 7.5 | 13.6 | 18.7 |
| 占全球比重<br>/% | 中东 | 21.0 | 22.7 | 25.7 | 27.2 | 27.1 |
| | 北美 | 24.6 | 21.8 | 23.4 | 26.6 | 26.5 |
| | 亚洲 | 11.6 | 13.2 | 13.9 | 12.0 | 11.6 |
| | 非洲 | 8.2 | 9.5 | 8.3 | 7.5 | 8.4 |
| | 南美洲 | 6.4 | 7.5 | 7.3 | 7.2 | 7.9 |
| | 欧洲 | 10.7 | 9.4 | 6.0 | 5.1 | 4.7 |
| | 俄罗斯 | 16.1 | 14.6 | 14.0 | 12.2 | 10.8 |
| | 大洋洲 | 1.3 | 1.2 | 1.4 | 2.2 | 3.0 |

　　表 1-7 汇报了全球各地区油气投入产出效率情况。从投入产出指数来看,中东的油气价格一直是相对较低的,每单位产量所需投入仅为全球

平均水平的一半左右。俄罗斯的油气资源也有较低的投入产出比,单位成本稳定在全球平均值的八成。亚洲的投入产出比一直维持在全球平均水平。北美的投入产出比从 1990 年至今显著增长,但到 2030 年预计将回到1990 年的水平,高出全球平均值约一成。非洲的单位成本从 1990 年的全球平均水平预计到 2030 年将会逐步提高到 37%,超出全球平均水平。南美洲的投入产出比一直稳定在全球平均值的 1.3 倍左右。相比之下,欧洲的油气开采费用较高,预计到 2030 年单位产出所需投入会超出全球平均值的 2/3。大洋洲的油气投入产出比迅速增长,但预计今后将会降低,到2030 年将与非洲和南美洲持平。

表 1-7　全球各地区油气投入产出效率情况

| | | 20 世纪90 年代 | 21 世纪前 10 年 | 21 世纪第二个 10 年 | 21 世纪20 年代 | 2030 年 |
|---|---|---|---|---|---|---|
| 单产所需投资/(美元/桶) | 中东 | 2.84 | 6 | 10.71 | 15.63 | 19.9 |
| | 北美 | 5.82 | 16.21 | 29.37 | 34.61 | 40.29 |
| | 亚洲 | 5.57 | 12.78 | 24.67 | 33.41 | 35.15 |
| | 非洲 | 5.49 | 12.84 | 25.51 | 43 | 48.48 |
| | 南美洲 | 6.49 | 14.87 | 31.18 | 44.66 | 48.96 |
| | 欧洲 | 9.14 | 14.11 | 29.51 | 43.53 | 59.1 |
| | 俄罗斯 | 4.46 | 9.8 | 15.61 | 24.1 | 29.51 |
| | 大洋洲 | 7.75 | 20.81 | 69.9 | 47.39 | 48.7 |
| 投入产出指数(全球平均为 1) | 中东 | 0.53 | 0.5 | 0.48 | 0.52 | 0.56 |
| | 北美 | 1.09 | 1.36 | 1.32 | 1.15 | 1.13 |
| | 亚洲 | 1.05 | 1.07 | 1.11 | 1.11 | 0.99 |
| | 非洲 | 1.03 | 1.08 | 1.15 | 1.43 | 1.37 |
| | 南美洲 | 1.22 | 1.25 | 1.4 | 1.48 | 1.38 |
| | 欧洲 | 1.72 | 1.19 | 1.33 | 1.45 | 1.66 |
| | 俄罗斯 | 0.84 | 0.82 | 0.7 | 0.8 | 0.83 |
| | 大洋洲 | 1.46 | 1.75 | 3.14 | 1.57 | 1.37 |

# 七、总结

总体而言,全球油气市场产量将会继续稳定增长,预计到 2030 年接近峰值,石油天然气在未来很长的一段时间内仍将保持全球能源供应的主体地位。但随着优质低成本油气田的枯竭,为保持产量所需投入将会大大增加,这对石油服务行业的企业是一个利好消息。

从油气行业内部结构来看,未来十余年的变化趋势明显。第一,在油与气的比例上,天然气的比重和竞争力明显提高,天然气作为相对清洁的一次性能源,将成为重要的过渡性能源甚至是主力清洁能源。第二,优质油气田枯竭导致陆地开采优势减弱,海上油气开采将因科技进步而前途光明。第三,以水平钻井和水力压裂为代表的页岩革命助推非常规油气的商业化开发,当今的低油价难阻其继续发展态势,非常规油气与常规油气的竞争差距将会缩小。

从油气开采业务的区域分布来看,中东与北美将长期占据全球市场的半壁江山,继续主导能源价格和话语权。亚非拉在全球油气市场将保持相对稳定的地位和份额,因此,这三地的发展中国家不应该过度依赖能源产业而忽略其他可持续产业,防止陷入资源诅咒的困境。而欧洲(含俄罗斯)的油气市场预期将持续萎缩,这与欧洲走在新能源发展的前列和民众的环保意识关系密切,其从化石能源走向可再生能源的路径值得其他地区学习和借鉴。

# 参考文献

[1] 陈波.低碳大变革:下一个 30 年我们怎么办[M].北京:石油工业出版社,2012.

[2] 高辉清.美国页岩气革命及其对我国的影响[J].发展研究,2012

(12)：4.

[3] 耿小烬，游声刚，吴艳婷，等．页岩气产业资金问题及政策建议[J]．中国矿业，2015(10)：68-71.

[4] 管清友，李君臣．"页岩气革命"与全球政治经济格局[J]．西部资源，2013(3)：48-52.

[5] 韩明良，滕瑶，王海冰，等．海洋平台钻井系统的特殊性设计[J]．船舶标准化工程师，2012，45(2)：42-44.

[6] 孔祥永．美国"页岩气革命"及影响——兼论对中国页岩气开发的启示[J]．国际论坛，2014(1)：71-76.

[7] 郎一环，王礼茂．石油地缘政治格局的演变态势及中国的政策响应[J]．资源科学，2008(12)：1778-1783.

[8] 李强，魏巍，徐康宁．国际资源供求现状、走势及对中国的影响——基于"页岩气革命"的思考[J]．北京社会科学，2014(7)：121-128.

[9] 林利民．世界油气中心"西移"及其地缘政治影响[J]．现代国际关系，2012(9)：50-55.

[10] 刘长松．美国页岩气革命影响世界能源格局[N]．中国社会科学报，2013-04-10(A6).

[11] 潜旭明．美国"能源独立"的影响及对我国的启示[J]．理论视野，2014(12)：60-63.

[12] 舒建中．页岩气革命对美国能源主导地位的影响[J]．国际观察，2014(5)：78-89.

[13] 孙张涛，田黔宁，吴西顺，等．国外致密油勘探开发新进展及其对中国的启示[J]．中国矿业，2015(9)：7-12.

[14] 王龙林．页岩气革命及其对全球能源地缘政治的影响[J]．中国地质大学学报：社会科学版，2014，14(2)：35-40.

[15] 武正弯．美国"能源独立"的地缘政治影响分析[J]．国际论坛，

2014(4)：7-12.

　　[16] 徐小杰. 美国能源独立趋势的全球影响[J]. 国际经济评论，2013(2)：34-45.

　　[17] 元简. 页岩气革命给美国气候政策带来的挑战[J]. 国际问题研究，2012(6)：39-49.

　　[18] 张大权，张家强，王玉芳，等. 中国非常规油气勘探开发进展与前景[J]. 资源科学，2015，37(5)：1068-1075.

　　[19] 张茂荣. 美国"能源独立"前景及其地缘经济影响[J]. 现代国际关系，2014(7)：52-58.

　　[20] Chaudhary A S. Shale oil production performance from a stimulated reservoir volume[D]. College Station：Texas A&M University，2011.

　　[21] El-Gamal M A，Jaffe A M. Oil，dollars，debt，and crises：The global curse of black gold[M]. New York：Cambridge University Press，2009.

　　[22] Gorelick S M. Oil panic and the global crisis：Predictions and myths[M]. New Jersey：John Wiley & Sons，2011.

　　[23] Jaffe A M. Shale gas will rock the world[N]. Wall Street Journal，2010-05-10.

　　[24] Kolb R W. The natural gas revolution：At the pivot of the world's energy future[M]. New Jersey：FT Press，2013.

　　[25] Riley A. The shale revolution's shifting geopolitics[N]. The New York Times，2012-12-25.

　　[26] Speight J G. Shale gas production processes[M]. Amsterdam：Gulf Professional Publishing，2013.

　　[27] Zuckerman G. The frackers：The outrageous inside story of the new billionaire wildcatters[M]. London：Penguin，2013.

# 第二章　页岩革命背景下天然气市场的发展与启示

## 一、引　言

能源是人类活动的物质基础，人类社会的发展离不开优质能源的出现和先进能源技术的使用。在第一次工业革命和第二次工业革命中，煤炭和石油分别扮演着主导能源的角色；在第三次工业革命中，新能源发挥越来越重要的作用。然而，不同于传统的碳氢化合物，新能源无法通过直接开采和简单处理得到，难以在短期内稳定、大量地供给。在此背景下，天然气因其相对清洁性成为未来几十年碳氢燃料的首选，成为从传统能源到可再生能源之间的过渡桥梁（Hausfather，2015；Zhang et al.，2016），甚至将21世纪变成了"天然气的世纪"（Yergin and Ineson，2009）。20世纪70年代，基辛格曾说"谁控制了石油，谁就控制了世界"，那么在21世纪，"谁找到了页岩气，谁就会不被控制"。

美国一直扮演着全球天然气行业领导者的角色。图2-1给出了1900—2014年美国及全球天然气产量变化情况。20世纪上半叶，全球天然气生产都集中在美国，直到1969年，美国天然气产量仍保持在全球的六成以上。从1900年到1970年，美国占全球天然气产量比重的平均值为

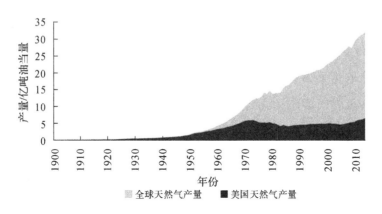

图 2-1 1900—2014 年美国及全球天然气产量

数据来源：1990—1980 年数据来源于 Etemad et al(1998)，1981—2014 年数据来源于美国能源信息署(EIA)。

89%，累计开采量占全球的 75%。但是，美国天然气储量仅占全球 5.1%[①]，过度开采导致成本上升，加之其他国家开始重视天然气产业，这使得美国占全球天然气产量的比重逐年降低。进入 20 世纪 70 年代，随着石油输出国组织(OPEC)在一系列谈判中取得胜利，能源价格的决定权开始转移。1973 年第一次石油危机的爆发，使美国意识到过度依赖进口能源的潜在危险。同年，尼克松总统颁布《能源独立计划》，至此美国走上了追求"能源独立"之路(王卓宇，2014)。然而，由于此前的过度开发带来了优质常规油气田的枯竭，大型油气企业纷纷将投资重点移到海外，美国无力大幅度提高常规油气产量，因此美国一次性能源自给率年年下降[②]（张茂荣，2014）。1978 年第二次石油危机爆发后，美国迅速出台《能源意外获利法》，规定相关税收补贴政策并鼓励非常规油气的商业开发。在美国政府的大力支持下，1981 年德克萨斯州巴涅特(Barnett)地区终于打出了第

---

① 数据来源于美国能源信息署。
② 美国能源信息署数据显示：1982—2005 年，美国一次能源自给率从 91.1% 持续下降至 69.2% 的历史最低点。

一口页岩气井（张华国等，2013），页岩气革命正式拉开帷幕。

从 20 世纪 70 年代美国寻求能源独立、鼓励非常规能源开发至今，页岩气革命取得了哪些成果？给其他国家带来了什么经验和启示？在未来的 20 年，页岩气革命又将给美国和世界的油气市场带来哪些影响与变化？2016 年 3 月发布的《中华人民共和国国民经济和社会发展第十三个五年规划纲要》和 2016 年 9 月发布的《页岩气发展规划（2016—2020 年）》明确将天然气（特别是页岩气）作为中国"十三五"重点工程和产业之一。同年年底，国家能源局、国务院发展研究中心与国土资源部联手，明确作出官方定调，"将逐步把天然气培育成为中国的主体能源"。因此，归纳美国页岩气发展的轨迹并总结其发展经验对完成我国能源"十三五"规划有着重要的指导意义。

本章将介绍美国页岩气革命的发展历程，并运用 Rystad Energy 能源数据对 1970—2040 年美国及全球天然气生产情况进行分析。笔者试图概括页岩气革命的发展轨迹并预测未来的趋势：美国页岩气革命始于 20 世纪 70 年代能源危机，萌芽于 80 年代美国政府和企业的科研投入，成型于 90 年代美国中小型油气企业的科技创新（以水力压裂技术为代表），到 21 世纪初页岩气开发实现了商业化和规模化（水平钻井技术的出现）。此后大型跨国油气企业纷纷重返美国，收购页岩气核心技术并大量开发，这使页岩气产量暴增，天然气价格下降。此外，油气企业在近年还进行了两种战略转移：其一是将页岩气技术嫁接到美国本土的页岩油（致密油）开发中；其二是将页岩气技术运用到海外的非常规油气开发中。综上，页岩气革命是美国政府扶持和企业创新的共同产物，并在资本的支持下迅速扩大，页岩气革命对全球油气市场的影响可谓"从美国到世界，从页岩气开发到页岩油开发"。

## 二、页岩气革命的发展轨迹

天然气资源分为常规和非常规两种。常规天然气实质上是包含在单一地下矿藏中,能够用传统的油气生成理论(干酪根晚期生烃理论)解释的天然气;非常规天然气指那些难以用传统石油地质理论解释,在地下的赋存状态和聚集方式与常规天然气具有明显差异的天然气,目前已进行工业规模开采的主要包括页岩气、致密气和煤层气。国际能源署指出,常规与非常规油气资源的界限会随着技术的变化而变化。狭义的"页岩气革命"是指相关开采技术的突破与创新引发页岩气产量剧增,并改变人类能源消费结构,而广义的"页岩气革命"还包括该技术突破所引发的全球非常规油气开采热潮(包括天然气和石油),这将彻底改变传统的能源版图和供需结构(董春岭,2014)。

美国是最早进行页岩气研究和开采的国家。北美最早的页岩气井于1821年在美国东部纽约州开发(张大权等,2015)。1926年,阿帕拉契亚盆地成功实现了页岩气的商业开发。20世纪70年代中期,美国页岩气步入规模化发展阶段(曾少军等,2013)。美国米切尔能源公司从1981年开始在巴涅特页岩进行液体压裂开采,并于1991年和美国政府合作进行水平钻探和压裂技术等新技术的开发和应用。1998年该公司水力压裂工程师施泰因斯贝格尔发明了"润滑水压裂法",大大提高了页岩气产量。21世纪初随着水平钻井技术和3D地质成像技术的成熟,页岩气开采的效率得到了进一步提升(Zuckerman,2013)。这一系列的技术创新,来源于美国石油天然气领域的8000家企业。由于大型跨国油气公司早已把战略重点转移到利润丰厚的海外,美国天然气产量的85%是由中小公司生产的,而市场化的商业环境和激烈的竞争促使众多中小企业不断进行技术创新,这成为美国页岩气开采技术快速发展的主要推动力。页岩气技术成熟后,油气巨头们纷纷重返美国（潜旭明，2014）。由于中小型独立油气开发商在技术革新行动上更灵活和大胆，而大公司在长期性和财务上更稳健和强大，因此，在当时出现了许多中小公司取得技术和产业突破，大公司对中小公司进行收购和注资的现象[①]。这极大地整合了资源[②]，丰富和完善了产业链，促进了美国页岩气产业的快速发展（曾少军等，2013）。直到2009年，美国取代俄罗斯，成为全球第一大天然气生产国（张恒龙等，2014；张大权等，2015）。2012年，奥巴马在国情咨文中指出，"美国政府将采取一切可能的措施，安全地开发页岩气"（Obama，2012）。紧接着，在两年后的国情咨文中，奥巴马正式提出了"以继续增加天然气供应为主、发展低碳经济"的战略（Obama，2014）。特朗普则在多个场合表示美国将努力加大对自身油气资源的开采力度，取消对页岩气在开采、使用方面的限制。随着能源自给率的不断提高，美国有望在2030年前实现"能源独立"（武正弯，2014）。世界油气中心正从中东地区"西移"至与美国地理位置相近的南、北美洲（林利民，2012）。

## 三、页岩气革命成功的原因

美国页岩气革命的成功主要有三个原因。第一个原因是美国政府的支持。20世纪80年代以来，美国政府已经累计投入超过60亿美元用于页岩气产业（翟东升等，2013；瞿国华，2016）。政府的支持主要是通过优惠

---

① 例如，2001—2002年戴文能源公司斥资30亿美元并购了米切尔能源公司（李世臻等，2010）。2009年美国埃克森公司以410亿美元收购具有巨大非常规资源潜力的XTO能源公司（徐小杰，2013；孔祥永，2014）。2011年康菲公司斥资150亿美元用以并购更多深水和页岩资源公司（刘慧芳等，2012）。

② 例如，米切尔能源公司发明水力压裂法之后，在规模化开发进程中遇到了资金阻碍。此时资金力量雄厚的戴文能源公司以现金换股方式收购了米切尔公司，并授权米切尔公司增产，在收购交割之后的一年内，米切尔公司日产量便由3.5亿立方英尺上升到5亿立方英尺。同时，戴文公司结合了自身研发的水平钻探和米切尔的压裂方法，大大提高了天然气的产量（尹硕、张耀辉，2013）。

政策、科研投入和监督管理三方面来实现(王卓宇,2014)。(1)优惠政策。美国对页岩气的补贴始于 1976 年东部页岩气项目,1978 年对页岩气和致密气进行从率的税收减免和从价的现金补贴,1980 年出台的《暴利税法案》第 29 章对非常规天然气生产税优惠政策进行规定,1990 年德克萨斯州免除了页岩气勘探开发的生产税并对相关投资进行事先补贴,1997 年和 2006 年政府延长了对页岩气的补贴期限、调整了补贴力度,2004 年联邦政府又提出了为期 10 年的页岩气补贴政策(高明野等,2015)。据估计,最初美国页岩气开发利润的 30% 左右来自政策优惠(杨列宁,2014)。总之,美国的页岩气开发不仅能享受到各种针对常规油气的税收优惠政策,还能得到专项政策和资金支持。(2)科研投入。20 世纪 70 年代,美国矿产局与美国能源技术实验室联合发起的东部页岩气项目奠定了定向钻井技术的基础;美国能源部与通用电气合作研发的金刚石短钻头提高了页岩层钻井效率。此外,美国页岩气商业化的先锋——米切尔能源公司——也得到了政府的大力支持(李锴,2011),公司使用政府机构早期研发的各种技术平台,并得到美国煤气研究所的直接资助,从而建立了第一座水平井。(3)监督管理。美国通过联邦政府、州政府、地方政府三个层级对天然气市场进行监管。在联邦政府层面,环境保护局主要负责执行相关的法律法规;在联邦政府的监督下,各州政府对页岩气开采进行管制;同时,地方政府也会对页岩气开采设定额外的要求(李岩等,2013)。这种严密的监管机制有利于市场稳定有序地发展。

美国页岩气革命成功的第二个原因是拥有充分开放的资本市场。由于页岩气藏开发具有气层压力低、单井日产量较低、采收率低的"三低"的特征(彭民等,2016),单井的开采风险远大于常规油气田,开发成本也远高于常规油气[1](刘子晗等,2016)。但页岩气单口井的开采寿命和生产周期

---

① 例如,开发美国最大的马塞勒斯页岩气田泥质岩层需钻探 10 万~22 万口井,仅用于钻井的投资就至少为 3000 亿美元(孙永祥,2011;赵宏图,2011)。

比较长，一般为 30～50 年（董大忠等，2011）。因此，与常规天然气关键在"找气"不同，页岩气开发的关键在"采气"。要尽可能地提高页岩气产量，就需要钻远多于常规气田的生产井（Speight，2013），一旦有大规模资金支持就可以在较短时期内实现规模化发展（吕晓岚等，2012）。例如，美国德州的巴涅特地区就建有约 14000 口页岩气井（直井占 30%，水平井占 70%）（贾承造等，2012；李岩、牟博佼，2013），而单口井的成本就在 200 万美元以上（张大权等，2015）。综上所述，页岩气属于技术密集型加资本密集型的产业，需要大量的资金支持。政府的支持加企业的创新使得页岩气技术成功商业化，这极大吸引了美国国内资本和国际资本，两种资本的结合推动了页岩气生产的规模化。自 2008 年以来，美国页岩气项目共吸引投资 1337 亿美元，其中国外资本 260 亿美元，参与控股美国 21 个页岩气项目，这是美国近年来成功吸引资本回流的典范（王蕾等，2015）。国际能源署预测这一投资趋势将在 10 年内得以保持（IEA，2013）。

页岩气革命成功的第三个原因是日益强劲的天然气需求。一方面，在产生相同能量的情况下，天然气的二氧化碳排放量分别是煤炭和石油的 56% 和 71%，氮氧化物的排放量为煤炭和石油的 20%，二氧化硫和粉尘颗粒的排放量几乎可以忽略不计，因此天然气被视作一种较为清洁的能源。在环境保护意识日趋增强的今天，各国政府纷纷对碳排放进行限制，这使得各国对天然气的需求量猛增。另一方面，天然气在各种应用领域的效率均保持较高水平。天然气冷热电三联供（DES/CCHP）的能量综合利用效率可超过 80%，大大高于火力发电 35% 的平均能量利用效率（瞿国华，2016）。考虑到天然气的清洁性和高效性，美国在发电方面用其替代了石油和煤炭。而在交通运输部门，天然气除了通过发电来为电动车辆提供动力，还可以直接为压缩天然气和液化天然气车辆提供原料（El-Gamal and Jaffe，2009）。此外，美国是发展天然气化工最早的国家，产品品种和产量居世界首位。美国化工行业所消耗原料和燃料总量的一半以上均来自天然气,主要用于生产甲醇、乙炔以及合成氨,并进一步制造化肥、农药、塑料、纤维、染料、涂料、香料、医药和饲料等工业产品。而陶氏化学等化工企业近年扩大在美产能,这也大大提高了天然气的需求量。

美国页岩气革命的成功诠释了科学技术是第一生产力的内涵。米切尔公司的工程师利用水力压裂技术将页岩分裂成本从原先的 25 万～30 万美元成功降低到 10 万美元,这项技术突破被认为是页岩气具有商业竞争力的里程碑(李岩等,2013)。而另一项关键技术——水平定向钻井作业则可以减少钻井对环境的影响并提高采收率。页岩气水平井开采技术和压裂技术的进步使美国页岩气单井产量迅速提高,同时使单产所需投入降为传统天然气井的 62.5%(张华国等,2013),而在页岩气开采的重镇德克萨斯州,水平井的单产所需投入更是低至传统直井的 30%～50%(张良,2015)。由于成本的降低和产量的提高,美国页岩气每立方米的开采成本已由 2007 年的 0.073 美元下降至 2010 年的 0.031 美元,仅为同期常规天然气开采成本的 60%。随着技术的进一步发展,页岩气的开采成本有望下降到常规天然气的 45%(张恒龙等,2014)。新的技术使得页岩气和新探明的常规天然气可供美国消费 100 年甚至更久(Wright,2012;元简,2012)。

页岩气的开发和利用能够显著降低能源成本。美国页岩气在得到大规模应用之后,天然气期货价格从 2008 年 7 月的最高点降低了 86%,这也导致天然气电厂电价迅速下跌了 77%(李岩等,2013)。然而,疲软的天然气价格并没有阻碍页岩气的继续开发。页岩气与常规天然气相比,其天然气凝析油(NGLs)含量更高,在具有较高天然气含量的页岩区带,仅开采天然气凝析油就能实现盈利,因此开采出的天然气成为几乎是无成本的副产品(Speight,2013)。而美国天然气凝析油的产量也受惠于页岩气革命,从 2005 年的 1.1 亿吨增长至 2010 年的 1.4 亿吨,使同期美国原油产量从 3.1 亿吨增长至 3.5 亿吨(刘慧芳等,2012),贡献了 75% 的原油增量。到

2010年,凝析油占北美原油产量的比例达到了40%(杨列宁,2014)。由此可见,页岩气革命同时增加了美国原油的供给。

## 四、页岩气革命对天然气市场的影响

表 2-1 通过钻井平台分布和天然气种类两个维度,将美国天然气分为"陆地—常规""海上—常规""陆地—非常规"和"海上—非常规"四类,并分别描述了 1970—2039 年产量的变化及趋势。能源市场受经济周期影响明显,为消除波动产生的偏差,本章比较每 10 年平均值的变化情况[①]。总体而言,非常规天然气主要集中在陆地开采并增长迅速,常规天然气产量全面萎缩。

表 2-1  1970—2039 年美国天然气结构变化

| 分类 | 年代 | 陆地开采 | | 海上开采 | |
|---|---|---|---|---|---|
| | | 产量/<br>(亿吨油当量) | 百分比<br>/% | 产量/<br>(亿吨油当量) | 百分比<br>/% |
| 常规<br>天然气资源 | 20 世纪 70 年代 | 3.8 | 79 | 0.8 | 17 |
| | 20 世纪 80 年代 | 2.6 | 66 | 1.0 | 26 |
| | 20 世纪 90 年代 | 2.4 | 58 | 1.1 | 27 |
| | 21 世纪前 10 年 | 2.1 | 48 | 0.8 | 19 |
| | 21 世纪第二个 10 年 | 1.3 | 23 | 0.3 | 5 |
| | 21 世纪 20 年代 | 0.9 | 13 | 0.2 | 2 |
| | 21 世纪 30 年代 | 0.9 | 13 | 0.1 | 2 |

---

① 20 世纪 70 年代、20 世纪 80 年代、20 世纪 90 年代和 21 世纪前 10 年的数据均为对应每 10 年实际产量的平均值(例如,20 世纪 70 年代产量为 1970—1979 年这 10 年的平均年产量)。21 世纪第二个 10 年的数据是 2010—2015 年的实际值和 2016—2019 年预测值的平均数,21 世纪 20 年代和 30 年代的数据均为对应每 10 年预测产量的平均值。

| 分类 | 年代 | 陆地开采 | | 海上开采 | |
|---|---|---|---|---|---|
| | | 产量/（亿吨油当量） | 百分比/% | 产量/（亿吨油当量） | 百分比/% |
| 非常规天然气资源 | 20 世纪 70 年代 | 0.2 | 4 | 0 | 0 |
| | 20 世纪 80 年代 | 0.3 | 8 | 0 | 0 |
| | 20 世纪 90 年代 | 0.7 | 15 | 0 | 0 |
| | 21 世纪前 10 年 | 1.4 | 33 | 0 | 0 |
| | 21 世纪第二个 10 年 | 4.1 | 72 | 0 | 0 |
| | 21 世纪 20 年代 | 5.9 | 85 | 0 | 0 |
| | 21 世纪 30 年代 | 5.5 | 85 | 0 | 0 |

数据来源：Rystad Energy。

根据表 2-1 中数据，陆地开采的常规天然气产量在 20 世纪 70 年代达到 3.8 亿吨油当量，占当时全美天然气总产量的 79%，但产量和占比随后呈一路下滑的趋势。如今陆地开采的常规天然气产量为 1.3 亿吨油当量，所占比重也下滑至 23%。预计到 21 世纪 20 年代，这部分天然气的产量将下降到 0.9 亿吨油当量以下，占全美天然气产量的 13%，而 21 世纪 30 年代陆地开采的常规天然气产量和比重预计将继续下降。

海上开采的常规天然气产量在 20 世纪 70 年代为 0.8 亿吨油当量，占到当时美国天然气产量的 17%。到 80 年代，海上开采的常规天然气提高至 1.1 亿吨油当量，占全部天然气的比重提高到 26%，并且这一比重一直保持到 20 世纪 90 年代。进入 21 世纪以后，海上开采的常规天然气产量有所下降，从头 10 年的 0.8 亿吨油当量下降到如今的 0.3 亿吨油当量，占全美天然气产量的比重也下降到 5%。到 21 世纪 20 年代，预计海上开采常规天然气产量将萎缩至 0.2 亿吨油当量，仅占总产量的 2%。

陆地开采的非常规天然气产量在 20 世纪 70 年代仅为 0.2 亿吨油当量，占总产量的 4%。随着页岩气革命的到来，其产量和比重几乎一直以每10年翻一番的速度增长：20世纪80年代产量突破0.3亿吨油当量（占总产量8%），90年代达到0.7亿吨油当量（占总产量15%），21世纪头10年提高到近1.4亿吨油当量（占总产量33%）并超过海上开采的常规天然气产量。如今，陆地开采的非常规天然气年产量达到4.1亿吨油当量左右，超过了陆地和海上开采常规天然气的总和，占全美天然气产量的72%。预计到21世纪20年代，非常规天然气仍将保持强有力的增长态势，达到年产5.9亿吨油当量的峰值，占全美天然气产量的85%。到21世纪30年代，非常规天然气的预计产量将有所下降，但仍然占据美国天然气产量的80%以上，其中页岩气预计将占非常规天然气的85%，全部天然气产量的69%（EIA，2016）。

非常规天然气在海上的开采预计在2040年前可以忽略不计，不会有突破性的增长。这主要是因为海上开发项目成本昂贵。大量廉价的页岩气进入市场后会导致美国天然气价格处于低位，因此海上开发页岩气项目暂时不具备竞争力。但当陆地优质的页岩资源枯竭以后，如果可再生能源仍不能规模化生产，下一个热点可能会是海上非常规天然气的开发。

综上所述，陆地开采的非常规天然气已经占据美国天然气的七成以上并将在今后10年继续大幅增加，而陆地和海上开采的常规天然气产量将持续萎缩，其主要原因是以页岩气为主的非常规天然气通过技术创新降低了单位成本，使得常规天然气缺乏竞争力（上文提到2010年页岩气开采成本为常规天然气的60%并将继续下降）。总体而言，陆地开采是天然气开采的主战场，随着页岩气成功接棒常规天然气，陆地开采的天然气将占总产量的九成以上。海上采收的天然气在20世纪80年代和90年代一度占总产量的1/4，但随着页岩气革命的到来，其市场份额一再萎缩，预计到21世纪20年代和30年代将仅占全美产量的2%。

表2-2通过比较美国与世界其他地区1970—2039年天然气产量的变化以及非常规天然气所占比重，分析页岩气革命给美国乃至全球天然气产

业带来的影响及其发展趋势。

表 2-2 1970—2039 年美国与世界天然气产量变化

| 地区 | | 20 世纪 70 年代 | 20 世纪 80 年代 | 20 世纪 90 年代 | 21 世纪 前 10 年 | 21 世纪 第二个 10 年 | 21 世纪 20 年代 | 21 世纪 30 年代 |
|---|---|---|---|---|---|---|---|---|
| 美国 | 天然气产量/ (亿吨油当量) | 4.8 | 3.9 | 4.2 | 4.3 | 5.7 | 7.0 | 6.5 |
| | 非常规占比 /% | 4 | 7 | 15 | 33 | 72 | 85 | 85 |
| 世界 (除美国) | 天然气产量/ (亿吨油当量) | 5.7 | 10.1 | 13.9 | 18.1 | 20.1 | 25.5 | 29.1 |
| | 非常规占比 /% | 2 | 2 | 2 | 2 | 7 | 12 | 19 |

数据来源:Rystad Energy。

　　美国的天然气开发一直走在世界的前列,但常年大量的开采使得优质油气田消耗殆尽。在 20 世纪 70 年代美国油气产量到达峰值之后,埃克森、荷兰皇家壳牌、雪佛龙等油气巨头陆续关闭了美国各地钻探岩层的项目,纷纷前往非洲、亚洲和巴西等地,大量开发海外的优质油气田(Zuckerman,2013)。从表 2-2 可以看出,20 世纪 80 年代到 21 世纪初,美国天然气产量始终无法恢复到 20 世纪 70 年代的水平,而全球其他地区的天然气产量同期从 10.1 亿吨油当量猛增至 20.1 亿吨油当量,增长了近 1 倍。正如上文分析,虽然页岩气技术在 80 年代得到科研资金支持并在 90 年代末成功商业化,但参与者主要是美国本土的中小型石油企业,投资规模不大。因此 1980 年之后的 30 年里,美国天然气总产量仅仅增加了 0.4 亿吨油当量,同期世界其他地区天然气增加了 8 亿吨油当量。但是值得注意的是,这期间美国非常规天然气的比重从 7% 提高到 33%,而世界其他地区仅仅维持在 2%。可以说,美国天然气产量没有大幅度下降,主要归功于中小型油气企业在页岩气开发上的创新。

　　21世纪初，美国本土页岩气开发的成功让大型跨国油气企业看到了盈利的空间，纷纷重返美国，收购拥有页岩技术的中小型企业并大量购入开采用地，着手开展页岩气的开发业务。这些大公司的页岩气项目通过一段时间的筹备，在近几年陆续开始生产。21世纪第二个10年天然气总产量与21世纪头10年相比增加了1.4亿吨油当量，超过了20世纪70年代的峰值，其中非常规天然气的比重提高到72%。同期全球其他地区天然气产量增加2亿吨油当量，其中非常规天然气占比提高到7%，由此可见，世界其他地区主要仍以开发常规天然气为主。随着油气巨头们对页岩技术的掌握和改进，美国页岩气的前景将更加光明，预计21世纪20年代美国天然气的产量将再增加1.3亿吨油当量，达至惊人的7亿吨油当量，其中80%以上是非常规天然气。世界其他地区天然气产量中非常规天然气的比重将从7%提高到12%，将贡献5.4亿吨油当量的增量中30%以上，这表明下一个10年将是页岩气革命走向世界的10年。出现这种变化的主要原因是跨国油气企业在美国收购页岩气技术后，将其运用到海外油气田开采所得到的溢出效应。预计到21世纪30年代，美国天然气总产量虽然有所回落，但是非常规天然气所占比重仍有望保持在80%以上。同期世界其他地区的非常规天然气比重也将大幅上升，预计从12%提高到19%，这也直接加速了海外天然气总产量的增长。

　　总体而言，页岩气革命始于20世纪70年代能源危机，萌芽于80年代美国政府和企业的科研合作，成型于90年代美国中小型油气企业的科技创新与小规模生产，到21世纪初页岩气开采成功实现商业化和规模化。此后大型跨国油气企业纷纷重返美国，收购页岩气核心技术并大量开采，促使页岩气产量暴增，以页岩气为主的非常规天然气成为美国市场的主角。在美国天然气价格低迷的情况下，除了通过优质页岩气田的天然气凝析油获取利润外，一些油气企业开始将页岩气技术运用到海外页岩气的开发中，另一些企业则将页岩气革命的技术转嫁到页岩油的开采中去（徐小杰,2013)。因此,页岩气革命对全球油气市场的影响可谓"从美国到世界,从页岩气开发到页岩油开发"。

## 五、页岩气革命对美国的其他影响

美国页岩气革命在经济、政治、自然与社会环境等方面给美国带来了众多影响。

在经济与社会方面,廉价页岩气的充足供应改变了美国相关行业的经济效益,增强了其国际竞争力(张华国等,2013)。美国低能源成本优势既抵消了中、印等发展中国家劳动力成本低的优势,又抵消了德、日等发达国家生产效率高的优势,加速了美国制造业回流。同时,能源价格和进口油气量的降低,削减了美国贸易和能源赤字①,减少了美国家庭能源支出(人均开支降低 1000 美元/年②)(Altman,2012),从而提高了美国社会消费能力,促进了美国经济复苏,加强了美国经济安全(余国合等,2015)。页岩气开发有望使美国 GDP 额外增长 0.5~3 个百分点(Levi,2012;王卓宇,2014),并且大幅度增加政府税收③(张茂荣,2014)。在社会效益方面,页岩气及相关产业的繁荣大大提振了美国就业市场。据估计,美国由此新增了逾 170 万个工作岗位,到 2020 年有望进一步增加 300 万个就业岗位,并且这些岗位的薪水将高于美国平均水平(张华国等,2013)。

在能源安全与地缘政治方面,首先,随着油气产量提高,能源对外依存度下降,美国逐渐实现了 2001 年小布什在《国家能源政策报告》中提出的"保证美国外交政策永远不会被外部能源供应者胁迫"的承诺。其次,通过

---

① 美国能源信息署数据显示,2008—2013 年,美国能源贸易赤字从 4158 亿美元下降至 2325 亿美元,降幅达 44.1%。

② 到 2035 年这一数字将超过 2000 美元/年(Insight,2011)。

③ 2010—2035 年美国各级政府从页岩气开发中累计税收收入预计达 9245 亿美元。其中 2010 年是 184 亿美元,2020 年是 368 亿美元,2035 年是 567 亿美元(Insight,2011)。

降低能源价格来打压俄罗斯、委内瑞拉、伊朗、中国等政治对手的影响力(潜旭明,2014),从而削弱 OPEC 国家和欧盟的地缘政治优势(NyeJr,2012;Troner,2013),巩固其全球战略主导地位(舒建中,2014)。同时,美国在中东地区实施必要的战略收缩,降低对中东事务的关注和介入的力度,顺应世界能源战略格局和经济重心东移的趋势,全力实施"重返亚洲"战略。此举一方面可以直接积攒实力制约中国在亚太地区的崛起(王卓宇,2014),另一方面在中东制造权力真空,导致局势的进一步恶化和 ISIS 等恐怖组织的滋生(李富兵等,2015),从而间接影响从中东进口大量石油的中国的能源安全稳定性。此外,渴望获取页岩技术的国家必须和美国合作(张华国等,2013),增加了美国的政治筹码和盟友数量。最后,页岩气革命优化了美国能源结构,减少了温室气体排放,这增强了美国在全球气候议题上的主导权和话语权,体现了美国社会应对全球气候变化的信心和责任感,有利于美国在国际气候谈判中压迫中、印等发展中国家接受西方减排条件,从而实现抑制这些国家崛起的目的(张华国等,2013)。

在环境保护方面,美国能源消费中,天然气比重开始增大,而石油、煤炭的比重相应下降,此举优化了美国能源结构,减少了二氧化碳排放(张华国等,2013)。但是,页岩气也给环境带来了风险。首先,页岩气资源的开发可能给开发地区的水体带来污染,包括含有大量化学物质的压裂液可能渗入地下含水层引起地下水污染,未经处理的反排水可能被排入地表水系污染地表水,以及开采过程中可能引起的地下水甲烷污染等(彭民等,2016)。其次,页岩气在开采过程中会造成大气污染,如甲烷排放,机器设备废气排放,页岩气燃烧、挥发、泄漏和井喷,返排水中有毒物质的蒸发等。美国页岩气开发的统计数据显示,在整个页岩气井的钻井、压裂和完井过程中,甲烷的排放量和泄漏量明显高于常规天然气开发的平均值(Howarth et al.,2011;柯研等,2012)。

## 六、页岩气革命的启示

美国页岩气革命的成功给我们带来以下四点启示。

第一，市场化和商业化是美国实现页岩油气重大突破的关键。在美国，天然气生产、运输和销售活动之间没有互相牵制，第三方同样有权竞标将天然气运往下游市场的运输业务，这保证了天然气生产商和用户对管道拥有无歧视准入条件（曾少军等，2013）。因此有数千家公司活跃在页岩气产业，从而确保了页岩气勘探开发主体的多元化（李富兵等，2015）。而在许多发展中国家，国有石油公司或市政工程公司拥有天然气供应基础设施的垄断权（瞿国华，2016）。

第二，政府在页岩气开采和运输方面提供了详细准确的地质普查数据并进行科学的天然气管网设施建设。美国拥有详细的地质构造记录和油气井开采记录，天然气开采公司也需要公开其钻井平台的产量数据，这些对开采石油和天然气至关重要的数据都可以在美国各地图书馆获得（Zuckerman，2013）。基础数据共享产生的正向外部性有利于企业特别是中小型企业发现优质的天然气井。此外，美国拥有 40 多万公里的天然气管道[中国在 2014 年时拥有 6 万公里天然气管道，年均增长约 0.5 万公里（何蒙，2016），2017 年总里程为 7.72 万公里]，天然气管网设施较为发达，这弥补了和石油相比天然气较难运输的缺点。

第三，健康的金融市场为页岩气开发提供充足的资金支持，是美国页岩气革命成功的经济保障。由于非常规油气具有低丰度、低品位的特点，必须依靠多井、低产和大量打井来获得产量和效益，在开发初期回报率不一定理想，因此需要大量的资金投入（瞿国华，2016）。从勘探启动阶段到早期开采阶段，再到商业化开采阶段，美国大概用了 30 年的时间。技术突破与成本控制是实现美国页岩气资源规模化商业开发的关键。依据美国经验，页岩气开发的经济可行性很大程度上依赖于钻井与完井费用的支出，专家访谈信息也表明页岩气钻完井成本支出占据开发总成本的60%～80%（刘子晗等，2016）。因此，美国页岩气革命的成功离不开成熟、有耐心、有远见的投资者们的长期支持。

第四，大型公司与中小型公司的合作，促进了美国页岩气产业的快速发展。自1999年以来，2/3的油气发现仅仅来自于5家私人石油公司——英国石油、埃克森美孚、壳牌、雪佛龙和道达尔，他们都活跃在美国页岩气市场，并且在非常规资源开发上投入了公司总体资源的50%～70%。在中长期重大项目中，埃克森美孚非常规资源占比高达91%。壳牌在建项目中，非常规油气产量占比为88%（瞿国华，2016）。大型公司的勘探与开采业务外包给小型公司，并在不同技术领域的革新上给予数千家中小型独立油气开发商稳定的支持，既丰富和完善了产业链，也促进了美国页岩气产业的快速发展。这种合作方式值得中石油、中石化和中海油等国有大石油公司借鉴和重视（瞿国华，2016）。

# 参考文献

［1］董春岭.关于"世界油气中心西移"论的再思考——基于对"页岩气革命"局限性的分析［J］.现代国际关系，2014(2)：52-59.

［2］董大忠，邹才能，李建忠，等.页岩气资源潜力与勘探开发前景［J］.地质通报，2011，30(2)：324-336.

［3］高明野，王震，范天骁.中国页岩气补贴政策的系统仿真研究［J］.中国能源，2015，37(4)：19-23.

［4］何蒙.关于天然气管道运行中球阀的保养与维护［J］.中国设备工程，2016(8)：31,33.

［5］贾承造，郑民，张永峰.中国非常规油气资源与勘探开发前景［J］.石油勘探与开发，2012，39(2)：129-136.

[6] 柯研,王亚运,周晓珉,等. 页岩气开发过程中的环境影响及建议[J]. 天然气与石油,2012,30(3):87-89.

[7] 孔祥永. 美国"页岩气革命"及影响——兼论对中国页岩气开发的启示[J]. 国际论坛,2014(1):71-76.

[8] 李富兵,白羽,王建忠,等. 美国页岩油气发展趋势及影响[J]. 中国国土资源经济,2015(10):34-36.

[9] 李锴. 矿业用地使用权取得方式的改革[J]. 湖南社会科学,2011(3):93-96.

[10] 李世臻,乔德武,冯志刚,等. 世界页岩气勘探开发现状及对中国的启示[J]. 地质通报,2010,29(6):918-924.

[11] 李岩,牟博佼. 国外页岩气开发实践对我国的启示[J]. 中国矿业,2013,22(3):4-7.

[12] 林利民. 世界油气中心"西移"及其地缘政治影响[J]. 现代国际关系,2012(9):50-55.

[13] 刘慧芳,安海忠,梅洁. 美国页岩气开发状况及影响分析[J]. 资源与产业,2012,14(6):81-87.

[14] 刘子晗,郭菊娥,王树斌. 我国页岩气开发技术工程化实现的学习曲线研究[J]. 科技管理研究,2016,36(3):118-122.

[15] 吕晓岚,屈耀明. 我国非常规天然气资源产业发展存在的问题及对策[J]. 经济纵横,2012(8):79-82.

[16] 彭民,雷鸣,杨洪波,等. 我国页岩气资源开发中的环境政策选择——基于环境空间差异的考虑[J]. 生态经济,2016,32(4):208-213.

[17] 潜旭明. 美国"能源独立"的影响及对我国的启示[J]. 理论视野,2014(12):60-63.

[18] 瞿国华. 页岩气产业开发技术经济[M]. 北京:中国石化出版社,2016.

[19] 舒建中. 页岩气革命对美国能源主导地位的影响[J]. 国际观察，2014(5):78-89.

[20] 孙永祥. 页岩气难题[J]. 中国能源，2011(3):54.

[21] 王蕾,王振霞. 页岩气革命对美国经济的影响及中国应对措施[J]. 中国能源，2015，37(5):22-25.

[22] 王卓宇. 从"页岩气革命"到"能源独立"：前景、影响与挑战[J]. 理论月刊，2014(3):143-148.

[23] 武正弯. 美国"能源独立"的地缘政治影响分析[J]. 国际论坛，2014(4):7-12.

[24] 徐小杰. 美国能源独立趋势的全球影响[J]. 国际经济评论，2013(2):34-45.

[25] 杨列宁. 页岩气对国际能源品需求的影响及我国的发展对策[J]. 中国流通经济，2014，28(4):117-121.

[26] 尹硕,张耀辉. 页岩气产业发展的国际经验剖析与中国对策[J]. 改革，2013(2):28-36.

[27] 余国合,吴巧生. 新能源安全观下美国页岩气开发对中国的战略启示[J]. 中国矿业，2015(11):1-4.

[28] 元简. 页岩气革命给美国气候政策带来的挑战[J]. 国际问题研究，2012(6):39-49.

[29] 曾少军,杨来,曾凯超. 中国页岩气开发现状、问题及对策[J]. 中国人口:资源与环境，2013，23(3):33-38.

[30] 翟东升,蔡万江,张杰,等. 基于专利的页岩气技术国际研究态势分析[J]. 情报杂志，2013(11):11-15.

[31] 张大权,张家强,王玉芳,等. 中国非常规油气勘探开发进展与前景[J]. 资源科学，2015，37(5):1068-1075.

[32] 张恒龙,秦鹏亮. "页岩气革命"对国际政治经济关系的重构作用

[J]. 安徽师范大学学报(人文社会科学版),2014,42(2):185-191.

[33] 张华国,余国合. 美国"页岩气革命"的效益与风险分析[J]. 理论月刊,2013(11):140-142.

[34] 张良. 赴美国德州考察页岩气勘探开发技术及启示[J]. 低碳世界,2015(23):121-123.

[35] 张茂荣. 美国"能源独立"前景及其地缘经济影响[J]. 现代国际关系,2014(7).

[36] 赵宏图. 世界页岩气开发现状及其影响[J]. 现代国际关系,2011(12):44-49.

[37] Altman R. The US economy may surprise us all[N]. Financial Times on line,2012-09-04.

[38] EIA. Annual energy outlook 2016[R],2016.

[39] EI-Gamal M A,Jaffe A M. Oil,dollars,debt,and crises:The global curse of black gold [M]. New York:Cambridge University Press,2009.

[40] Etemad B,Luciani J,Bairoch P,et al. World energy production,1800-1985[M]. Darby:DIANE Publishing Company,1998.

[41] Hausfather Z. Bounding the climate viability of natural gas as a bridge fuel to displace coal[J]. Energy Policy,2015(86):286-294.

[42] Howarth R W,Santoro R,Ingraffea A. Methane and the greenhouse-gas footprint of natural gas from shale formations [J]. Climatic Change,2011,106(4):679-690.

[43] Iea. Redrawing the energy-climate map:World energy outlook special report[R],2013.

[44] Insight I G. The economic and employment contributions of shale gas in the United States[R]. Prepared for America's Natural Gas

Alliance by IHS Global Insight (USA), Washington, DC: America's Natural Gas Alliance, 2011.

[45] Levi M. Think again: The American energy boom[J]. Foreign Policy, 2012, 19(4):55.

[46] Nye Jr J S. The geopolitics of US energy independence[J]. The International Economy, 2012(8):23.

[47] Obama B. The White House, Office of the Press Secretary. Remarks by the president in the state of union address[R]. Washington, DC, 2012.

[48] Obama B. The White House, Office of the Press Secretary. Remarks by the president in the state of union address[R]. Washington, DC. Retrieved, from www. whitehouse. gov/thepress-office/2014/01/28/remarks-president-state-union-address, 2014.

[49] Speight J G. Shale gas production processes[M]. Amsterdam: Gulf Professional Publishing, 2013.

[50] Troner A. Natural gas liquids in the shale revolution[R]. Baker Institute for Public Policy, Rice University, 2013.

[51] Wright S. An unconventional bonanza: special report natural gas[N]. Economist Newspaper, 2012-07-12.

[52] Yergin D, Ineson R. America's natural gas revolution[N]. The Wall Street Journal, 2009-11-03.

[53] Zhang X, Myhrvold N P, Hausfather Z, et al. Climate benefits of natural gas as a bridge fuel and potential delay of near-zero energy systems[J]. Applied Energy, 2016,167(4):317-322.

[54] Zuckerman G. The frackers: the outrageous inside story of the new billionaire wildcatters[M]. London: Penguin, 2013.

# 第三章 页岩革命背景下石油市场的
##    发展与启示

## 一、引 言

石油被称为"黑色黄金"和"工业血液",它不仅是世界主要能源之一,更是对世界各国政治、经济、军事有着重要影响的战略资源(Kolb,2013;Speight,2013)。美国作为现代石油工业的发源地,长期占据世界石油资源的主导地位。20世纪中叶以来,随着美国常规石油资源的枯竭,以及沙特阿拉伯、伊拉克、伊朗、俄罗斯等国石油储量的探明及开发,美国对进口石油的依赖程度加深,其世界能源主导者的地位受到威胁。在此背景下,美国提出了"能源独立"的战略目标,大力研发非常规石油探勘与开采技术。进入21世纪以后,页岩革命的商业化与规模化开发使美国再次成为世界能源秩序中的"领头羊"。特朗普赢得美国大选后表示,石油应该是美国能源政策的核心,要进一步放开对石油生产的监管、提升油气产量,并将废除奥巴马政府采取的限制水力压裂技术运用的政策。因此,美国极有可能持续成为世界石油增产的发动机和火车头。

在2008年之前,美国石油生产已经经历了数十年的停滞和衰退。石油产量年均增长率从7.6%(1900—1945年)下降到3.0%(1946—1970

年),再到-0.2%(1971—2008年)。与此同时,世界其他地区的增长率分别为5.3%(1900—1945年)、11.2%(1946—1970年)和1.9%(1971—2008年)。因此,美国占全球石油产量的比例,从64%(1900—1945年)下降到21%(1946—1970年),再到10%(1971—2008年)。金融危机以后,美国以外地区的石油产量增速进一步下滑到1%,而美国同期的增长率达到惊人的8.9%,超出历史上任何时期,其石油产量不但在2013年站上历史新高的6亿吨,2014年更是突破7亿吨大关。在这一阶段,美国贡献了全球56%的石油增量,其石油产量占比也从2008年的10%提高到2014年的15%。2017年,美国日均产油1000万桶,超过沙特阿拉伯成为世界第一大产油国。

美国石油产量经过了长时间的衰退,却为何在2008年金融危机之后赢来了8.9%的强劲增长?这种增长可以持续多久?美国的增长能否引领世界其他地区石油产量的增长?本章将揭示美国石油产量增加的原因,预测未来20年美国以及世界石油生产的结构变化和产量趋势,并分析石油产业变化对美国社会和世界政治经济的影响。笔者发现:(1)美国页岩革命直接成就了非常规石油资源的商业化和规模化开发,提高了美国石油产量;(2)美国石油在未来10年仍将保持高速增长,并在21世纪30年代维持在较高水平;(3)页岩革命的技术将会传播到其他国家,保证全球石油在21世纪40年代前保持稳定的供应;(4)页岩革命将会改变世界能源格局,美国将在政治、经济、社会等方面占据主动地位。

## 二、石油产业发展史

图3-1给出了1900—2014年美国及全球石油产量的变化情况。

如图所示,本章把世界石油史分成了四个阶段。

第一阶段(1946年之前):美国石油产量从1900年的848万吨提高到

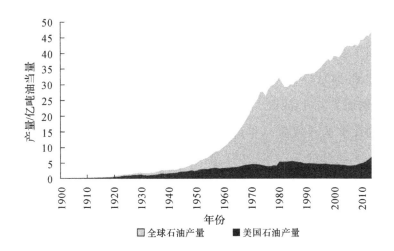

图 3-1　1900—2014 年美国及全球石油产量变化情况

数据来源:1900—1980 年数据来源于 Etemad et al(1998),1981—2014 年数据来源于美国能源信息署(EIA)。

1945 年的 2.3 亿吨,产量提高了 26 倍,年均增长率达到 7.6%。同期,全球石油产量从 2020 万吨提高到 3.5 亿吨,提高了 16 倍,年均增长率为 6.6%(除美国以外地区年增长率为 5.3%)。这一时期内,美国石油累计开采量占全球的 64%。虽然美国和世界的石油增长均保持较高的速度,但美国的增速(7.6%)远超世界其他地区(5.3%)。

19 世纪末至 20 世纪初,第二次工业革命的兴起使石油逐渐代替煤炭成为主导能源。由于勘探技术、资金支持和消费市场等因素,石油的勘探与开发首先在西方发达国家中进行。当时美国石油产量长期占世界总量一半以上,原因主要有三个:(1)美国拥有西方发达国家中最丰富的石油资源;(2)美国的地理优势使得战争长期远离本土,保证了石油行业的勘探与开采工作得以顺利进行;(3)美国福特等汽车公司规模化生产燃油汽车,大大增加了美国本土对石油的需求。在两次世界大战中,石油作为一种战略物资,其重要性不言而喻。第一次世界大战开始后的第三年(1916 年),由于各国军队对石油的需求量加大,特别是燃油战舰的普及导致石油危机爆发。以德国为首的同盟国遭遇了石油资源的短缺。而在协约国这一方，美国巨大的工业产能不仅能将飞机产量从 1916 年的 400 架提高到 1918 年的 11000 架，而且将 550 万辆机动车运输到海外，同时又能提供大量的石油资源，保证了飞机、战舰、坦克等海陆空装备的正常使用。美国石油产量占全球的比重从开战前一年（1913 年）的 63％提高到战争胜利时（1918 年）的 70％，再到战后三年（1921 年）回落至 60％。第二次世界大战与第一次世界大战极其相似，开战前一年（1938 年），美国石油产量占全球石油产量的 60％，到了第二次世界大战最后一年（1945 年），这一比例大幅提高到 66％，而在战争结束后，美国石油产量占比在三年内又回落到 58％。两次世界大战的事实体现了美国石油产业在这一阶段既能够维持全球一半以上的产能，又拥有特殊时期大幅度增产、改变世界战争格局的潜能。简而言之，美国"在全球石油生产的存量和增量上都占据绝对优势"。

第二阶段（1946—1970 年）：美国石油产量从 1946 年的 2.3 亿吨提高到 1970 年的 4.8 亿吨，产量提高了 1 倍，年均增长率为 3.0％。同期，全球石油产量从 3.7 亿吨提高到 22.8 亿吨，产量提高了 5 倍，年均增长率为 7.8％（除美国以外地区年增长率为 11.2％）。随着第二次世界大战的结束，美国放慢了开采节奏，降低了产量增速，与此同时，世界其他国家在和平时期开始建设与发展石油产业，全球石油产量增速明显高于第一阶段，因此美国石油产量占全球的份额从 1946 年的 63％降低至 1970 年的 21％。

第二次世界大战结束以后，全球进入相对稳定的战后重建期，这给各国发展石油产业提供了历史性的机遇。20 世纪 50 年代，国际大型石油公司依旧是中东等地石油开发的主力，美国仍然通过本国石油占世界产量较高的比重和本国石油企业在海外较高的开发能力，扮演着全球能源领导者的角色。但中东各国的石油产量大幅度提高，并于 1960 年成立了石油输出国组织（OPEC），这被认为是世界油气中心开始"落户"中东的时间点

(Jaffe,2011)。1966 年中东原油产量占世界总产量的比重达到 28.4%，首次超过北美 27.9%的比重，实现了从"墨西哥湾时代"向"波斯湾时代"的演变(郎一环、王礼茂,2008)。综上所述,第二阶段全球石油行业实现高速增长,主要是因为国际环境的相对稳定和中东等地大型油田的开发。而在美国,石油产量增速放缓,一方面是因为较优质、易开发的油田开始减产;另一方面,美国大型石油公司的投资重点开始移到回报更丰厚的海外。简而言之,第二阶段美国对全球石油产业的控制力开始减弱,OPEC 成员国开始成为世界石油行业的发动机和火车头,中东"油库"开始取代美国的休斯敦,成为世界油气之都。

第三阶段(1971—2008 年):美国石油产量从 1971 年的 4.7 亿吨降低到 2008 年的 4.3 亿吨,产量降低了 7%,年均增长率为－0.2%。同期,全球石油产量从 24.1 亿吨提高到 43.0 亿吨,产量提高了 78%,年均增长率为 1.6%(除美国以外地区年增长率为 1.9%)。美国石油产量在 1970 年达到峰值后有所回落,虽然 80 年代年产量一度达到 5 亿吨以上,但此后一直徘徊在 4.5 亿吨左右。在这一阶段全球石油市场增速明显放缓。2008 年,美国石油产量占全球的比重降到 10%。

20 世纪 70 年代,OPEC 国家的石油公司纷纷实现国有化,其中伊拉克和科威特分别在 1972 年与 1975 年完成国有化,最重要的沙特阿拉伯阿美公司也于 1976 年完成国有化。此外,美国本土的石油产业也受到巨大冲击,一方面优质油田资源枯竭,大型油气公司(埃克森、荷兰皇家壳牌、雪佛龙等)陆续关闭了在美国各地钻探岩层的项目,纷纷前往非洲、亚洲和巴西等地(Zuckerman,2013);另一方面,超级油轮和超大型油轮技术的发展,使得大量进口廉价中东石油在经济上的可行性提高。与此同时,随着 OPEC 在一系列谈判中取得胜利,能源价格的决定权也开始转移。1973 年的第一次石油危机和 1978 年的第二次石油危机都体现了中东对世界石油市场的影响力,也重创了美国的工业生产力。当然,美国也采取了反制措施：首先，美国开始关注国际能源秩序的制度建设，通过构建国际能源机构和"石油美元机制"，重振了其能源主导地位；其次，美国强大的海军以及遍布全球的军事基地确保美国可以控制石油运输通道，主导国际石油安全保障（舒建中，2014）；最后，在意识到过度依赖进口能源的潜在危险后，尼克松总统颁布了《能源独立计划》，美国走上了寻求"能源独立"之路（王卓宇，2014）。从 1976 年开始，美国通过一系列优惠政策，鼓励本土油气资源，特别是页岩中的非常规油气资源的研究与开发，最终促成了页岩革命。20 世纪 80 年代，美国政府和油气企业加大对开采页岩资源的科研投入；20 世纪 90 年代，美国中小型油气企业通过以"水力压裂"为代表的科技创新成果实现了页岩气的商业化开发；21 世纪初，诸如水平钻井和 3D 成像等技术的出现使得页岩气的规模化开发成为可能。然而，页岩革命在这一阶段主要还局限于页岩气产业，虽然为美国石油行业提供了技术储备，但对石油增产做出的贡献不大。与此同时，世界其他地区石油产量的增速也下降到 1.9％，这一方面是因为海外优质油田的减少，另一方面因为 OPEC 成员国的国有石油公司在新油田的勘探方面投入不足。整个第三阶段，美国石油的对外依存度从 1970 年的 11％一路上升至 2008 年的 61％。但是，在世界石油行业整体进入低速增长阶段的时候，美国石油行业已经率先做好了复兴的准备。

第四阶段（2009 年至今）：美国石油产量从 2009 年的 4.6 亿吨猛增至 2014 年的 7.1 亿吨，产量提高了 53％，年均增长率为 8.9％。同期，全球石油产量从 42.6 亿吨提高到 47.0 亿吨，产量提高了 10％，年均增长率为 2.0％（除美国以外地区年增长率为 1.0％）。金融危机以后，美国以外地区的石油产量增速下滑到 1％，而美国同期的增长率达到惊人的 8.9％，超出历史上任何时期，其石油产量不但在 2013 年达到历史新高的 6 亿吨，2014 年更是突破 7 亿吨大关。在这一阶段，美国贡献了全球 56％的石油增量，其产量占比也从 2008 年的 10％提高到 2014 年的 15％。

随着页岩气的大量供给,美国天然气价格大跌,许多油气企业纷纷开始研究如何将页岩气开发技术运用到非常规石油资源上,这其中主要包括致密油(Tight Oil)和天然气凝析油(NGLs)的开采。一方面,天然气凝析油是凝析气田或者油田伴生天然气凝析出来的液相组分,在地下以气相存在,采出到地面后则呈液态。值得强调的是,常规和非常规天然气开采中都伴有天然气凝析油,只有后者伴生的凝析油被定义为非常规石油资源。随着页岩气产量的大幅提升,大量的天然气凝析油也同时被开采出来,率先成为页岩革命对美国非常规石油资源增产的贡献。另一方面,致密油是直接从页岩中开采出来的石油。美国能源信息署(EIA)将致密油定义为"采用水平钻井和多段水力压裂技术从页岩或其他低渗透性储层中开采出来的石油"(EIA,2012)[①]。致密油的开发起步较晚,但近年来产量大大提高,超过了天然气凝析油的总量,成为非常规石油资源的主角,这也标志着水平钻井和多段水力压裂技术等页岩革命的成果已经成功地应用于非常规石油资源的开发。天然气凝析油和致密油产量的提高带来了美国自金融危机以来年均8.9%的历史最高石油增长率。与此形成鲜明对比的是,世界其他地区同期石油增长率仅为1%。美国页岩革命的威力显而易见。

## 三、美国石油产量的结构变化与发展趋势

从前文可以看出,美国石油产量在2008年金融危机之后实现快速增长,但要具体分析其中非常规石油的贡献率,必须观察石油总产量内部的结构变化。表3-1通过钻井平台分布和石油种类两个维度,将美国石油分为"陆地—常规""海上—常规""陆地—非常规"和"海上—非常规"四类,并

---

①　国际各方对致密油的定义并不统一,如加拿大国家能源委员会认为致密油包含的种类更多,除页岩油外还包括致密砂岩、粉砂岩、灰岩及白云岩等致密储层中的石油(舒建中,2014)。因为EIA提供的数据较为全面和权威,本章采用EIA对致密油的定义。

分别描述了 1970—2039 年产量的变化及趋势。能源市场受经济周期影响明显,为消除波动产生的偏差,本章比较每 10 年平均值的变化情况[①]。总体而言,陆地开采的常规石油起步早但产量持续萎缩,海上开采的常规石油产量稳定但潜力有限,非常规石油主要集中在陆地开采并增长迅速,在今后 20 年将保持石油供应的主体地位,从而保证美国石油的总体供给。

表 3-1    1970—2039 年美国石油结构变化

| 分类 | 年代 | 陆地开采 | | 海上开采 | |
|------|------|--------|--------|--------|--------|
| | | 产量/(亿吨) | 百分比/% | 产量/(亿吨) | 百分比/% |
| 常规石油资源 | 20 世纪 70 年代 | 4.5 | 86 | 0.6 | 12 |
| | 20 世纪 80 年代 | 4.3 | 84 | 0.6 | 11 |
| | 20 世纪 90 年代 | 3.2 | 76 | 0.7 | 17 |
| | 21 世纪前 10 年 | 2.4 | 65 | 0.9 | 24 |
| | 21 世纪第二个 10 年 | 1.7 | 31 | 0.8 | 15 |
| | 21 世纪 20 年代 | 1.1 | 13 | 1.0 | 12 |
| | 21 世纪 30 年代 | 0.8 | 11 | 0.9 | 13 |
| 非常规石油资源 | 20 世纪 70 年代 | 0.2 | 3 | 0 | 0 |
| | 20 世纪 80 年代 | 0.2 | 4 | 0.01 | 0 |
| | 20 世纪 90 年代 | 0.3 | 6 | 0.03 | 1 |
| | 21 世纪前 10 年 | 0.4 | 11 | 0.03 | 1 |
| | 21 世纪第二个 10 年 | 3.0 | 53 | 0.04 | 1 |
| | 21 世纪 20 年代 | 6.3 | 75 | 0.03 | 0 |
| | 21 世纪 30 年代 | 5.4 | 75 | 0.03 | 0 |

数据来源:Rystad Energy。

---

[①]  20 世纪 70 年代、20 世纪 80 年代、20 世纪 90 年代和 21 世纪前 10 年的数据均为对应每 10 年实际产量的平均值(例如,20 世纪 70 年代产量为 1970—1979 年这 10 年的平均年产量)。21 世纪第二个 10 年的数据是 2010—2015 年的实际值和 2016—2019 年预测值的平均数,21 世纪 20 年代和 30 年代的数据均为对应每 10 年预测产量的平均值。

　　20 世纪 70 年代和 80 年代,美国陆地开采的常规石油产量保持在 4 亿吨/年以上,占全美石油产量的 80％以上,1990 年开始的 20 年里以每年 1 个百分点的速度下降。现阶段,陆地开采的常规石油产量为 1.7 亿吨/年,占全美石油产量的比重大幅萎缩至 31％。2020 年以后陆地开采的常规石油量仍将显著下降,只占全美石油产量的 10％左右。

　　海上开采的常规石油的绝对产量较为稳定,从 20 世纪 70 年代和 80 年代的 0.6 亿吨稳步增加到 21 世纪 20 年代和 30 年代的 1 亿吨左右,占全美产量的比重从 70 年代和 80 年代的 10％左右提高到 21 世纪头 10 年的 24％,成为当时的重要增长点。此后由于石油总产量的大幅提高,其占比将在 21 世纪 20 年代和 30 年代回落到 20 世纪 70 年代的份额。到 21 世纪 30 年代,在美国常规石油产量中,海上开采产量将超过陆地开采产量。

　　陆地开采的非常规石油产量在 20 世纪增速较慢,主要依赖页岩气小规模生产中获取的天然气凝析油,从 70 年代占石油总产量的 3％稳步上升到 21 世纪前 10 年的 11％。如今,受惠于大量页岩气开采中的天然气凝析油和数量更多的致密油开采,陆地开发的非常规石油资源已经占美国总体石油资源的一半以上。但页岩革命在石油行业的潜能还没有全部发挥出来,预计到 21 世纪 20 年代和 30 年代,该比例将会进一步上升到 75％。

　　与非常规天然气的情况一样,非常规石油在海上的开采预计在 2040 年前不会有突破性的增长。这是因为大量页岩油涌入市场导致世界石油价格疲软,相比之下投资额巨大的海上开采项目不具有竞争力。

　　综上所述,美国非常规石油的商业化生产已经进入快速通道,这会大大降低原油价格。由于优质油田资源枯竭,陆地开采的常规石油所需成本不断提高,加之疲软的原油价格,其市场份额在过去 10 年减半,并将在未来 10 年再减半。海上开采的成本虽然较高,由于仍有许多优质的离岸常规油田,海上常规石油的产量仍会提高,但较低的原油价格制约了其增产速度。到 21 世纪 20 年代,非常规石油产量在美国石油产量中的占比将从现在的 1/2 提高到 3/4。

## 四、美国石油产业的技术发展

表 3-1 说明,页岩革命促使美国非常规石油产量大幅提升,进而提高了美国总体石油产量。页岩革命中的水平井钻井技术、大规模压裂技术和微地震实时监测诊断技术是致密油开采的三大关键技术(孙张涛等,2015),在美国石油增产过程中发挥了重要作用。目前,水平井钻井技术由单口井向多分支井发展,该技术在主井眼的底部打造二级井眼,再从分井眼中不断钻出下一级的子井眼,从而实现单一储层不同深度油气藏的多级开发,降低了单产钻探成本,提高了单井产量(李宗田等,2016)。

压裂技术是致密油开采中最重要的技术之一。页岩基质具有孔隙低小、渗透率低、大部分石油资源以游离或吸附态赋存于岩层裂缝之中的特点。因此,打通裂缝并形成最佳的渗流通道是致密油开采的关键。米切尔能源开发公司突破性地在巴涅特页岩上使用水力压裂技术,并最终通过改变压裂液成分研发出"润滑水压裂技术",率先实现了美国页岩区的商业开采。目前,在针对低渗、特低渗油藏的开发中,水平井多级分段压裂工艺已成为最广泛应用的技术之一。水平井分段压裂技术与水平多支钻井技术的结合,可以扩大油层的开采面积,控制裂缝数量,这对非常规油气藏采收率的提高有明显的效果,Chaudhary(2011)研究显示致密油的增产率能够达到 6%,佐证了该技术的应用价值。

近年来,基于设计理念、压裂管柱、压裂液材料以及压裂设备等不同条件,多种新型压裂工艺与技术正被推出和现场试验。高速通道水力压裂技术摆脱了依靠支撑剂填充裂缝以形成渗流通道的约束,在高速通道的包围下,用分散的支撑剂块来组成不连续的支撑剂充填层,提高导流的能力

(Pena et al. ,2010)。在美国伊格福特(Eagle Ford)页岩层的开发中,高速通道水力压裂技术的应用使凝析油开采量增加 46%,同时支撑剂的节约大大减少了成本投入与环境污染。如今该技术已在全世界 20 多个国家中应用,油气增产率平均达到 20% 以上,成为非常规油气资源开采中最有潜力的技术之一(孙张涛等,2015)。气枪技术是一种基于美军专有弹道导弹衍生出的技术,相对于水力压裂和炸药,气枪技术可以稳定持续地释放更高压能量,产生多条径向裂缝,同时避免了因裂缝窜层引起的大量出水问题(李宗田等,2016)。过去 10 年,在美国阿巴拉契亚州和伊利诺伊州盆地,开发者采用气枪技术进行压裂累计超过 5000 次,该技术在北美市场上逐渐得到认可(李宗田等,2016)。除此之外,利用液态二氧化碳、液态天然气作为介质的压裂技术在不断试验攻关,多级滑套固井压裂、爆燃压裂等技术也将增加岩层改造的控制性与精确性。页岩革命中不断出现的这些新技术将持续推动和引领非常规石油资源的开发速度(李宗田等,2016)。

微地震实时监测诊断技术也是近年来非常规油气藏改造中的一项重要技术。该技术利用声发射学和地震学原理,实现与压裂技术的同步作业,通过三维空间显像,实时观测与分析生产过程中的地层裂缝状态,为进一步的开采提供裂缝方位、长度、宽度、高度、倾角、覆盖范围等信息(孙张涛等,2015)。该技术的应用能够优化压裂设计,有效地改善储层的性能,维持较高的油气生产量,让过去低产或无油气的地区实现生产工业油气的突破,从而对压裂后的岩层进行更加经济有效的控制与管理。

## 五、页岩革命对美国及世界石油行业的影响

正是由于上述技术的创新与突破,美国石油产量再次成为世界能源市场的焦点,并且有向世界辐射与扩散新技术的趋势。表 3-2 通过比较 1970 年—2039 年美国与世界其他地区石油总产量和非常规石油所占比例的变

化,分析页岩革命给美国乃至全球石油产业带来的影响及其发展趋势。此外,表 3-2 中给出的"非常规气占比"(非常规天然气占天然气总产量的比重),用于与"非常规油占比"(非常规石油占石油总产量的比重)进行比较,从而揭示页岩革命在天然气市场和石油市场的不同起步时间和发展趋势。

表 3-2　1970 年至 2039 年美国与世界原油年均产量变化

|  |  | 20 世纪 70 年代 | 20 世纪 80 年代 | 20 世纪 90 年代 | 21 世纪 前 10 年 | 21 世纪 第二个 10 年 | 21 世纪 20 年代 | 21 世纪 30 年代 |
|---|---|---|---|---|---|---|---|---|
| 美国 | 原油产量 /(亿吨) | 5.3 | 5.0 | 4.3 | 3.7 | 5.6 | 8.4 | 7.2 |
|  | 非常规油占比 /% | 3 | 4 | 7 | 11 | 54 | 76 | 76 |
|  | 非常规气占比 /% | 4 | 7 | 16 | 33 | 72 | 84 | 84 |
| 世界 (除美国) | 原油产量 /(亿吨) | 23.3 | 25.1 | 29.9 | 35.6 | 36.3 | 39.4 | 40.0 |
|  | 非常规油占比 /% | 3 | 4 | 4 | 5 | 9 | 12 | 19 |
|  | 非常规气占比 /% | 2 | 2 | 2 | 2 | 7 | 12 | 19 |

数据来源:Rystad Energy。

美国石油的年均产量从 20 世纪 70 年代 5.3 亿吨的峰值下降到 21 世纪头 10 年 3.7 亿吨的低谷,而同期世界其他地区石油产量从 23.3 亿吨增加到 35.6 亿吨。此时,非常规石油仅占美国石油总量的 11%。但是由于当时页岩气革命已经使得大量页岩气进入美国市场(21 世纪头 10 年,非常规天然气占美国天然气总产量的 33%),这使得天然气价格在 2010 年前后处于低位。与此同时,原油价格仍在高位。因此,部分开发页岩气的公司,如大陆石油公司、黑丁顿石油公司、莱科能源集团、EOG 能源公司和桑德里奇能源公司等(Zuckerman,2013),在 2010 年前后将重心转移到非常规石油的开发上;而大型油气企业通过兼并收购拥有页岩技术的中小型公司,也开始大规模开发非常规石油。大量页岩气技术经过改良以后被运用到非常规石油的开采中,这使得 2010 年前后美国的石油产量 40 年来首次大幅度增加 1.9 亿吨(增幅为 50%),达到 5.6 亿吨的历史最高值,其中非常规石油的比例也从 11% 暴增至 54%。同期,世界其他地区却面临着优质常规资源枯竭和页岩革命仍未普及的困境,仅仅增产 0.7 亿吨(增幅为 2%)。Rystad Energy 的数据表明了 21 世纪第二个 10 年美国石油行业的复兴和其他地区石油市场的困境,这与前文中给出的 EIA 数据相符(2008 年以后的第四阶段,美国石油产量增速为 8.9%,世界其他地区为 1.0%)。到 21 世纪 20 年代,随着跨国石油巨头掌握的页岩技术日趋成熟,美国石油产量有望再增产 2.8 亿吨,大幅度提高至 8.4 亿吨/年,其中非常规石油的占比将进一步提高到 76%,该市场份额有望保持到 21 世纪 30 年代末。与此同时,世界其他地区的石油增产也有望提速,这主要是因为跨国油气企业将掌握的页岩技术逐渐应用到海外油田开发中。预计到 21 世纪 30 年代,非常规石油占世界(除美国)石油总产量的比重将从现在的 9% 提高到 19%。

比较表 3-2 中美国非常规石油和天然气的占比可以发现,页岩技术在美国天然气行业的应用早于石油行业。但在世界其他地区,非常规石油和天然气的占比一直保持在同一水平,这表明页岩技术在全球石油和天然气市场的应用几乎是同步的,大型油气企业在掌握相关技术以后,同步地应用到海外的石油和天然气开发中。虽然跨国公司可以将页岩技术嫁接到海外,但是由于地质普查数据的缺失、地质构造的不同以及产业政策的差异,非常规石油和天然气在海外的开发速度受到制约。因此,短期内非常规油气在全球范围内出现爆发式增长的可能性不大①。

---

① 中国因其强大的政府意志和丰富的页岩资源,可能成为唯一的例外。

综上所述，从 20 世纪 70 年代到 21 世纪头 10 年，美国中小型油气企业坚持页岩技术的开发与创新，逐步提高非常规石油的产量。这在一定程度上遏制了美国石油产量更快速下滑的趋势，并为近年来非常规石油的爆发式增长提供了技术和经验基础。金融危机之后，世界石油巨头们将之前更多用于天然气开采的页岩技术应用到非常规石油资源的开发中，成功实现了非常规石油生产的规模化，使美国石油产量大幅度提高。与此同时，大型跨国油气公司将会逐步把在美国日趋成熟的非常规石油开采技术运用到海外非常规石油的开发中，这有利于全球石油市场的增产。综上所述，页岩技术的扩散主要遵循"从美国到世界，从天然气到石油"的模式。

## 六、页岩革命对美国的其他影响

美国页岩革命除了直接影响能源行业，还在经济、政治及社会等方面给美国带来了众多影响。

首先，在能源安全与地缘政治方面，一方面，短期内非常规石油开发依赖于原油市场的价格，这将凸显石油富集国的资源与价格优势，但随着页岩革命的到来，美国原油生产已从负增长提高到 8.9%，石油的定价将更依赖于非常规石油的产量，因此美国对世界石油市场尤其在定价方面将掌握更大的控制权；另一方面，石油作为关键的战略物资，具有典型的政治属性(徐小杰，2013)，这直接牵制着美国的外交部署。国际局势的发展也表明，美国在中东的"盟友"与"对手"都将石油作为与其谈判的筹码(武正弯，2014)；美国一旦实现"能源独立"，就能更加灵活地调整在中东的战略布局，实现其长远的国家利益(武正弯，2014)。如果说，率先进行石油开发是美国能源主导地位的发端，而国际能源机构和"石油美元机制"又从制度层面重振了美国的能源主导地位，那么页岩革命就从资源控制、资源定价和技术及市场等多个方面强化了美国在国际能源市场中的主导地位(舒建中,2014)。

其次,在经济社会方面,页岩革命不仅为美国增加了就业岗位,提高了产业工人的工资水平,还降低了制造业成本,吸引了制造业回流与外国投资,为美国消费者带来了更多的实惠(彭元正等,2016)。例如,2012年宾夕法尼亚州油气行业的人均收入为8.3万美元,是美国平均收入的1.7倍,超过能源产业中煤炭行业10%以上(王蕾等,2015);油气行业为美国新增了超过13万个岗位,在同期美国各产业中名列前茅(王蕾等,2015)。原油供应量的增加拉低了美国国内油价,炼油商的成本降低刺激了油品出口,改善了炼油商的经济利润(董春岭,2014)。此外,由于具有强度高且储存方便等特性,石油仍然是交通领域最重要的燃料来源(董春岭,2014)。2015年11月2日,英国石油公司(BP)发布的技术展望报告强调,未来20年液体燃料将继续成为交通部门的主导燃料,页岩油的开采会进一步拉动美国汽车销售量的提高,从而带动柴油及汽油消费量的增长。但在另一方面,原油供过于求的市场反应对生物乙醇等可替代的新燃料能源的研发进程会带来不利影响,同时低油价对非常规石油的进一步勘探开发提出了严峻的挑战,也对持续研发更加高效的页岩技术提出了迫切的要求。

## 七、启示与结论

总结美国非常规石油开发的经验,对我国和其他期望开发非常规石油的国家,有以下四点启示:

第一,前瞻性的能源安全战略。20世纪70年代的世界石油危机,直接使美国政府踏上了"能源独立"的漫长征程(王卓宇,2014)。在"能源独立"的战略方针引领下,美国政府鼓励科技创新并提供补贴,扶持页岩油产业的发展,进而改变了石油开采的困境与颓势,稳定并提高了美国石油的供给,从而削弱了中东作为"世界油气中心"的地位,美国开始重新掌握世界石油的控制权乃至国际能源的主导权,并引发了世界范围的页岩油气热潮。我国是世界能源消费第一大国,从长远的国家利益角度出发,推动非常规油气的勘探开发能够保证能源安全与独立,改善目前石油对外依存度偏高的困境,因此需要政府的提早筹备与规划。

第二,务实的能源与环境战略。为应对日益恶化的气候与环境问题,减少碳排放总量刻不容缓,但被寄予厚望的可再生能源数十年来发展缓慢(2015年可再生能源仅占世界能源总消费量的3%,在发展程度最高的欧盟,这一比例也只有8%),无法在短期内承担大量的减排任务。在不影响经济发展的情况下,美国通过改变化石燃料内部的消费结构,用相对清洁的石油和天然气代替污染严重的煤炭,实现了碳排放量的有效控制。此外,美国政府的相关监管政策与法律规范,也最大程度避免了能源开采过程中对环境的破坏。我国受到资源禀赋的制约,能源消费比例中煤炭占据主导地位(2015年煤炭占比64%,世界其他地区平均不到20%),这直接导致了我国环境的急剧恶化,但同时也显示了我国减排的巨大潜力。在短期内,政府应该推动非常规油气资源的开发,以此替代煤炭的使用。同时,还要扶持可再生能源产业的发展,增加我国中长期减排的潜力。

第三,政府财政补贴支持。美国页岩油气革命的成功离不开政府的优惠政策。从20世纪70年代开始,美国政府实施了一系列鼓励替代能源发展的政策。1978年的《能源税收法案》出台了替代能源生产的"税收津贴条款",1980年《原油意外获利法》对非常规能源进行补贴,1997年美国继续对非常规能源实行税收减免政策。进入21世纪,政府持续对油气开采与技术研发提供税收优惠刺激和专项补助,保证了页岩油气成功实现规模化开发。

第四,多元竞争的市场格局。在美国,石油天然气领域的企业有8000家左右(曾少军等,2013),高度开放的市场竞争环境促使众多中小企业不断进行技术革新转型成为专业公司,并通过业务外包的方式获取收益(彭元正等，2016）；大型油气公司利用其资本和市场优势，通过与中小企业的合作加入页岩油气产业的开发行列，这进一步加速资源整合，降低生产成本和交易成本，提高页岩油气的价格竞争力（尹硕等，2013）。多元的投资主体准入机制使该产业逐渐形成了"中小型企业推动技术创新，专业公司提供专业化服务，大型油气公司整合资源、实现规模化开发"的发展模式，促进了美国非常规石油产量的大幅提升。

# 参考文献

［1］董春岭. 关于"世界油气中心西移"论的再思考——基于对"页岩气革命"局限性的分析［J］. 现代国际关系，2014(2)：52-59.

［2］郎一环，王礼茂. 石油地缘政治格局的演变态势及中国的政策响应［J］. 资源科学，2008(12)：1778-1783.

［3］李宗田，苏建政，张汝生. 现代页岩油气水平井压裂改造技术［M］. 北京：中国石化出版社，2016.

［4］彭元正，董秀成. 中国油气产业发展分析与展望报告蓝皮书（2015-2016）［M］. 北京：中国石化出版社，2016.

［5］舒建中. 页岩气革命对美国能源主导地位的影响［J］. 国际观察，2014(5)：78-89.

［6］孙张涛，田黔宁，吴西顺，等. 国外致密油勘探开发新进展及其对中国的启示［J］. 中国矿业，2015(9)：7-12.

［7］王蕾，王振霞. 页岩气革命对美国经济的影响及中国应对措施［J］. 中国能源，2015，37(5)：22-25.

［8］王卓宇. 从"页岩气革命"到"能源独立"：前景、影响与挑战［J］. 理论月刊，2014(3)：143-148.

［9］武正弯. 美国"能源独立"的地缘政治影响分析［J］. 国际论坛，

2014(4)：7-12.

　　[10] 徐小杰. 美国能源独立趋势的全球影响[J]. 国际经济评论，2013(2)：34-45.

　　[11] 尹硕,张耀辉. 页岩气产业发展的国际经验剖析与中国对策[J]. 改革，2013(2)：28-36.

　　[12] 曾少军,杨来,曾凯超. 中国页岩气开发现状、问题及对策[J]. 中国人口:资源与环境，2013，23(3)：33-38.

　　[13] Chaudhary A S. Shale oil production performance from a stimulated reservoir volume[Z]. Texas A&M University，2011.

　　[14] EIA. Annual energy outlook 2012：With projections to 2035 [R]. Energy Information Administration，2012.

　　[15] Etemad B，Luciani J，Bairoch P，et al. World energy production，1800-1985[M]. Darby：DIANE Publishing Company，1998.

　　[16] Jaffe A M. The Americas，not the Middle East，will be the world capital of energy[J]. Foreign Policy，2011(188)：86-87.

　　[17] Kolb R W. The natural gas revolution：At the pivot of the world's energy future[M]. FT Press，2013.

　　[18] Pena A，Gutierrez L，Archimio A. New treatment creates infinite fracture conductivity[J]. Exploration and Production，2010，10 (38)：71-73.

　　[19] Speight J G. Shale gas production processes[M]. Amsterdam：Gulf Professional Publishing，2013.

　　[20] Zuckerman G. The frackers：The outrageous inside story of the new billionaire wildcatters[M]. London：Penguin，2013.

# 第四章　中国页岩产业发展现状、挑战与对策

## 一、引　言

在全球能源消费结构中,石油、煤炭和天然气三种化石燃料的消费量在所有能源种类中位居前三。如表 4-1 所示,以 2015 年为例,三种化石燃料分别占全球能源消费量的 33%、29% 和 24%,三者总量占全球能源消费量的 86%。无论是美国和欧洲的发达国家,还是中国这样的发展中国家,化石燃料均在能源消费结构中占据主体地位。然而与欧美不同的是,中国极度倚重煤炭资源而非油气资源。2015 年,中国煤炭消费量占能源消费的比重高达 64%,将全球煤炭占能源消费的比重从 19% 拉升到 29%。煤炭无论是在二氧化碳排放量方面还是在热能利用效率方面,均逊色于石油和天然气。[①] 因此,中国以煤炭为主的能源消费结构成为经济新常态下产业结构调整和节能减排的焦点问题。2015 年《能源行业加强大气污染防治工作方案》出台,该方案提出要逐步降低煤炭消费比重,提高天然气和非化石能源消费比重。石油与天然气是全球最重要的战略能源,正被广泛应

---

① 相比于石油与天然气,煤炭的二氧化碳排放量是天然气的 1.7 倍,石油的 1.3 倍。效率方面,以发电为例,火力发电能源利用效率仅 35% 左右,而天然气的能源利用效率可以超过 80%。

用于中国国民生产生活的各个领域。2016 年 3 月国务院颁布的《中华人民共和国国民经济和社会发展第十三个五年规划纲要》中提出，"要深入推进能源革命，建设清洁低碳、安全高效的现代能源体系"；国家能源局、国务院发展研究中心与国土资源部联合发布的我国首份天然气发展白皮书——《中国天然气发展报告（2016）》再次明确做出官方定调，"将逐步把天然气培育成为中国的主体能源"。

表 4-1　2015 年世界各地区能源消费结构　　　　　　单位：%

| 地区 | 原油 | 天然气 | 原煤 | 核能 | 水力发电 | 再生能源 |
|---|---|---|---|---|---|---|
| 世界 | 33 | 24 | 29 | 4 | 7 | 3 |
| 中国 | 18 | 6 | 64 | 1 | 9 | 2 |
| 美国 | 38 | 31 | 17 | 8 | 3 | 3 |
| 欧盟 | 37 | 22 | 16 | 12 | 5 | 8 |
| 其他 | 37 | 30 | 20 | 3 | 8 | 2 |

　　长期以来，中国一直处于"多煤、少油、缺气"的状态，常规优质油气田枯竭，油气自给率迅速下降（图 4-1 和图 4-2）。根据《2018 年国内外油气行业发展报告》的数据，2018 年我国石油和天然气的对外依存度分别为 70% 和 45%，能源短缺和能源依赖是中国未来面临的最大风险之一（余国合等，2015）。2016 年英国《BP 世界能源展望》中也预测："中国将超过美国成为世界最大的石油消费国与能源净进口国。"然而，中国的油气进口主要存在两个问题，一是进口来源国主要集中在中东及非洲地区，这些地区政局不稳，社会动荡，供给容易中断，影响我国油气进口来源的安全性；二是运输方式问题，中国原油运输过分依赖海洋邮轮运输，且大多经过马六甲海峡，但印度洋航线区域国际形势复杂，海盗活动频繁，这对能源进口安全带来挑战。当然，值得肯定的是，中国已经开始采取行动应对这些问题："一带一路"倡议加强了与俄罗斯、伊朗等重要油气生产国的贸易往来，发

掘了多元化的油气来源和运输通道;瓜达尔港的开放使我国可以绕开马六甲海峡,打通与欧洲、中东的交流门户,纾解了我国油气进口的安全性问题。在拓宽和保障油气资源进口的同时,国内非常规油气资源(如页岩油、页岩气和煤层气等)作为一个新的增长点,也加速了开发进程。2016 年 9月发布的《页岩气发展规划(2016—2020 年)》明确表示,开发非常规油气(特别是页岩气)将是中国"十三五"重点工程和产业之一。

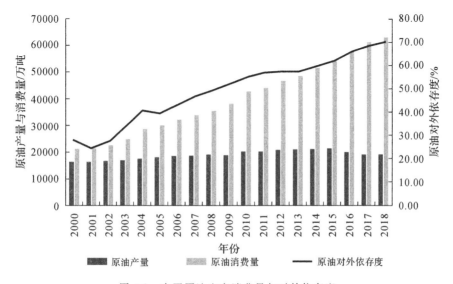

图 4-1　中国原油生产消费量与对外依存度

数据来源:国家统计局、国家发改委、《2018 年国内外油气行业发展报告》、《2017 年国内外油气行业发展报告》、《中国天然气发展报告(2017)》、中商情报网、华经情报网。

　　美国是世界上最早进行页岩开采,最先完成技术突破并实现商业化开采的国家。页岩革命的成功促进了美国经济的复苏,新增超过 170 万个工作岗位,增加了美国在中东问题上的战略筹码,增强了在气候问题上的全球话语权,给美国的经济、就业、地缘政治、自然与社会环境等方面带来了巨大的影响。由美国掀起的"页岩革命"巨浪,席卷了全球油气市场,引发了中国、俄罗斯、加拿大等国页岩勘探开发的热潮。据 EIA 的地质勘探统计结果,中国的页岩气技术可开采量约 31.5 亿立方米,为世界第二;页岩油技术开采资源量约 39.1 亿吨,居世界第三,开采潜力巨大。因此,有必

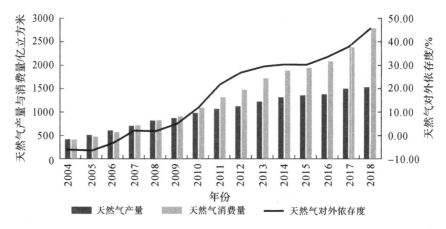

图 4-2　中国天然气生产消费量与对外依存度

数据来源：国家统计局、国家发改委、《2018 年国内外油气行业发展报告》、《2017 年国内外油气行业发展报告》《中国天然气发展报告（2017）》、中商情报网、华经情报网。

要对中国页岩产业，特别是更为清洁的页岩气产业的发展现状与未来趋势展开研究。

## 二、中国页岩产业开发现状

2009 年 10 月，中国首个页岩气勘查项目在重庆启动；11 月，富顺—永川区块被列为首个页岩气开采项目，由中石油与壳牌进行联合开发，中国成为继美国和加拿大之后，第三个正式开始页岩气资源勘查开发的国家。为尽快摸清家底，2009—2012 年，国土资源部开展了全国页岩气资源潜力评价和重点地区页岩气资源调查工作，累计投入 6.6 亿元，共对中国 41 个盆地地区、87 个评价单元和 57 个寒气页岩层段的页岩气资源潜力进行了评价，探明页岩气地质资源潜力为 134.44 万亿立方米，可采资源潜力为 25.09 亿立方米（见表 4-2）。2013 年，美国 EIA 预计，中国页岩气可采资源总量为 31.5828 万亿立方米（见表 4-3）。2015 年国土资源部资源评价最新结果显示，全国页岩气技术可采资源量为 21.8 万亿立方米。

表 4-2　国土资源部统计的中国页岩气资源大区分布特征

| 大区名称 | 地质资源量<br>/(万亿立方米) | 所占比例<br>/% | 技术可采资源量<br>/(万亿立方米) | 所占比例<br>/% |
|---|---|---|---|---|
| 上扬子及滇黔桂区 | 62.59 | 46.54 | 9.94 | 39.62 |
| 华北及东北区 | 26.79 | 19.93 | 6.70 | 26.70 |
| 中下扬子及东南区 | 25.16 | 18.72 | 4.64 | 18.49 |
| 西南区 | 19.90 | 14.81 | 3.81 | 15.19 |
| 合计 | 134.44 | 100 | 25.09 | 100 |

表 4-3　美国能源署统计的中国页岩资源大区分布特征

| 页岩盆地 | 页岩气/(万亿立方米) | 页岩油/(亿吨) |
|---|---|---|
| 四川盆地 | 17.7441 | 0 |
| 扬子地台 | 4.2167 | 0 |
| 江汉盆地 | 0.7924 | 0.2857 |
| 苏北 | 1.2735 | 0.4286 |
| 塔里木盆地 | 6.0845 | 11.5714 |
| 准噶尔盆地 | 1.0188 | 17.2857 |
| 松辽盆地 | 0.4528 | 9.5714 |
| 合计 | 31.5828 | 39.1428 |

　　按照国土资源部的统计数据,全国天然气可采资源储量约为 80 万亿立方米,其中常规天然气储量约为 32 万亿立方米,非常规天然气尤其是页岩气在可采资源中占比极大,页岩气的勘探开发可以大大提高中国的能源自给率。全国页岩气自 2012 年首产 2500 万立方米后,2013 年产量达 2 亿立方米,2014 年达到 13 亿立方米,同比增长 530%,2015 年达到 44.71 亿立方米,成为世界上第三个实现页岩气商业化开采的国家,但仍未达到"十二五"规划中"2015 年产量逾 65 亿立方米"的发展目标。

　　"十二五"期间,中石化率先在重庆涪陵地区取得技术突破,实现页岩气的商业化开发,2016 年产量超过 50 亿立方米,2018 年产量突破 60 亿立方米。而"十三五"国家科技重大专项——"涪陵页岩气开发示范工程"项目正式启动,将会继续完善页岩气的勘探开发体系,对行业标准及示范基地的确立具有重要的现实意义。此外,四川长宁—威远国家级页岩气示范区也已实现规模化生产,2016 年全年累计生产页岩气达到 23.04 亿立方米,与上一年度相比,实现产量翻倍。2020 年该示范区产量预计将达 80 亿立方米。

2014 年,中国共有页岩气探矿权区块 54 个,面积约 17 万平方公里,20 余家国内外企业在 11 个省区 5 大沉积盆地(区)开展页岩气勘探开发,累计完成二维地震 2.2 万公里,三维地震 2134 平方公里,钻井 800 余口,压裂试气 270 余口井以获页岩气流。2016 年 9 月 30 日,国家能源局发布《页岩气发展规划(2016—2020 年)》,力争 2020 年页岩气产量实现 300 亿立方米,2030 年产量实现 800 亿到 1000 亿立方米。此外,从 2011 年起还有一系列关于页岩资源开发的政策、法规与标准规范密集发布和执行(见表4-4)。

表 4-4 页岩资源开发的相关政策、法规与标准规范

| 发布时间 | 文件内容 |
| --- | --- |
| 2011 年 6 月 | 国土资源部开展首轮页岩气探矿权招标。 |
| 2011 年 12 月 | 国土资源部批注页岩气成为独立矿种,按单独矿种进行投资管理。 |
| 2012 年 3 月 | 《页岩气发展规划(2011—2015 年)》,完成资源潜力调查,关键技术攻关取得重大突破。 |
| 2012 年 5 月 | 国土资源部《页岩气探矿权投标意向调查公告》。 |
| 2012 年 10 月 | 《加强页岩气资源勘查开采和监督管理有关工作的通知》鼓励各类投资主体进入勘查开采领域,对页岩气开采企业给予 0.4 元/立方米的补贴。 |
| 2012 年 11 月 | 《关于出台页岩气开发利用补贴政策的通知》,地方财政可根据当地页岩气利用情况给予适当补贴。 |

续表

| 发布时间 | 文件内容 |
|---|---|
| 2013 年 10 月 | 《页岩气产业政策》对页岩气开采企业减免矿产资源补偿费和矿权使用费,研究出台资源税、增值税、所得税等税收激励政策;页岩气勘探开发等鼓励类项目项下进口的国内不能生产的自用设备(包括随设备进口的技术),按现行有关规定免征关税。 |
| 2014 年 6 月 | 《页岩气资源/储量计算与评价技术规范》包括页岩气储量计算、资源预测和国家登记统计、管理的统一标准和依据。 |
| 2015 年 4 月 | 《关于页岩气开发利用财政补贴政策的通知》2016—2018 年的补贴标准为 0.3 元/立方米;2019—2020 年补贴标准为 0.2 元/立方米。 |
| 2016 年 9 月 | 《页岩气发展规划(2016—2020 年)》提出 2020 年力争实现页岩气产量 300 亿立方米;2030 年实现页岩气产量 800 亿—1000 亿立方米。 |
| 2016 年 11 月 | 《全国矿产资源规划(2016—2020 年)》提出优化矿产开发利用结构,大力发展天然气、煤层气、页岩气、地热等清洁高效能源。 |
| 2016 年 12 月 | 国家发改委《天然气发展"十三五"规划》提出要逐步把天然气培育成主体能源之一,构建现代天然气产业体系。以南方海相为勘探重点,推广应用水平井、"工厂化"作业模式,全面突破海相页岩气效益开发技术,实现产量大幅增长;探索海陆过渡相和陆相页岩气勘探开发潜力,寻找新的核心区,为进一步上产奠定基础。 |
| 2017 年 2 月 | 《"十三五"现代综合交通运输体系发展规划》提出要适时建设储气库和煤层气、页岩气、煤制气外输管道。 |
| 2017 年 5 月 | "十三五"全国油气资源评价启动,此次评价将包含页岩气、油页岩等非常规油气资源。 |
| 2017 年 6 月 | 中共中央办公厅、国务院办公厅《矿业权出让制度改革方案》,提出要建成"竞争出让更加全面,有偿使用更加完善,事权划分更加合理,监管服务更加到位"的矿业权出让制度。由国土资源部负责石油、页岩气等 6 种矿产的探矿权、采矿权审批。 |
| 2017 年 7 月 | 国家发改委、商务部联合发布《外商投资产业指导目录(2017 年修订)》取消了包括页岩气在内的若干非常规油气勘探、开发等领域外资准入限制,我国采矿业将进一步对外开放。 |
| 2018 年 4 月 | 财政部、国家税务总局《关于对页岩气减征资源税的通知》提出,自 2018 年 4 月 1 日至 2021 年 3 月 31 日,对页岩气资源税(按 6% 的规定税率)减征 30%。 |

　　表 4-5 根据钻井平台分布和石油种类两个维度,将中国石油分为"陆地—常规""海上—常规""陆地—非常规"和"海上—非常规"四类,并分别描述了 1970 年至 2040 年产量的变化及趋势。能源市场受经济周期影响明显,为消除波动产生的偏差,本章比较每 10 年平均值的变化情况[①]。非常规石油资源的年均产量从 20 世纪 70 年代的年均 0.02 亿吨上升为 21 世纪第二个 10 年的 0.22 亿吨,增长了 10 倍,开采量占全部石油资源开采量的比重从 20 世纪 70 年代的 2% 上升至 21 世纪第二个 10 年的 11%。期间,从 20 世纪 90 年代到 21 世纪初,非常规石油资源开采量占比从 10% 回落到 9%,主要是因常规石油开采量,尤其是海上开采量迅猛增长,非常规石油资源开采量基本不变所致。从海陆开采结构看,非常规石油资源的海上开采量从无到有并迅猛增长,其开采量于 21 世纪第二个 10 年首次超过非常规石油资源的陆地开采量。

表 4-5　中国石油资源开采情况与预测

| 中国石油资源 | | 陆地开采 | | 海上开采 | | 总计 | |
|---|---|---|---|---|---|---|---|
| | | 产量/(亿吨) | 百分比/% | 产量/(亿吨) | 百分比/% | 产量/(亿吨) | 百分比/% |
| 常规石油资源 | 20 世纪 70 年代 | 0.67 | 97 | 0 | 0 | 0.67 | 98 |
| | 20 世纪 80 年代 | 1.12 | 94 | 0.01 | 0 | 1.12 | 95 |
| | 20 世纪 90 年代 | 1.27 | 85 | 0.08 | 5 | 1.34 | 90 |
| | 21 世纪前 10 年 | 1.41 | 80 | 0.20 | 11 | 1.61 | 91 |
| | 21 世纪第二个 10 年 | 1.51 | 74 | 0.31 | 15 | 1.81 | 89 |
| | 21 世纪 20 年代 | 1.34 | 77 | 0.27 | 15 | 1.60 | 92 |
| | 21 世纪 30 年代 | 1.07 | 76 | 0.17 | 12 | 1.24 | 88 |
| | 2040 年 | 0.87 | 69 | 0.18 | 15 | 1.06 | 84 |

----

　　① 20 世纪 70 年代、20 世纪 80 年代、20 世纪 90 年代和 21 世纪前 10 年的数据均为对应每 10 年实际产量的平均值(例如,20 世纪 70 年代产量为 1970—1979 年这 10 年的平均年产量)。21 世纪第二个 10 年的数据是 2010—2015 年的实际值和 2016—2019 年预测值的平均数,21 世纪 20 年代和 30 年代的数据均为对应每 10 年预测产量的平均值。2040 年的数据是当年的预计值。

续表

| 中国石油资源 | | 陆地开采 | | 海上开采 | | 总计 | |
|---|---|---|---|---|---|---|---|
| | | 产量/（亿吨） | 百分比/% | 产量/（亿吨） | 百分比/% | 产量/（亿吨） | 百分比/% |
| 非常规石油资源 | 20 世纪 70 年代 | 0.02 | 2 | 0 | 0 | 0.02 | 2 |
| | 20 世纪 80 年代 | 0.06 | 5 | 0 | 0 | 0.06 | 5 |
| | 20 世纪 90 年代 | 0.14 | 10 | 0.01 | 0 | 0.16 | 10 |
| | 21 世纪前 10 年 | 0.10 | 5 | 0.06 | 3 | 0.16 | 9 |
| | 21 世纪第二个 10 年 | 0.06 | 3 | 0.15 | 7 | 0.22 | 11 |
| | 21 世纪 20 年代 | 0.07 | 4 | 0.06 | 3 | 0.13 | 8 |
| | 21 世纪 30 年代 | 0.14 | 10 | 0.02 | 2 | 0.17 | 12 |
| | 2040 年 | 0.19 | 15 | 0.01 | 1 | 0.21 | 16 |
| 总计 | 20 世纪 70 年代 | 0.69 | 100 | 0 | 0 | 0.69 | 100 |
| | 20 世纪 80 年代 | 1.18 | 100 | 0 | 0 | 1.18 | 100 |
| | 20 世纪 90 年代 | 1.41 | 94 | 0.09 | 6 | 1.50 | 100 |
| | 21 世纪前 10 年 | 1.50 | 85 | 0.26 | 15 | 1.76 | 100 |
| | 21 世纪第二个 10 年 | 1.57 | 77 | 0.46 | 23 | 2.03 | 100 |
| | 21 世纪 20 年代 | 1.41 | 81 | 0.32 | 19 | 1.73 | 100 |
| | 21 世纪 30 年代 | 1.21 | 86 | 0.20 | 14 | 1.41 | 100 |
| | 2040 年 | 1.07 | 84 | 0.20 | 16 | 1.26 | 100 |

数据来源：Rystad Energy。

从预测数据看，到 2040 年，非常规石油占比将会缓慢上升至 16%，尽管相比于 21 世纪第二个 10 年的 11% 上升了 5%，但预计年均开采量将从当前的 0.22 亿吨下降至 0.21 亿吨，因此非常规石油开采占比的提高仅仅是因为预计常规石油开采量的下降所致。但从另一层面可以说明，相比于常规石油资源的开采量在 21 世纪第二个 10 年达到峰值后快速下降的趋势，非常规油石油资源的开采保持基本稳定，一定程度上减缓了我国油气对外依存度的上升速度。进一步考虑海陆开采结构可以发现，21 世纪第二个 10 年到 2040 年，非常规石油资源的陆上开采量将不断提升，而海上开采量将持续下降，这可能是近年来发生的几起海上石油污染事件以及日趋复杂的地缘政治形势造成海上冲突可能性加剧等因素共同作用的结果。因此，重视海上石油开采的环境效应，减少因石油开采造成的污染；同时加强与周边国家的谈判与协商，维护我国领海主权与安全，提升应对日趋复杂的地缘政治环境的能力，可能是改变对海上石油开采不利预期的重要举措，也是未来我国石油开发的潜在增长点。

表 4-6 通过钻井平台分布和天然气种类两个维度，将中国天然气分为"陆地—常规""海上—常规""陆地—非常规"和"海上—非常规"四类，并分别描述了 1970 年至 2040 年产量的变化及趋势。为消除市场周期波动产生的偏差，本章同样比较每 10 年平均值的变化情况。非常规天然气资源的年均开采量从 20 世纪 70 年代的年均 0.01 亿吨油当量上升为 21 世纪第二个 10 年的年均 0.17 亿吨油当量，增长 16 倍；开采量占全部石油开采量的比重从 20 世纪 70 年代的 19％上升到 21 世纪第二个 10 年的 26％，且全部为陆地开采。尽管目前非常规天然气的开采总量低于非常规石油资源的开采总量，但就二者占各自资源开采量的比重而言，非常规天然气（26％，2010—2019 年）大于非常规石油（11％，2010—2019 年），可见，非常规天然气在天然气开采中的重要性大于非常规石油之于全部石油开采。

表 4-6　中国天然气资源开采情况与预测

| 中国天然气资源 | | 陆地开采 | | 海上开采 | | 总计 | |
|---|---|---|---|---|---|---|---|
| | | 产量/（亿吨油当量） | 百分比/% | 产量/（亿吨油当量） | 百分比/% | 产量/（亿吨油当量） | 百分比/% |
| 常规天然气资源 | 20 世纪 70 年代 | 0.05 | 81 | 0 | 0 | 0.05 | 81 |
| | 20 世纪 80 年代 | 0.06 | 56 | 0 | 0 | 0.06 | 56 |
| | 20 世纪 90 年代 | 0.08 | 55 | 0.01 | 9 | 0.09 | 63 |
| | 21 世纪前 10 年 | 0.23 | 65 | 0.04 | 11 | 0.28 | 76 |
| | 21 世纪第二个 10 年 | 0.41 | 63 | 0.07 | 11 | 0.48 | 74 |
| | 21 世纪 20 年代 | 0.70 | 57 | 0.12 | 10 | 0.82 | 66 |
| | 21 世纪 30 年代 | 0.67 | 45 | 0.13 | 9 | 0.80 | 54 |
| | 2040 年 | 0.60 | 32 | 0.14 | 8 | 0.75 | 40 |
| 非常规天然气资源 | 20 世纪 70 年代 | 0.01 | 19 | 0 | 0 | 0.01 | 19 |
| | 20 世纪 80 年代 | 0.05 | 44 | 0 | 0 | 0.05 | 44 |
| | 20 世纪 90 年代 | 0.05 | 37 | 0 | 0 | 0.05 | 37 |
| | 21 世纪前 10 年 | 0.09 | 24 | 0 | 0 | 0.09 | 24 |
| | 21 世纪第二个 10 年 | 0.17 | 26 | 0 | 0 | 0.17 | 26 |
| | 21 世纪 20 年代 | 0.42 | 34 | 0 | 0 | 0.42 | 34 |
| | 21 世纪 30 年代 | 0.69 | 46 | 0 | 0 | 0.69 | 46 |
| | 2040 年 | 1.12 | 60 | 0 | 0 | 1.12 | 60 |
| 总计 | 20 世纪 70 年代 | 0.06 | 100 | 0 | 0 | 0.06 | 100 |
| | 20 世纪 80 年代 | 0.10 | 100 | 0 | 0 | 0.10 | 100 |
| | 20 世纪 90 年代 | 0.14 | 91 | 0.01 | 9 | 0.15 | 100 |
| | 21 世纪前 10 年 | 0.32 | 89 | 0.04 | 11 | 0.36 | 100 |
| | 21 世纪第二个 10 年 | 0.58 | 89 | 0.07 | 11 | 0.65 | 100 |
| | 21 世纪 20 年代 | 1.12 | 90 | 0.12 | 10 | 1.24 | 100 |
| | 21 世纪 30 年代 | 1.36 | 91 | 0.13 | 9 | 1.49 | 100 |
| | 2040 年 | 1.72 | 92 | 0.14 | 8 | 1.86 | 100 |

数据来源：Rystad Energy。

　　从预测数据来看,非常规天然气的年均开采量将从当前的年均 0.17 亿吨油当量增长到 2040 年的 1.12 亿吨油当量,与此同时,常规天然气开采量将于 21 世纪 20 年代达到峰值,之后将缓慢回落。在上述两种因素的叠加下,非常规天然气的开采量占全部天然气开采量的比重预计将在 2040 年达到 60%,超过常规天然气开采量成为天然气开采的主力军。此外,非常规天然气的年均开采量预计将于 21 世纪 20 年代超过非常规石油开采量(非常规天然气 0.42 亿吨油当量,非常规石油 0.13 亿吨)。

　　放眼整个油气开采结构,石油、天然气年均开采量将从 20 世纪 70 年代的 0.69 亿吨、0.06 亿吨油当量,增长到 21 世纪第二个 10 年的 2.03 亿吨、0.65 亿吨油当量,再到 2040 年的 1.26 亿吨、1.86 亿吨油当量,天然气开采量将超过石油,油气开采结构将实现逆转。我国非常规油气资源的年均开采量总体呈上升趋势,其开采量占全部油气资源产量的比重整体呈上升态势,常规油气资源开采的比重持续下降。页岩资源以其强劲的发展潜力对我国能源供给能力的增强和能源结构的优化产生重要的驱动作用。

　　从国际对比的角度来看,中国和美国作为两个重要的油气开采和消费大国,其油气资源的开采具有较大差异。表 4-7 和表 4-8 分别反映了中美两国在石油和天然气的开采量与结构方面的差异性。20 世纪 70 年代我国石油年均产量为 0.7 亿吨,比美国少 4.6 亿吨;天然气年均产量 0.1 亿吨油当量,比美国少 4.6 亿吨油当量。到 21 世纪 30 年代,预计中美两国石油与天然气产量的差距将分别扩大到 5.7 亿吨和 5 亿吨油当量。可见,中美油气产量的差距整体呈现不断扩大的态势,但中美之间天然气开采的差距小于两国石油开采的差距。

　　中美之间油气产量差距的扩大主要原因在于"页岩革命"的推动。21 世纪头 20 年,美国非常规天然气开采占比从 33% 猛增至 72%,非常规石油开采占比也从 11% 猛增至 54%,预计此后两者各自的比重将继续上升并保持在 84% 和 76% 的水平。通过表 4-7、表 4-8 数据可以推算,21 世纪头 20 年,美国非常规石油年均开采量从 0.407 亿吨上升到 3.024 亿吨,上升 643%,而常规石油年均开采从 3.293 亿吨下降到 2.576 亿吨,下降 21.8%;非常规天然气年均开采量从 1.419 亿吨油当量上升到 4.104 亿吨油当量,上升 189.2%,而常规天然气年均开采量从 2.881 亿吨油当量下降到 1.596 亿吨油当量,下降 44.6%。在常规油气产量双双下降的情况下,21 世纪头 20 年美国石油天然气开采量依旧分别增长了 51% 和 32%,基本实现了"能源独立"的目标,并进一步扩大与中国的差距,这给我国带来了巨大挑战。值得注意的是,美国油气开采将在 21 世纪 20 年代达到峰值,之后将缓慢下降,这给我国缩小和美国油气开采的差距提供了一定的机遇。

表 4-7　中美天然气产量的对比

| 国家和地区 | 产量和占比 | 20 世纪 70 年代 | 20 世纪 80 年代 | 20 世纪 90 年代 | 21 世纪前 10 年 | 21 世纪第二个 10 年 | 21 世纪 20 年代 | 21 世纪 30 年代 |
|---|---|---|---|---|---|---|---|---|
| 美国 | 天然气产量 /(亿吨油当量) | 4.7 | 3.9 | 4.2 | 4.3 | 5.7 | 6.9 | 6.4 |
| | 非常规占比 /% | 4 | 7 | 16 | 33 | 72 | 84 | 84 |
| 中国 | 天然气产量 /(亿吨油当量) | 0.1 | 0.1 | 0.1 | 0.4 | 0.7 | 1.2 | 1.4 |
| | 非常规占比 /% | 18 | 44 | 36 | 24 | 26 | 33 | 46 |
| 世界其他地区 | 天然气产量 /(亿吨油当量) | 5.6 | 9.9 | 13.5 | 17.5 | 19.2 | 23.9 | 27.3 |
| | 非常规占比 /% | 2 | 2 | 2 | 2 | 6 | 11 | 18 |

数据来源:Rystad Energy。

表 4-8 中美石油产量的对比

| 国家和地区 | 产量和占比 | 20 世纪 70 年代 | 20 世纪 80 年代 | 20 世纪 90 年代 | 21 世纪 前 10 年 | 21 世纪 第二个 10 年 | 21 世纪 20 年代 | 21 世纪 30 年代 |
|---|---|---|---|---|---|---|---|---|
| 美国 | 原油产量 /（亿吨） | 5.3 | 5.0 | 4.3 | 3.7 | 5.6 | 8.4 | 7.2 |
| | 非常规占比 /％ | 3 | 4 | 7 | 11 | 54 | 76 | 76 |
| 中国 | 原油产量 /（亿吨） | 0.7 | 1.2 | 1.5 | 1.8 | 2.0 | 1.8 | 1.5 |
| | 非常规占比 /％ | 2 | 5 | 10 | 9 | 11 | 8 | 15 |
| 世界其他 地区 | 原油产量 /（亿吨） | 22.4 | 23.7 | 28.1 | 33.5 | 33.9 | 37.2 | 38.1 |
| | 非常规占比 /％ | 3 | 4 | 4 | 5 | 9 | 12 | 19 |

数据来源：Rystad Energy。

# 三、中国页岩产业开发问题

## （一）技术水平低，开采成本高

页岩气藏是一种典型的"连续型"油气藏。"连续型"油气藏，特别是"连续型"气藏的特点是持续产气和供气，产量低，产能稳，资源量大，但采收率偏低。常规天然气采收率一般在 60％ 以上，而页岩气仅为 5％ ～ 60％，因此需要人工改造以实现增产，这就推高其开发成本，并需要持续投资才能促进科技进步，进而实现规模化开采。表 4-9 给出了中国和美国页岩气开发的一些经济参数的对比，可以看出两国在页岩产业竞争力方面存在较大差距。例如，中国页岩气单井成本约是美国的三倍，但单井产量却远远落后。

表 4-9　2014 年中美页岩气开发对比

| 项目 | 美国 | 中国 |
| --- | --- | --- |
| 产量/(亿立方米) | 2727 | 13 |
| 页岩气井/(口) | >20000 | >400 |
| 单井成本/(万元人民币) | 约 3000 | 约 8300 |
| 占国内产量比重/% | 40 | 1.02 |
| 投资/(亿元人民币) | 6300 | 200 |

数据来源:《BP 世界能源统计》。

　　地质条件成为影响页岩开发成本的首要因素。由于地层构造、储层结构以及地质规律认识水平的制约,一些页岩气井因不具经济开发价值而被弃用,甚至出现"干井"现象,这会大大增加钻井的沉没成本(刘子晗等,2016)。中国页岩开采的地质条件比北美更加严峻与复杂,油气藏埋藏更深,地形差异更大,岩石结构复杂,油气藏富集度低,施工难度大,单井勘探成本更高。此外,中国许多页岩开采区块靠近人口聚集区,水资源和土地资源供应紧张,地质灾害频发,不利于规模化开采(余国合,吴巧生,2015)。

　　技术难关也是影响页岩开发成本的关键因素。页岩开发的前期投资是技术攻关,主要包括水平井增产技术、水力压裂技术、微地震监测技术等。若技术难以攻克,先前的投入会成为巨大的技术沉没成本,造成损失。美国率先完成了技术突破,页岩气开采成本仅为同期常规天然气成本的60%,因此实现了页岩气商业化开发。中国虽在页岩气钻完井技术研究方面起步较晚,但水平井钻井周期不断缩短,从 150 天减少到 70 天,最短只需 46 天,水平井单井成本从 1 亿元下降到 5000～7000 万元(李杏茹等,2015);页岩气钻完井技术、测录井技术、水力压裂技术、旋转导向技术、地球物探技术等方面基本实现国产化;自主研发的 3000 型压裂车、可移动式钻机等设备,以及页岩气"甜点"预测软件,都在页岩气勘查与开发过程中得到较好应用(黄晓勇等,2016)。虽已实现了较大的进步,但我国页岩产业仍然存在基础薄弱、拿来为主、缺少自主研发技术成果等问题。此外,我国在技术引进的过程中,由于地质条件的差异,往往会导致引进技术的应用出现"水土不服"现象,增加了开发成本(刘子晗等,2016)。最后,美国的页岩气开采技术来自于中小企业的活力与创新,中国页岩油气开发的核心技术掌握在大型油气公司手中,国内中小企业专业知识不足、自主创新能力差,缺乏进入页岩油气行业的成熟条件,这也阻碍了我国页岩产业的技术进步。

### (二)环境问题

页岩开采可能诱发一些环境风险。例如,水力压裂法的使用,会消耗大量水资源,大部分水能够被回收处理并循环利用,但部分压裂液可能渗漏至地下水层造成污染(游声刚等,2015)。这些液体中含有的化学药品,如稀酸、杀虫剂、破胶剂等,一旦渗透进地表甚至地下水层,将造成重金属和毒害物质超标,引发地表生态破坏和地下水污染等严重的环境问题。

此外,页岩气开发过程中会排放出一定数量的甲烷,其温室效应是二氧化碳的 25 倍。据统计,页岩气完井阶段的甲烷排放率几乎是常规天然气的 190 倍,泄漏到空气中产生的温室效应不容小觑。同时,页岩气开采需要大量钻井,占用大量土地,易造成土地资源浪费、土壤扰动、污染物质沉积等不利影响(杨洪波等,2015)。最后,在生产作业过程中,也会产生噪声污染,破坏自然人文景观,甚至引发地震。

### (三)基础设施建设不足

天然气管道建设和运营是页岩气开发的重要构成环节,截至 2017 年底,中国建成运行的天然气管线总里程 7.4 万公里,干线管道密度只有 7.3 米/平方公里,仅是美国的 1/8、法国的 1/9、德国的 1/10、奥地利的 1/40,不充分的管网设施极大地阻碍了页岩气的运输。此外,由于压缩天然气(CNG)与小型液化天然气(LNG)等设备不足,运输能力成为制约中国社会资本参与页岩气开发的一大瓶颈。以我国最大的页岩气田——涪陵示范区为例,涪陵位于长江与乌江交汇地,以山区为主,交通极不便利,目前已修建8个集气站、1个集输站、22公里集气干线,日输气能力150万立方米,但若不加速管网建设,页岩气输送能力不足会成为影响产量提升和商业化规模化生产的制约条件(李世祥,万佩,2015)。此外,中国页岩气富集区多集中在中西部山地盆地区域,地形条件复杂,这加大了管网建设的难度和成本,更加阻碍了页岩气的开发与输送利用。

### (四)市场化程度不足

市场化和商业化是美国实现页岩油气开发重大突破的关键。美国有8000多家中小企业参与页岩气的开发,85%以上的页岩气由中小型企业生产,投资主体多元化,中小企业推动技术革新,大型企业提供资本支持,使美国页岩开发市场迅速成型。而在中国,大型油气企业主导页岩气开发,中石油、中石化和中海油几乎垄断了上游开发。投资主体单一,是制约和阻碍中国页岩开发商业化、市场化和规模化发展的重要因素。此外,页岩产业开发要求全产业链的改革,因此从上游采矿探矿权的放开、管网建设的第三方准入,到下游价格制定,都需要市场机制的参与。

#### 1. 上游采矿权与探矿权垄断

在美国,土地的"完全所有人"拥有土地中赋存矿藏的所有权。同时,出于土地业主的私人意愿,可以将土地产权与矿藏权分离,并单独出售。因此,油气公司要进行勘探开发,不仅需要与矿产持有者达成租约,还需要与地上权利持有者协商获得地表使用权。所有权分离的一个重要原则就是矿产权具有支配地位,即地表权益所有人不能阻止矿产资源所有人进行矿产资源的勘探与开发(黄培煌,2016)。在美国许多州,为了限制阻碍能源开采的地主,土地强迫租用是合法的,地主可以自己或租赁给他人进行钻探(祖克曼,2014)。这种权利分离可能会造成地表权益所有人利益受损,但从源头上鼓励了矿产资源的市场化开发,带动了油气企业的大规模投资与参与。

根据《中华人民共和国矿产资源法》,我国矿产资源属于国家所有,地表或者地下矿产资源的国家所有权,不因其所依附土地的所有权或者使用权的不同而改变。国家规划矿区的范围、对国民经济具有重要价值的矿区和国家规定实行保护性开采的特定矿种,实行有计划的开采;未经国务院有关主管部门批准,任何单位和个人不得开采。因此在我国,探矿权和采矿权独立,且都需通过国家有偿取得。受限于申请资质与投资规模等要素,据国土资源部的统计,中国探矿、采矿总面积中大约97%的权益由中石油、中石化、中海油拥有,采矿权与探矿权难以撤回或进行市场交易,严重阻碍了油气产业的市场化进程(黄晓勇等,2016)。

**2. 中游管网运营体制**

天然气管道建设运营是页岩气开发的重要构成环节,我国管网建设较为落后,大多根据下游市场相对确定的用户关系进行建设,且基本属于垄断性经营,没有剩余运力向第三方开放,目前天然气管道的90%都由中石油控制,页岩气运输中各方与中石油的协商往往造成许多利益冲突(杨列宁,2014)。

**3. 下游能源价格制定**

能源价格改革是中国能源体制市场化改革的重点内容之一。以天然气为例,"十二五"以来,其价格经历了由成本加成转变为与替代能源价格挂钩,设立出厂价至调控门站价格,增量气与存量气价格并轨,价格有所降低,逐渐摆脱了单一的定价模式。然而,随着国际油价的大幅下跌和可替代能源的激烈竞争,天然气需求增幅减缓,"以产定销"模式不再适用,为更好地适应市场供求关系,应向"以销定产"模式转变(黄晓勇等,2016)。《能源发展战略行动计划（2014—2020 年）》提出，"推进石油、天然气、电力等领域价格改革，有序放开竞争性环节价格，天然气井口价格及销售价格由市场形成，油气管输价格由政府定价"（黄晓勇等，2016）。2015 年 10 月国务院颁布的《关于推进价格机制改革的若干意见》对天然气领域的市场化价格机制改革制定了以下原则："管住中间、放开两头，促进市场主体多元化竞争，稳妥处理和逐步减少交叉补贴。尽快全面理顺天然气价格，放开天然气气源和销售价格，建立主要由市场决定能源价格的机制。"

### （五）补贴力度不足

2012 年国土资源部出台的《页岩气开发利用补贴政策》对页岩气开发的补贴金额做了详细规定，2012—2015 年，中国对页岩气开发的补贴标准为 0.4 元/立方米，2016—2018 年将降至 0.3 元/立方米，2019—2020 年为 0.2 元/立方米。现阶段，由于页岩气相较于常规油气资源不具备成本优势，其产业发展更依赖政府的扶持和优惠政策（岳来群，2015）。然而，目前补贴力度十分有限，补贴方式较为单一，针对市场和企业投资进入产业的税费补贴不足（黄晓勇等，2016）。此外，政策执行困难使许多政策难以落实与监管，从而使真实受益的企业减少，政策效力下降，缺乏投资吸引力，不利于页岩气的技术进步和产业发展。

## 四、中国页岩产业发展对策

### （一）提升技术水平和自主创新能力

在页岩开采领域，技术革新使得水平井钻井效率大幅提高，钻井成本显著下降，水平井的最大长度也迅速增加，技术水平的提升是提高页岩产量、降低成本、创造更多价值的关键。2016 年 12 月 7 日 ECF 国际页岩气论坛上 EIA 的报告显示："钻头和切削工具、地面钻井设备、定向井工具和批量钻井技术在过去 8 年内帮助石油生产商将钻井效率提高了 35% 以上。"四川省重点实验室通过技术完善，将井均测试日产量由 8.15 万立方米提高至 22.8 万立方米，有效提高了单井产量。美国是页岩开发技术最为先进的国家之一，在国际技术交流的同时，中国不仅仅需要引进其技术理念、设备与人才，更需因地制宜，结合各区块地质条件，进行技术创新。

### （二）下游开发注重环境保护

页岩资源开发可能诱发环境风险，为实现页岩资源勘探开发产业的可持续发展，环境保护成为当务之急。一是要加大科研投入，创新技术，减少压裂液的污染成分，研制绿色环保压裂液；改良水资源循环利用系统，提高废液回用比例；改进钻探与开采手段，遏制作业过程中的甲烷气体泄漏污染大气的问题。二是加强环境监管，设立统一监管机构，加强环保立法。三是要求企业树立环保意识，提高社会责任感，实现清洁开采，在确保环境的前提下追寻经济收益。

### （三）完善市场机制

探矿权由登记制改为招标制是上游市场化改革的第一步。目前，我国针对页岩气的勘探许可证已进行了两轮招标，但由于投资成本高等原因，勘探和开发的进程较为缓慢（吴勘等，2015），而且第三轮招标悬而未决。只有建立健全勘探权的流转制度，发挥市场的竞争与配置作用，才能为不具备开发实力和竞争力的企业建立有效退出机制，吸引更多社会资本进入，推进页岩产业的良性发展。

目前中国社会资本参与页岩开发主要分为技术服务型和资本服务型两大类（黄晓勇等，2016），这些社会资本大多不具备挂牌上市的能力，自身经济实力有限。一方面，国家和地方政府可以帮助中小民营企业创造条

件,实现注册上市;或建立页岩产业发展基金,对企业进行投资(吴勘等,
2015)。另一方面,中小企业可通过并购、与三大石油公司合并,以及与地
方政府进行合作来扩大融资渠道,提升专业化服务水平,从而提高生产效
率(黄晓勇等,2016)。如中石油于 2016 年末挂牌成立第二家"企地合资"
的页岩气勘探开发公司——四川页岩气勘探开发有限公司,不同于 2013
年首家成立的"企地合资"的页岩气勘探开发公司——四川长宁天然气开
发有限公司(简称长宁公司),中石油在新公司中由绝对控股转变为相对控
股,股东由中石油和地方国资企业组成,这样既降低了中石油的投资风险,
又促进了地方经济发展。①

　　美国于 1992 年颁布《FERC636 号法令》,要求管道公司提供公开准入
服务,实施管网第三方准入与运营定价市场化原则。中游油气管输的公平
开放是我国管道建设的重要改革内容之一。2016 年,中石油已启动内部
管道业务重组,天然气与管道运输相分离,实现各自业务的独立。2019 年
3 月 19 日,中央全面深化改革委员会第七次会议正式审议通过了《石油天
然气管网运营机制改革实施意见》,将组建石油天然气管网公司。管网公
司的设立,将有利于管网实现全面互联互通,实行输配、输售分离,理顺油
气成本和价格核算。允许更多市场化开发的油气资源自由进入输送管道
市场,有利于能源供应主体的多元化,而下游销售市场的放开,使用户在油
气服务中拥有更多选择机会,也将进一步消除民营资本进入油气市场的障
碍。因此,设立管网公司,有利于激活能源市场竞争,将成为油气价格下降
的最大推手。

### (四)加大补贴的力度

　　借鉴美国经验,页岩资源的商业化开采离不开政府的大力补贴。近年

---

① 源自中国地质调查局油气资源调查中心《页岩气动态》第 22 期。

来,全国页岩气产量增长明显,但单位净利润却没有显著提高,在气价还未实现完全市场化的背景下,政府在页岩气开发环节起着较大扶持作用(岳来群,2015)。然而,面对我国页岩产业上中下游市场化不足的问题,政府补贴政策应更加明确,针对各个环节制定不同的补贴税种,加大补贴的数量、范围和条件,从而吸引社会资本进入,引领页岩产业在初创期健康有序地发展。

### (五)建立地质资料数据库

地质资料数据库的建立是页岩产业发展的前提条件。中国地形多样,地质条件复杂,地质勘探技术不成熟,我国页岩资源状况和开采条件尚未完全摸清(高阳等,2015)。美国页岩革命带来了世界油气行业的巨大变革,但在地质数据、技术储备尚未完备的条件下,我国页岩资源的开采不宜操之过急,避免因盲目投资造成资源浪费。因此,我国应鼓励页岩资源调查评价工作,加大勘探力度与配套的资金投入,建立健全优质的地质信息服务数据库,努力降低页岩开发的自然风险与市场投资风险(耿小烬等,2015)。

## 五、总结

中国一直处于"多煤、少油、缺气"的状态,能源消费结构长期倚重煤炭。随着以煤为主的能源消费结构所产生的负面影响逐步增加,优化能源结构、减少煤炭使用、控制石油消费并大力发展天然气产业在当前显得十分必要。然而,我国石油与天然气的供需缺口较大,近年来我国油气资源的对外依存度持续攀升,给我国能源安全形势造成了严峻挑战,同时,"页岩革命"在一些国家的成功促使包括我国在内的诸多国家注意到非常规油气资源的重要性,因此,借鉴这些国家的先进经验,结合我国国情,研究我国非常规油气资源的状况显得十分必要。本章从开发现状、存在问题与解决对策三个方面研究了我国页岩产业的发展现状与未来趋势。

我国页岩储量和技术可采集资源量巨大,主要集中在四川盆地和扬子地台。2012 年首产以来,我国页岩气产量不断上升。同时,在勘探、开采等领域的技术不断取得突破,大大提升了生产效率与经济效益,使得我国成为世界上第三个实现页岩气商业化开采的国家。2011 年以来,为顺应我国页岩产业发展的大趋势,我国出台了大量政策、法规和标准,不断改善页岩产业发展的政策与制度环境,推动取得了页岩产业发展的良好开局。

当前,我国非常规天然气资源的开采量相比于 20 世纪 70 年代增长了16 倍,开采量占全部天然气开采量的比重从 20 世纪 70 年代的 19％上升至 26％。到 2040 年,非常规天然气开采量预计将增长到 1.12 亿吨油当量,其开采量占全部天然气开采量的比重将超过 50％,成为天然气开采的主力军。与此同时,在页岩气大量开采的背景下,我国天然气产量将超过石油产量,实现油气开采结构的逆转,逐步实现"把天然气培育成为中国的主体能源"的目标。页岩气作为主要的非常规天然气资源,对提升我国能源供给能力,改善天然气开采结构、油气开采结构乃至整个能源结构,具有重要驱动作用。石油生产方面,非常规石油资源的开采量将在未来 20 年保持总体稳定,这将在一定程度上弥补今后因常规石油资源开采量锐减所造成的快速扩大的石油供给缺口。

尽管我国页岩产业起步良好,发展迅猛,但与世界上成功实现"页岩革命"的国家相比还有较大差距。以美国为例,当前,美国非常规天然气占比达到 72％,非常规石油占比达到 54％,非常规天然气和非常规石油产量相比于 21 世纪初增加了一倍以上。相较而言,我国无论从总量上还是结构上都有较大的提升空间。可喜的是,我国对页岩产业的发展十分重视,进行了大量投资,出台了大量配套政策,随着今后我国非常规油气资源开采潜力的释放,我国将缩小与这些国家的差距。

就国内而言，我国页岩产业发展过程中还存在着一些体制、技术和环境等方面的问题。主要表现在技术水平低、开采成本高，环境破坏的潜在风险大，运输管网等基础设施建设不足，以上游采矿权与探矿权垄断、中游管网运营体制落后以及下游能源价格形成机制落后为代表的低市场化程度，补贴能力不足等五个方面。

从长期看，弥补能源短缺，减少能源依赖是我国油气行业发展的重要任务，也是我国能源安全的重要保障。我国应利用未来几年加快页岩产业全产业链的市场化改革，完善管道、LNG接收站、储气库等基础设施，推进政策立法，加大财政补贴，做好环境监管，稳扎稳打地促进页岩产业的健康发展。

# 参考文献

[1] 高阳，罗玲，李文博，等. 我国页岩气产业发展分析[J]. 中国矿业，2015(8)：23-25.

[2] 格雷戈里·祖克曼. 页岩革命：新能源亿万富豪背后的惊人故事[M]. 北京：中国人民大学出版社，2014.

[3] 耿小烬，游声刚，吴艳婷，等. 页岩气产业资金问题及政策建议[J]. 中国矿业，2015(10)：68-71.

[4] 黄培煌. 美国土地矿权以及油气资源收购协议下的土地瑕疵问题解析[J]. 当代石油石化，2016，24(5)：37-41.

[5] 黄晓勇，邢广程，解树江. 世界能源发展报告（2016）[M]. 北京：社会科学文献出版社，2016.

[6] 李世祥，万佩. 我国页岩气开发扶持政策研究——以涪陵国家级页岩气示范中心为例[J]. 中国国土资源经济，2015，28(7)：44-47.

[7] 李杏茹，刘亚改，于常亮. 我国非常规天然气勘探开发形势分析

[J].中国国土资源经济,2015(8):64-67.

[8]刘子晗,郭菊娥,王树斌.我国页岩气开发技术工程化实现的学习曲线研究[J].科技管理研究,2016,36(3):118-122.

[9]吴勘,杨树旺.中国页岩气开采成本分析及金融支持策略[J].华东理工大学学报(社会科学版),2015,30(5):82-89.

[10]杨洪波,彭民,张彦明.页岩气资源开发环境影响的税费政策[J].生态经济(中文版),2015,31(12):70-73.

[11]杨列宁.页岩气对国际能源品需求的影响及我国的发展对策[J].中国流通经济,2014,28(4):117-121.

[12]游声刚,郭茜,吴艳婷,曾春林.页岩气开发中的水资源利用对策:以重庆地区为例[J].中国矿业,2015(s1):195-198.

[13]余国合,吴巧生.新能源安全观下美国页岩气开发对中国的战略启示[J].中国矿业,2015(11):1-4.

[14]岳来群.低油价背景下有关页岩气问题的几点思考[J].中国国土资源经济,2015(10):13-17.

下篇　全球石油天然气企业微观分析

# 第五章　油服企业间的多维度相互影响

## ——基于刀切模型平均法的空间生产率分析[①]

## 一、引　言

当今,许多集团公司都涉足多个国家或地区,并在不同的细分行业生产出多种产品,这使得对多部门组织(Gong,2016;Piccolo et al.,2015)、多产品公司(De Loecker et al.,2016;Dupont et al.,2002)、跨国公司(Crescenzi et al.,2014;Kedron and Bagchi-Sen,2012)和多部门公司(Maksimovic and Phillips,2002;Ortiz-Molina and Phillips,2011)的研究有所增加。因此,一个特定行业内的企业之间的互动和竞争是多维度的。

石油服务(简称油服)市场就是这样一个具有多部门和跨区域特性的能源行业,全球油服市场可以分为四个区域和五个部门[②]。它的主要业务是勘探和开采原油和天然气,是整个石油工业的上游。在本章数据集涉及的 54 家上市油服公司中,有 24 家多部门多区域公司的业务涉足多个部门和地区,并面临多方面竞争。因此,要对这个市场进行生产率分析,就必须

---

[①]　原文信息:Gong B. Multi-Dimensional Interactions in the Oilfield Market: A Jackknife Model Averaging Approach of Spatial Productivity Analysis. *Energy Economics*,2018,forth coming。

[②]　Spears & Associates 的"油田市场报告"(OMR)将油田市场划分为五个部分:(1)勘探;(2)钻井;(3)完井;(4)生产;(5)资本设备,井下工具和近海作业(以下简称资本设备)。OMR 还将全球油服市场划分为四个区域,包括:(1)北美;(2)拉丁美洲;(3)欧洲、非洲和独联体;(4)中东和亚洲。

考虑到多维度的交互作用。

例如,斯伦贝谢(Schlumberger,SLB)和哈里伯顿(Halliburton,HAL)这两家行业内领先的油服公司都涉足北美(NAM)和拉丁美洲(LAM)等地区,也都涉足勘探和生产等部门。如表 5-1 所示,ABCD 和 IJKL 分别代表斯伦贝谢和哈里伯顿在各区域细分市场的收益。直接的相互影响应该在同一区域的同一部门(例如,A vs. I,B vs. J,C vs. K,和 D vs. L)。然而,上市公司通常不会发布如此详细的信息(如表 5-1 中的阴影区域),在许多情况下,它们按区域或按部门公布年收益。换言之,在年度报告中,斯伦贝谢发布 EFGH,哈里伯顿发布 MNOP,进而可以分别自动计算出斯伦贝谢和哈里伯顿的总收益 Q 和 R。根据信息的详细程度,本章将 ABCD 和 IJKL 视为"最优"数据,将 EFGH 和 MNOP 视为"次优"数据,将 Q 和 R 视为"第三优"数据。值得注意的是,"第三优"的数据很容易从财务报告中获得,"次优"的数据在某些情况下是可得的,而"最优"的数据在大多数情况下是不可观测的。

表 5-1　斯伦贝谢和哈里伯顿之间的多维互动

| 地区 | 勘探 | | 生产 | | 合计 | |
|---|---|---|---|---|---|---|
| | SLB | HAL | SLB | HAL | SLB | HAL |
| 北美 | A | I | B | J | E | M |
| 拉丁美洲 | C | K | D | L | F | N |
| 合计 | G | O | H | P | Q | R |

能源行业生产率分析一般只比较企业的总收益(如,Q vs. R),而忽略了不同子部门或各地区的异质性。Wolf(2009)比较了 1987—2006 年 50 家国有和私营石油公司的业绩,其中油气总产量作为唯一的产出指标,以此来估计油气行业的生产函数。Hartley and Medlock(2008)和 Eller et al.(2011)强调了使用收益数据而不是产量数据作为石油工业的产出指

标,其原因包括:(1)用产出数量指标可能无法捕捉到价格补贴的影响,如国有企业由于受到政治压力会降低国内能源价格;(2)将多种产出(原油和天然气)汇总到一起的一种常用方法是按市场价格衡量它们的相对价值;(3)对于很多公司来说,由于数据的局限性,收益数据比不同产品的实物产出更容易获得。因此,许多学者(Eller et al.,2011;Hartley and Medlock Ⅲ,2013)使用公司层面的总收益(如表 5-1 的 Q 和 R)作为油气行业生产函数估计的产出指标。其他能源市场也主要利用"第三优"的数据作为产出指标。Abbott(2006)在估计 1969—1999 年澳大利亚国家电力部门的生产率时,将用电量作为产出指标。Fallahi et al.(2011)以净发电量为产出指标,研究了 2005—2009 年伊朗 32 家电力管理公司的生产率。

然而,在条件允许的情况下,一些经济学家使用"次优"数据提供的额外信息研究能源行业的生产率情况。Al-Obaidan and Scully(1992)研究国际石油工业,虽然公司层面的年收益(如表 5-1 的 Q 和 R)仍然被用作唯一的产出指标,但是部门层面和区域层面的收益数据(如表 5-1 的 EFGH 和 MNOP)也被当作控制变量放入生产函数,用来计算纵向一体化比例和跨国比例,从而研究收益在部门间和地区间的分布对生产的影响。Thompson et al.(1996)在研究 20 世纪 80 年代和 90 年代美国 14 家主要油田公司时引入了多产出多投入模型。该方法将多个产出指标而不是一个产出指标放入生产函数,进而提供了使用"次优"数据的另一种方法,即把不同部门或地区的产出数据(如表 5-1 的 EFGH 和 MNOP)同时放入生产函数。该方法在配电行业中也得到了广泛的应用,其中配送/销售的电量和客户数量是两种产出(Çelen,2013;Pérez-Reyes and Tovar,2009;Von Hirschhausen et al.,2006)。在许多非能源公司,比如银行和航空公司等,多产出模型也广为应用。此外,Gong(2016)提出使用"次优"数据的第三种方法,该方法认为企业在不同部门或地区的业务分布可以直接影响生产函数的形状,而不同于传统分析中假定形状固定不变的生产函数。例如，石油勘探部门和开采部门应用不同的生产技术创造收益，因此拥有不同的生产函数。部门层面的收益情况（如表 5-1 的 EFGH 和 MNOP）衡量的是每个部门生产技术的使用频率，从而影响企业总体的生产函数。Gong（2016）构建了一个变系数随机前沿模型来估计油服企业的生产率。

由此可见，第一波研究浪潮仅仅使用"第三优"数据，忽视了企业间的异质性，而第二波研究浪潮中不同研究通过不同方法，从"次优"数据中挖掘出更多的信息。然而，第二波研究仍有两个缺点。首先，利用"次优"数据未能将公司间的相互影响和竞争引入生产函数。其次，大部分研究只考虑了单个维度（部门维度或区域维度），而没有同时考虑不同维度的相互影响。

一方面，由于企业在争夺劳动力和资本等投入要素时会产生竞争，而这些投入要素在一定区域内具有禀赋约束，更加激烈的竞争和相互影响存在于同一国家/地区（如北美 E vs. M，拉丁美洲 F vs. N）。另一方面，由于同一部门生产的同类产品的目标客户相同，更加激烈的竞争和相互影响存在于同一部门/产品线中（如 G vs. O 在勘探，H vs. P 在生产）。因此，集团公司既关心按地区划分的市场份额和按部门划分的市场份额，也更加关注与自身在同一地区或部门直接竞争的企业。此外，由于同一地区的投入供应和对同一产品的需求受到限制，一个公司的产出（收益）不仅取决于它自己的要素投入，而且还受到其竞争对手的影响。

本章旨在更好地利用"次优"数据，考虑企业间生产过程中的多维度相互影响和竞争。针对第二波研究中的两个问题，本章通过引入空间生产函数解决了第一个问题，即公司间的交互作用，并通过引入模型平均法进一步解决了第二个问题，即综合考虑多个维度交互作用对企业生产的影响。

空间计量经济学由处理空间中经济单位间相互作用的计量技术组成。空间权重矩阵捕捉个体之间的相互作用（距离），可以利用企业的地理或经济特征进行定义。本章首先使用不同企业的业务在地区维度分布的重叠度(即按区域划分他们的业务组合有多相似)来衡量企业间相互影响的强弱,并以此构建空间权重矩阵。其次,利用不同企业的业务在部门维度分布的重叠度(即按部门划分他们的业务组合有多相似)来衡量企业间相互影响的强弱,并以此构建第二个空间权重矩阵。上述空间权重矩阵的前提假设是,地区和部门重叠度较高的企业之间,相互影响较大。与传统空间模型相比,第一个空间权重矩阵类似于利用地理距离进行构建,而第二个空间权重矩阵类似于利用经济距离进行构建。

在空间生产函数分析中,我们可以利用任一空间权重矩阵进行估计,从而捕获对应维度企业间的相互影响。因此,我们有两个候选模型来拟合真实的数据生成过程(DGP),这导致了模型选择的问题,即选择模型 A 还是模型 B,或者是选择第一个空间权重矩阵还是第二个空间权重矩阵。本章使用刀切模型平均法(JMA)给两个候选模型分配相应的权重,利用加权平均多个模型来拟合数据,而不是只依靠其中的一个模型。模型平均法同时考虑集团公司间在部门和地区两个维度的相互影响,如有必要,也可推广到更高维度的分析中。综上所述,本章首先使用空间技术分别控制各维度的相互影响,然后利用模型平均法将多维度相互影响结合起来,综合考虑。

本章有三点主要贡献:(1)引入空间技术来控制公司之间在生产过程中的相互影响;(2)对于能源市场普遍存在的多维度竞争情况,采用模型平均法,将竞争对手间的多维度相互影响综合考虑;(3)因为数据的限制,关于全球油服市场的研究存在不足,但由于页岩革命,其重要性日益凸显,本章首次对全球油服市场的多维度相互影响和竞争进行了研究。

与表 5-1 的例子相比,本章实证部分关注的是 2002—2014 年全球油服市场上最大的 54 家上市公司(斯伦贝谢和哈里伯顿是其中最大的两家)。在第一个维度中,市场被分为五个部门(勘探、钻井、完井、开采、资本设备)。在第二个维度中,全球市场被分为四个区域(北美,拉美,欧洲、非洲、独联体、中东、亚洲)。主要的实证结果如下:(1)该市场存在部门相关性和区域相关性,有必要利用空间模型估计生产函数;(2)利用刀切模型平均法得到两个大小类似的权重,这说明两个维度的相互作用都是必不可少的;(3)投入的总效应为 1,说明存在规模收益不变;(4)存在较小但显著的正向间接效应,这说明油服市场中存在正向溢出效应;(5)其他公司对特定公司的溢出效应在公司间是稳定的;(6)某一特定公司对其他公司的溢出效应在公司间存在一定的差异,但小公司与大公司之间的差异可以忽略不计;(7)油服市场自 2003 年以来实现了生产率的高速增长,但在 2009 年金融危机后经历了严重的崩盘,近年来生产率停滞不前。

本章剩余内容结构如下:第二部分介绍两步模型;第三部分以全球油服市场为例进行实证研究;第四部分为结论。

## 二、模型

### (一)生产函数

本章假设生产函数具有柯布道格拉斯函数形式。本小节介绍并比较了一种非空间模型和三种类型的空间模型,用来估计生产函数。然后构造用于捕捉企业集团间多维度交互作用的空间权重矩阵。最后,讨论了生产函数中潜在的内生性问题。

#### 1. 非空间模型

首先介绍传统的未考虑空间相关性的生产函数:

$$y_{it} = X_{it}\beta + \varepsilon_{it}, i=1,\cdots,N; \quad t=1,\cdots,T, \tag{1}$$

其中,$y_{it}$ 是公司 $i$ 在时期 $t$ 的产出的对数,$X_{it}$ 是包含常数项的投入要素对数的向量,$\beta$ 是待估计参数的系数,$\varepsilon_{it}$ 是独立同分布(以零为均值,方差为 $\sigma_\varepsilon^2$)的随机干扰项。

固定或随机效应模型通常用于控制个体的异质性,而不需考虑早期面板数据设置中的空间/个体交互作用。根据 Tobler(1979)地理学第一定律,事物之间均存在相关性,但联系更为紧密的事物相关性更大。如果忽略了这种截面相关性,我们就无法得到有效无偏差的估计结果。此外,由于存在截面相关性,与我们关注的参数有关的推论可能是非有效的(Chudik and Pesaran,2013;Phillips and Sul,2003)。

空间计量模型是回归模型中处理空间相互作用的常用方法之一,它明确地解决了截面相关性问题。许多研究(Artis et al.,2012;Detotto et al.,2014;Eberhardt and Teal,2013)使用空间技术进行生产率分析。本章介绍了以下三种常用空间计量方法来控制潜在的截面相关性。

**2. 空间自回归模型(SAR)**

空间计量经济学中最常见的模型是空间自回归模型(SAR)①(Anselin,2013;Cliff and Ord,1973;LeSage and Pace,2009;Ord,1975)。该模型捕捉了内生交互效应,解释了不同个体的因变量 $y$ 之间的相关关系。换言之,个体 $i$ 的 $y$ 值取决于其他个体的 $y$ 值,从而形成溢出效应。

$$y_{it} = \rho \sum_{j=1}^{N} \omega_{ij} y_{jt} + X_{it}\beta + \varepsilon_{it}.$$ (2)

或以矩阵形式表示:

$$Y = \rho WY + X\beta + E.$$ (3)

其中,$\omega_{ij}$ 代表空间权重矩阵 $W$ 中第 $i$ 行第 $j$ 列的要素,用来表示个体 $i$ 到 $j$ 之间的距离。$\rho$ 是一个新的未知参数,用来度量间接效应的大小。

**3. 空间误差模型(SEM)**

在 SAR 模型中,误差项假定为服从经典形式(服从均值为零方差 $\sigma_\varepsilon^2$

① 空间自回归模型也被称为空间滞后模型。

的独立同分布的正态分布)。然而,空间影响(交互效应)可能来自误差项而不是因变量,这就产生了空间误差模型(SEM)[①](Bivand,1984;Cliffand Ord,1973;LeSage and Pace,2009;Ripley,1981):

$$y_{it} = X_{it}\beta + \varepsilon_{it}, \quad \varepsilon_{it} = \lambda \sum_{j=1}^{N} \omega_{ij}\varepsilon_{jt} + u_{it}, \tag{4}$$

或以矩阵形式表示:

$$Y = X\beta + E, \quad E = \lambda WE + X\beta + U, \tag{5}$$

其中,$\lambda$ 是一个标量空间误差系数,$U$ 是均值为零、方差为 $\sigma_u^2$ 的白噪声,$E$ 表示一个由固定的空间权重矩阵 $W$ 与单系数 $\lambda$ 指定的具有不变方差和协方差的空间自相关扰动向量:

$$E \sim N(0, \sigma_u^2 (I - \lambda W)^{-1} (I - \lambda W')^{-1})$$

### 4. 一般空间模型(GSM)

一般空间模型(GSM)是将 SAR 模型和 SEM 模型结合而形成的,可同时捕捉到因变量的内生交互作用和误差项的交互作用。完整的 GSM 模型是:

$$y_{it} = \rho \sum_{j=1}^{N} \omega_{ij} y_{jt} + X_{it}\beta + \varepsilon_{it}, \quad \varepsilon_{it} = \lambda \sum_{j=1}^{N} \omega_{ij}\varepsilon_{jt} + u_{it}, \tag{6}$$

或以矩阵形式表示:

$$Y = \rho WY + X\beta + E, \quad E = \lambda WE + X\beta + U \tag{7}$$

可以写作:

$$Y = (i - \rho W)^{-1} X\beta + (1 - \rho W)^{-1} (1 - \lambda W)^{-1} U$$

Anselin et al. (2008)在面板数据设定下提出拉格朗日乘数检验,用以选择最适合数据的模型。此外,我们也可以使用 AIC 或 BIC 方法从 SAR、SEM 和 GSM 中进行选择。

---

① 空间误差模型也被称为空间自相关模型。

### 5. 空间权重矩阵

在对上述模型进行估计之前，必须明确公司间的空间相关结构。本章构建了两个空间权重矩阵，包括描述公司部门业务重叠程度的空间权重矩阵 $W_1$ 和描述公司区域经营重叠程度的空间权重矩阵 $W_2$。

矩阵 $W_1$ 中的元素 $\omega_{ij}^1$ 和矩阵 $W_2$ 中的元素 $\omega_{ij}^2$ 构造如下：

$\omega_{ij}^1 =$（企业 $i$ 和 $j$ 同时涉足的部门个数）/（企业 $j$ 涉足的部门个数），

以及

$\omega_{ij}^2 =$（企业 $i$ 和 $j$ 同时涉足的区域个数）/（企业 $j$ 涉足的区域个数）。

很容易看到元素 $\omega_{ij}^1$ 和 $\omega_{ij}^2$ 的范围是从 0 到 1，其值越大意味着公司 $i$ 和 $j$ 有更多的重叠业务。因此，这些数字衡量了两家公司之间相互影响的强弱。对于面板数据，本章选取各时期 $\omega_{ij}^m$ 的平均值得到空间权重矩阵的时不变（time-invariant）元素。此外，这些权重矩阵是按行标准化后，且对角线上元素均为零的矩阵。

### 6. 内生性问题

我们在估计生产函数时经常面临内生性问题，因为投入要素的选择受到公司观察到的，但经济学家或其他公司不能观察到的一些信息的决定（Ackerberg et al.，2015）。生产函数中潜在的内生性问题可能导致 OLS 估计偏误。Marschak and Andrews（1944）指出，这种内生性问题对于频繁变化投入要素的行业来说更为关键，而油服市场正是这样的行业，因为公司会根据油气公司勘探和生产（E&P）支出的变化，对投入进行大幅度而迅速的调整。能源价格的巨大波动迫使公司在市场衰退期大规模地撤资和裁员。

Olley and Pakes（1996）提出了解决内生性问题的两步法。在他们的模型中，观察到的投资额被用来控制未观察到的生产率冲击（效率）。然而，在实践中，由于许多数据集无法提供完整的投资数据，该方法无法被广泛应用。因此，Levinsohn and Petrin(2003)以中间投入代替投资作为代理变量对模型进行了扩展。然而，正如 Ackerberg et al.(2015)所强调的，由于两种模型都存在共线性问题，外生投入要素的系数无法被识别。

另一种被广泛使用的解决内生性问题的方法是工具变量法(IV)。本章首先利用控制方程法来检验每种投入要素的内生性，并使用 $t$ 检验对简化型残差的显著性进行测度[详见 Amsler et al.(2015)]。然后，采用两阶段最小二乘法(2SLS)解决线性柯布道格拉斯生产函数的内生性问题[1]。2SLS中潜在的工具变量包括投入价格[2]和投入使用量的滞后值(Levinsohn and Petrin，2003)。Blundell and Bond(2000)和 Guan et al.(2009)强调使用滞后至少两个时期的投入水平，因为只有当滞后时间足够长，足以打破投入选择和序列相关冲击之间的相关性时，它们才是有效的工具变量。本章分别将滞后两期和三期的投入量作为工具变量，得到稳健性结果。因此，我们选择将滞后两期投入量和投入价格作为工具变量，这样在回归中样本量更大。

## (二)模型平均法

不同的空间权重矩阵 $W$ 提供了生产函数不同的估计量。这两个空间权重矩阵都包含了交互效应的有用特征。因此，如果我们只使用一般的模型选择方法来选择这两种估计量中的一种，而不是将这两种估计组合起来，就会忽略单元之间的某些空间交互作用，无法全面而准确地评估油服

---

[1] 如果我们面对诸如超越对数这样的非线性生产函数，则可以采用控制函数法。详见 Amsler et al.(2015)。

[2] Levinsohn and Petrin(2003)建议如果投入市场是完全竞争的，企业是价格接受者，那么就使用投入价格作为工具变量。油田市场虽然存在四大公司，但四家公司的集中度为 26%，远低于行业有效竞争 40% 的上限(Collins and Preston，1968；Parker and Connor，1979)。因此，油田市场是一个竞争激烈的市场。此外，议价能力主要属于从油田公司购买服务的勘探开发和支出(E&P)企业。综上所述，本章使用投入价格作为工具，是因为油田市场竞争激烈，虽然不是完全竞争和纯粹的价格接受者，但油田企业缺乏议价能力。

行业的生产函数和溢出效应。

本章需要将这两种估计模型结合起来,同时考虑企业间在部门维度和地区维度的相互影响,从而更好地描述真实的数据生成过程(DGP)。换言之,由于两个权重矩阵在一定程度上都刻画了真实的 DGP,所以有必要采用模型平均法,根据每个模型解释数据的能力来分配权重,最后利用加权平均估计值来刻画总体的生产过程。值得注意的是,如果一个估计模型解释数据的能力远大于其他所有模型,则可以对其赋予所有权重,那么模型平均问题就变成了模型选择问题。综上,模型选择法是模型平均法的一种特例。

文献中有几种决定权重的方法。Buckland et al.(1997)提出基于信息准则分配权重的方法:

$$w_m = \exp(-0.5I_m)/\sum_{}^{m \in M}\exp(-0.5I_m), \qquad I_m = l - 2\log(L_m), \quad (8)$$

其中,$w_m$ 是分配给第 $m$ 个模型的权重,$I_m$ 是第 $m$ 个模型的信息准则,$M$ 为所有模型的集合,在本研究中,$M = (1,2)$。$l$ 为惩罚函数,$L_m$ 是第 $m$ 个模型的最大似然值。假设 $n$ 是观察值的个数,$k$ 是未知参数的数量,如果惩罚函数 $l = 2k$,那么信息准则就是 AIC 值;如果 $l = k \cdot \log(n)$,那么信息准则就是 BIC 值。公式(8)保证了 $w_m$ 的总和为 1。

基于信息标准的方法虽易于使用,但难以检验其有效性和质量改进情况。Hansen and Racine(2012)提出刀切模型平均法,该方法在样本容量趋于无穷大时,具有渐近最优且逼近最小期望平方误差的特点。实际上,刀切法的目标是最小化"弃一"法交叉验证准则("leave-one-out" cross-validation criterion)。

对于每个模型 $m$(本例中使用空间权重矩阵 $m$),本章首先推导出"弃一"法。更具体地说,先计算出因变量的刀切拟合值 $\hat{y}^m = (\hat{y}_1^m, \cdots, \hat{y}_N^m)'$,其中 $\hat{y}_i^m$ 是利用剔除第 $i$ 个样本后的样本进行回归,进而得出对第 $i$ 个样本的拟合值。在求解空间面板数据模型时,本章将模型进行略微修改,将 $\hat{y}_i^m$ 定义为采用剔除第 $i$ 个企业所有样本后进行回归,进而得出对第 $i$ 个企业所有样本的拟合值。

假定权重 $w_m$ 是非负且和为1的向量,其空间为 $\Omega_M = (w \in \mathbf{R}^M : w_m \geqslant 0, \sum_{m=1}^{M} w_m = 1)$。刀切权重 $w^* = (w_1^*, \cdots, w_M^*)$ 是在上述空间内,最小化交叉验证准则得到的权重:

$$w^* = \mathop{\mathrm{argmin}}_{w=(w_1,\cdots,w_M) \in \Omega_M} CV_n(w) = \frac{1}{n}\hat{e}(w)'\hat{e}(w), \qquad (9)$$

其中

$$\hat{e}(w) = y - \sum_{m=1}^{M} w_m \hat{y}^m。$$

$\sum_{m=1}^{M} w_m \hat{y}^m$ 是刀切拟合值的加权平均数,$\hat{e}(w)$ 是加权平均残差。

综上,基于模型平均法的空间生产函数为:

$$y_{it} = \sum_{m=1}^{M} w_m^* \left(\rho_m \sum_{j=1}^{N} \omega_{ij}^m y_{jt} + X_{it}\beta_m + \varepsilon_{it}^m\right), \varepsilon_{it}^m = \lambda_m \sum_{j=1}^{N} \omega_{ij}^m \varepsilon_{jt}^m + u_{it}^m。(10)$$

$\rho_m$ 和 $\lambda_m$ 是否为零取决于根据数据在 SAR、SEM 和 GSM 三种模型中的选择情况。

# 三、实证应用

## (一)全球油服市场背景

油服市场又称油气服务业,是石油工业上游涉及复杂专业技术的市场。油服公司主要提供勘探和开采原油、天然气所需的基础设施、设备、知识产权和服务。大多数主要的综合性油气公司,如埃克森和壳牌,都选择从这些油服公司租用或购买部分必要的设备或服务。对油气公司相关的研究较为广泛（Berk and Rauch，2016；Ramos and Veiga，2011；Sabet and Heaney，2016），但是仅有少数研究聚焦油服公司（Haggerty et al.，2014；Phan et al.，2014）。2014 年，油服市场总收入超过 4000 亿美元，其中很大一部分来自油气公司的勘探和生产（E&P）支出。

随着常规油气资源的枯竭，目前油气公司更加关注非常规油气资源、近海作业和老化油藏，以保持能源的稳定供应。这类非常规资源的勘探和生产需要油服企业提供更多的活动和服务。特别是在水力压裂和定向钻井技术的推动下，过去 10 年中，页岩革命极大地改变了油服市场，并带来了 10% 的复合年增长率（CAGR）。

Spears & Associates 咨询公司提供的《油田市场报告》（OMR）收集了油服市场主要公司在部门层面和区域层面的收益情况，进而可以分别得出部门维度和区域维度的空间权重矩阵。关于 OMR 数据库的更多信息请见附录一。图 5-1 给出了 2014 年按部门和地区划分的企业平均收益分布情况。根据图 5-1（a），钻井和完井是两个最大的部门，每项业务占总销售额的 1/3 左右，其次是资本设备部门，占总收入的 21%，而生产和勘探部门是最小的部门。图 5-1（b）显示，北美的收益占据了全球市场近一半的份额。

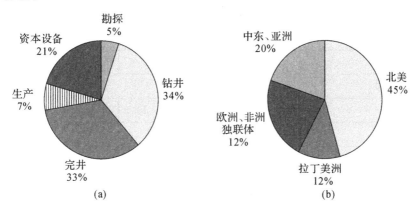

图 5-1  2014 年按部门和地区划分的平均收入份额

目前有四家大型的多元化油服公司（"四大"油服企业）：贝克休斯
（BHI）、哈里伯顿（HAL）、斯伦贝谢（SLB）和威德福（WFT）。表 5-2 列出
了这四家油服公司 2014 年按部门和按地区划分的收益分成情况，这有助
于生成类似于表 5-1 的交互表。按部门数据划分的收入份额显示：（1）贝
克休斯涉足三个部门，哈里伯顿和威德福在四个部门开展业务，斯伦贝谢
覆盖全部五个部门；（2）四家公司在钻井和完井部门均有大量投资；（3）贝
克休斯和威德福也非常重视生产部门；（4）这些综合公司对资本设备部门
不太感兴趣。按区域数据划分的收入份额显示：（1）四家公司在四个区域
都是活跃的；（2）贝克休斯和哈里伯顿严重依赖北美市场；（3）斯伦贝谢和
威德福在不同地区的业务分布相对均衡化。

表 5-2　2014 年顶级油服公司按部门和地区划分的收入份额

单位：10 亿美元

| 项目 | 斯伦贝谢 | | 哈里伯顿 | | 贝克休斯 | | 威德福 | |
|---|---|---|---|---|---|---|---|---|
| 总收入 | 48.0 | 100% | 31.4 | 100% | 22.7 | 100% | 15.5 | 100% |
| （1）按部门 | | | | | | | | |
| 勘探 | 3.9 | 8% | 0.8 | 3% | — | | — | |
| 钻井 | 20.7 | 43% | 12.3 | 39% | 8.7 | 38% | 5.0 | 32% |
| 完井 | 20.0 | 42% | 17.7 | 56% | 9.5 | 42% | 7.2 | 46% |
| 生产 | 3.2 | 7% | 0.7 | 2% | 4.6 | 20% | 3.0 | 19% |
| 资本设备 | 0.2 | 0% | — | | — | | 0.4 | 3% |
| （2）按区域 | | | | | | | | |
| 北美 | 17.8 | 37% | 16.3 | 52% | 13.1 | 58% | 7.4 | 48% |
| 拉丁美洲 | 7.7 | 16% | 3.5 | 11% | 2.0 | 9% | 2.2 | 14% |
| 欧洲、非洲、独联体 | 12.0 | 25% | 6.6 | 21% | 4.1 | 18% | 3.3 | 21% |
| 中东、亚洲 | 10.6 | 22% | 5.0 | 16% | 3.4 | 15% | 2.6 | 17% |

### (二)数据描述

本章以通过价格指数调整的年收益作为产出,以劳动力作为第一种投入要素,以资本作为第二种投入要素,分析了全球油服市场的空间生产函数。OMR 提供了部门和区域维度的年收益数据,本章利用 2002—2014 年54 个主要油服上市企业的数据构建平衡面板数据。

本章包含了由 Thomson ONE,Bloomberg 和 Fact Set 提供的 54 家上市公司同一时期的年度总收益、劳动力和总资本。本研究采用 Berlemann and Wesselhöft(2014)中广泛使用的永续盘存法(PIM)对资本数据进行调整,详见附录二。

一家公司的总收益(来自 Thomson ONE,Bloomberg 和 Fact Set)并不总是等于它在油服市场的总收益(来自 OMR)。在某些情况下,前者可能更大,因为该公司可能有油田服务以外的业务。在其他情况下,前者也可能更小,因为 OMR 将被收购公司的收入与母公司的收入相加,并且基于此更改母公司之前年份的收益数据,目的是建立一个跨期可比的平衡面板数据。本研究利用 Foster et al. (2008)提出的投入产出等比例假设来计算每个公司在油服市场上的劳动力和资本。

表 5-3 总结了数据调整后油服公司的平均投入产出情况。2002—2014 年,企业平均收益增长了 4 倍多,从 2002 年的 10.75 亿美元增长到2014 年的 46.48 亿美元。在劳动力市场,员工的平均数量几乎翻了一番,从 2002 年的 6573 人增加到 2014 年的 12550 人,这表明这个市场有大量的新增就业机会。在资本市场,2014 年的平均资本总额是 2002 年的 4 倍多,从 8.21 亿美元增加到 34.88 亿美元。综上所述,从 2002 年开始,页岩革命很可能推动了收益和投入(成本)的大幅增长。随着时间的推移,资本生产率增长较为稳定,因为资本和收益的增长率较为一致,而劳动生产率显著提高,因为就业率的增长率低于收入增长率。

表 5-3　油服市场公司层面概况统计

| 变量 | 2002 年 | | 2006 年 | | 2010 年 | | 2014 年 | |
|---|---|---|---|---|---|---|---|---|
| | 均值 | 标准差 | 均值 | 标准差 | 均值 | 标准差 | 均值 | 标准差 |
| 收入/(10 亿美元) | 1.075 | 1.983 | 2.354 | 4.039 | 2.921 | 5.118 | 4.648 | 8.395 |
| 劳动力/(千人) | 6.573 | 11.949 | 8.513 | 14.586 | 9.625 | 17.442 | 12.55 | 21.276 |
| 资本/(10 亿美元) | 0.821 | 1.402 | 1.430 | 2.508 | 2.224 | 3.333 | 3.488 | 4.430 |

　　表 5-4 报告了 2014 年 5 个细分部门(勘探、钻井、完井、生产、资本设备)和 4 个地区(北美,拉丁美洲,欧洲、非洲、独联体,中东、亚洲)的企业及其业务分布情况。勘探部门只有 9 家公司,其中 5 家是单一部门公司(只从事一个部门的生产),4 家是多部门公司。生产部门是另一个企业数量较少的部门,有 1 个单一部门公司和 12 个多部门公司活跃在该部门。勘探和生产部门是收益占比较小的 2 个部门(见图 5-1),不仅因为活跃于这两个部门的公司数量最少,而且因为这些公司(在这 2 个部门)的平均年收益也很低,分别为 13.6 亿美元和 14 亿美元。相反,钻井和完井是最大的 2 个部门,活跃于 2 个部门的公司更多(分别为 28 家和 25 家),且这些公司(在这 2 个部门)的平均年收益均超过 30 亿美元。钻井与完井 2 个部门的区别在于,前者有 8 家单一部门公司,且收益可观(22.7 亿美元),而后者仅包括 1 家单一部门公司,多部门公司占据绝对统治地位。资本设备部门包括 10 家专业公司和 19 家综合公司,是企业数量最多的部门。然而,由于这些公司规模普遍偏小,该部门在油服市场的总体份额小于钻井完井部门,平均年收益为 17.8 亿美元。按地域划分,北美市场的企业数量最多,有 10 家单一部门公司(这里指只在一个地区从事生产的公司)和 42 家多部门公司(这里指在多个地区从事生产的公司),其余 3 个地区均以多部门公司为主。综上所述,多部门公司在大多数子市场的部门和区域两个维度上都具有优势。这种优势不仅体现在活跃公司的数量上,还体现在这些公司的平均年收益上。表 5-4 显示了考虑油服企业多维互动的重要性和必要性。

表 5-4　2014 年油服市场企业及其业务分布概况统计

| 项目 | 单一部门公司 | | 多部门公司 | | 合计 | |
|---|---|---|---|---|---|---|
| | 公司数量/（家） | 平均收入/（10 亿美元） | 公司数量/（家） | 平均收入/（10 亿美元） | 公司数量/（家） | 平均收入/（10 亿美元） |
| (1)按部门 | | | | | | |
| 勘探 | 5 | 0.61 | 4 | 2.29 | 9 | 1.36 |
| 钻井 | 8 | 2.27 | 20 | 3.41 | 28 | 3.09 |
| 完井 | 1 | 0.25 | 24 | 3.42 | 25 | 3.30 |
| 生产 | 1 | 1.15 | 12 | 1.42 | 13 | 1.40 |
| 资本设备 | 10 | 1.84 | 19 | 1.75 | 29 | 1.78 |
| (2) 按区域 | | | | | | |
| 北美 | 10 | 0.85 | 42 | 2.53 | 52 | 2.20 |
| 拉丁美洲 | — | — | 37 | 0.79 | 37 | 0.79 |
| 欧洲、非洲、独联体 | — | — | 42 | 1.37 | 42 | 1.37 |
| 中东、亚洲 | — | — | 40 | 1.24 | 40 | 1.24 |

## （三）实证结果

首先,我们需要检验截面相关性。本章对油服企业的面板数据采用 Pesaran's CD 检验（Pesaran，2004）和 Breusch-Pagan LM 检验（Breusch and Pagan，1980）。通过 Pesaran's CD 检验得到 $z$ 值为 44.3（对应 $p$ 值 = 0.000）,通过 Breusch-Pagan LM 检验得到卡方值为 4757.5（对应 $p$ 值 = 0.000）。两种检验均拒绝原假设,支持截面相关性的存在。因此,空间分析是必要的,而忽略空间相关性会导致跨单元面板中的非有效、偏差和不一致的估计。

其次,本章通过 Baltagi，Song and Koh LM 检验（Baltagi et al.，2003）和空间面板数据模型 Hausman 检验（Millo and Piras，2012）决定使用固定效应还是随机效应。Baltagi，Song and Koh LM 检验使用 $W_1$ 和

$W_2$ 作为空间权重矩阵得到的 $p$ 值约为 0.96（备择假设：随机效应），Hausman 检验使用 $W_1$ 和 $W_2$ 作为空间权重矩阵分别得到卡方值 850.45 和 170.62（备择假设：一个模型是不一致的）。因此，这两个检验都建议使用固定效应模型。

第三，我们需要在 SAR、SEM 和 GSM 中选择"最优"的函数形式。本研究使用似然比检验，通过比较 AIC 值来探讨三种空间模型的相对拟合程度。给定数据的一组候选模型中，优先选择的是 AIC 值最小的模型。表 5-5 报告了分别使用 $W_1$ 和 $W_2$ 作为空间权重矩阵的 SAR、SEM 和 GSM 的估计结果。

表 5-5　估计结果

| 决定因素 | SAR | | SEM | | GSM | |
|---|---|---|---|---|---|---|
| | $W_1$ | $W_2$ | $W_1$ | $W_2$ | $W_1$ | $W_2$ |
| log（劳动力） | 0.743*** | 0.735*** | 0.730*** | 0.740*** | 0.742*** | 0.738*** |
| | (0.016) | (0.017) | (0.016) | (0.017) | (0.015) | (0.016) |
| log（资本） | 0.206*** | 0.199*** | 0.206*** | 0.212*** | 0.207*** | 0.199*** |
| | (0.016) | (0.016) | (0.016) | (0.016) | (0.015) | (0.016) |
| 截距 | 0.674*** | −1.979*** | −0.850*** | −0.973*** | 0.633*** | −2.352*** |
| | (0.010) | (0.098) | (0.093) | (0.083) | (0.084) | (0.082) |
| $\rho$ | −0.272*** | 0.191** | — | — | −0.266*** | 0.251*** |
| | (0.047) | (0.084) | — | — | (0.039) | (0.073) |
| $\lambda$ | — | — | −0.179 | −0.999** | −0.509*** | −0.999** |
| | — | — | (0.150) | (0.451) | (0.167) | (0.479) |
| AIC 分数 | 704.9 | 732.6 | 736.3 | 722.4 | 696.9 | 711.7 |

注：* 表示 10% 置信度，** 表示 5% 置信度，*** 表示 1% 置信度；括号中的数字表示标准误。

由表 5-5 可知，GSM 的 AIC 值低于 SAR 和 SEM，这表明在两种空间权重矩阵下 GSM 均具有最高的拟合优度。因此，本章选择在空间生产函数中同时包含因变量的空间滞后项和空间自回归扰动项。

使用刀切模型平均法,得到部门维度($W_1$)和地区维度($W_2$)的权重分别为 0.47719 和 0.52281。LeSage and Pace(2009)建议报告每种投入的直接影响和间接影响的均值。因此,本研究首先计算每个模型的平均效应,然后使用刀切权重对每个模型的平均水平取加权平均值。表 5-6 报告了直接、间接和总效应的估计值,以及由 Glass et al.(2016)定义的内部、外部和总体规模报酬(RTS)。直接效应通过计算($I-\rho W_m$)$^{-1}\beta$ 对角线元素的平均值得出,间接效应通过计算相同矩阵($I-\rho W_m$)$^{-1}\beta$ 对角线外的行加总均值得出,总效应是直接效应和间接效应之和。劳动力和资本的直接效应分别为 0.742 和 0.203,间接效应为 0.053 和 0.014,分别占劳动力和资本自身总效应的 6.7% 和 6.5%。间接效应即企业间的相互影响,由表 5-6 可见,间接效应虽小,但显著为正,这表明全球油服市场存在正向溢出效应。最后,本章计算了内部、外部和总体规模报酬(RTS),其中,总体 RTS 估计值为 1.012,与 1 不存在显著差异,因此认为服从规模报酬不变。

表 5-6　直接、间接和总弹性以及内部、外部和总体规模报酬

| 效应 | 估计值 | 效应 | 估计值 | 效应 | 估计值 |
| --- | --- | --- | --- | --- | --- |
| log(劳动力) | | log(资本) | | 规模报酬 | |
| 总体 | 0.795$^{***}$ | 总体 | 0.217$^{***}$ | 总体 | 1.012 |
| | (0.074) | | (0.028) | | (0.080) |
| 直接 | 0.742$^{***}$ | 直接 | 0.203$^{***}$ | 内部 | 0.945$^{***}$ |
| | (0.016) | | (0.016) | | (0.022) |
| 间接 | 0.053$^{**}$ | 间接 | 0.014$^{**}$ | 外部 | 0.067$^{***}$ |
| | (0.022) | | (0.006) | | (0.023) |

注:$^{*}$ 表示 10% 置信度,$^{**}$ 表示 5% 置信度,$^{***}$ 表示 1% 置信度;括号中的数字表示标准误。

与表 5-6 中劳动力和资本的平均间接效应相比,本章对各油服公司的间接效应(溢出效应)更感兴趣。根据 LeSage and Pace(2009),本章分别

在表 5-7 和表 5-8 中汇报了 54 家油服公司中其他公司对特定公司的溢出效应和特定公司对所有其他公司的溢出效应。一方面,表 5-7 显示,市场总体的投入要素变化对不同企业的溢出效应相似,其中劳动力溢出效应范围从 0.047 到 0.054 不等,标准差为 0.002,资本溢出效应范围从 0.012 到 0.014 不等,标准差为 0.0005。另一方面,表 5-8 显示,不同企业投入要素的增加对市场总体的溢出效应存在一定差异:单一企业劳动力对其他公司的影响范围从 0.016 到 0.064 不等,标准差为 0.011;资本变动对其他公司的影响从 0.004 到 0.016 不等,标准差为 0.003。此外,本章按照年收益水平,将 54 家油服公司分为 27 家较大的公司和 27 家较小的公司。结果表明,27 家大公司的劳动力和资本的平均溢出效应分别为 0.0526 和 0.0135,27 家小公司的劳动力和资本的平均溢出效应分别为 0.0516 和 0.0131。因此,小公司与大公司的溢出效应差异可以忽略不计。综上所述,其他公司对特定公司的溢出效应变化相对较小,而特定公司对其他公司的溢出效应变化相对较高,这与 Han et al. (2016)的研究结果一致。

表 5-7　所有其他公司对特定公司的总溢出效应

| 公司名称 | 间接效应 | | 公司名称 | 间接效应 | |
| --- | --- | --- | --- | --- | --- |
| | 劳动力 | 资本 | | 劳动力 | 资本 |
| Akita Drilling Ltd. | 0.052 | 0.013 | Noble Drilling | 0.052 | 0.013 |
| Atwood Oceanics Inc. | 0.052 | 0.013 | NOV | 0.053 | 0.014 |
| Baker Hughes | 0.053 | 0.014 | Oceaneering Int'l | 0.053 | 0.014 |
| Bourbon | 0.052 | 0.013 | Oil States Int'l | 0.053 | 0.014 |
| Calfrac Well Svs Ltd. | 0.053 | 0.014 | Parker Drilling | 0.053 | 0.014 |
| CGG Veritas | 0.052 | 0.013 | Pason Systems | 0.052 | 0.013 |
| China Oilfield Services | 0.053 | 0.014 | Patterson-UTI Energy | 0.053 | 0.014 |
| CoreLabs | 0.052 | 0.013 | Petroleum Geo-Svs | 0.047 | 0.012 |
| Dawson Geophysical | 0.047 | 0.012 | Precision Drilling | 0.053 | 0.014 |
| Diamond Offshore | 0.052 | 0.013 | Pulse Seismic | 0.047 | 0.012 |

| 公司名称 | 间接效应 | | 公司名称 | 间接效应 | |
|---|---|---|---|---|---|
| | 劳动力 | 资本 | | 劳动力 | 资本 |
| Dril-Quip | 0.053 | 0.014 | Rowan Companies | 0.052 | 0.013 |
| ENSCO | 0.052 | 0.013 | RPC | 0.053 | 0.014 |
| Ensign Resource Svs | 0.053 | 0.014 | Saipem SPA | 0.053 | 0.014 |
| Exterran Holdings | 0.053 | 0.014 | SBM Offshore | 0.053 | 0.014 |
| FMC Technologies | 0.053 | 0.014 | Schlumberger | 0.054 | 0.014 |
| Fred. Olsen Energy | 0.053 | 0.014 | Schoeller-Bleckmann | 0.052 | 0.013 |
| Fugro | 0.052 | 0.013 | Subsea7 S. A. | 0.052 | 0.013 |
| GEOil & Gas | 0.053 | 0.014 | Superior Energy Svs | 0.053 | 0.014 |
| GulfIsl and Fabrication | 0.052 | 0.013 | Technip | 0.053 | 0.014 |
| Halliburton | 0.053 | 0.014 | TESCO Corp. | 0.053 | 0.014 |
| Helmerich & Payne | 0.052 | 0.013 | Tetra Technologies | 0.053 | 0.014 |
| ION Geophysical Corp. | 0.047 | 0.012 | TGS-NOPEC | 0.047 | 0.012 |
| Key Energy Services | 0.053 | 0.014 | Tidewater | 0.052 | 0.013 |
| Logan International Inc. | 0.053 | 0.014 | Trican Well Svs Co. | 0.053 | 0.014 |
| Mc Dermott | 0.052 | 0.013 | Unit Corporation | 0.052 | 0.013 |
| Nabors Industries | 0.053 | 0.014 | Weatherford | 0.053 | 0.014 |
| Newpark Resources | 0.053 | 0.014 | Bristow Group Inc. | 0.052 | 0.013 |

表 5-8　特定公司对所有其他公司的总溢出效应

| 公司名称 | 间接效应 | | 公司名称 | 间接效应 | |
|---|---|---|---|---|---|
| | 劳动力 | 资本 | | 劳动力 | 资本 |
| Akita Drilling Ltd. | 0.059 | 0.015 | Noble Drilling | 0.059 | 0.015 |
| Atwood Oceanics Inc. | 0.059 | 0.015 | NOV | 0.049 | 0.013 |
| Baker Hughes | 0.042 | 0.011 | Oceaneering Int'l | 0.054 | 0.014 |
| Bourbon | 0.063 | 0.016 | Oil States Int'l | 0.058 | 0.015 |

续表

| 公司名称 | 间接效应 | | 公司名称 | 间接效应 | |
|---|---|---|---|---|---|
| | 劳动力 | 资本 | | 劳动力 | 资本 |
| Calfrac Well Svs Ltd. | 0.052 | 0.013 | Parker Drilling | 0.058 | 0.015 |
| CGGVeritas | 0.056 | 0.014 | Pason Systems | 0.063 | 0.016 |
| China Oilfield Services | 0.056 | 0.014 | Patterson-UTI Energy | 0.052 | 0.013 |
| Core Labs | 0.063 | 0.016 | Petroleum Geo-Svs | 0.035 | 0.009 |
| Dawson Geophysical | 0.035 | 0.009 | Precision Drilling | 0.042 | 0.011 |
| Diamond Offshore | 0.059 | 0.015 | Pulse Seismic | 0.035 | 0.009 |
| Dril-Quip | 0.054 | 0.014 | Rowan Companies | 0.059 | 0.015 |
| ENSCO | 0.059 | 0.015 | RPC | 0.039 | 0.010 |
| Ensign Resource Svs | 0.042 | 0.011 | Saipem SPA | 0.064 | 0.016 |
| Exterran Holdings | 0.016 | 0.004 | SBM Offshore | 0.043 | 0.011 |
| FMC Technologies | 0.054 | 0.014 | Schlumberger | 0.049 | 0.013 |
| Fred. Olsen Energy | 0.064 | 0.016 | Schoeller-Bleckmann | 0.063 | 0.016 |
| Fugro | 0.063 | 0.016 | Subsea7 S. A. | 0.063 | 0.016 |
| GE Oil & Gas | 0.044 | 0.011 | Superior Energy Svs | 0.049 | 0.013 |
| Gulf Island Fabrication | 0.063 | 0.016 | Technip | 0.054 | 0.014 |
| Halliburton | 0.044 | 0.011 | TESCO Corp. | 0.064 | 0.016 |
| Helmerich & Payne | 0.059 | 0.015 | TetraTechnologies | 0.052 | 0.013 |
| ION Geophysical Corp. | 0.035 | 0.009 | TGS-NOPEC | 0.035 | 0.009 |
| Key Energy Services | 0.031 | 0.008 | Tidewater | 0.063 | 0.016 |
| Logan International Inc. | 0.054 | 0.014 | Trican Well Svs Co. | 0.052 | 0.013 |
| Mc Dermott | 0.063 | 0.016 | Unit Corporation | 0.059 | 0.015 |
| Nabors Industries | 0.049 | 0.013 | Weatherford | 0.049 | 0.013 |
| Newpark Resources | 0.052 | 0.013 | Bristow Group Inc. | 0.063 | 0.016 |

本章的另一个目的是估计企业全要素生产率(TFP)的增长率,它显示

了油服市场技术和效率的整体发展情况。图 5-2 给出 2002—2014 年油服市场的 TFP 及其增长率变化情况。从 2003 年到 2008 年,油服市场取得了巨大的增长,其中有 5 年的增长率达到两位数。2007—2009 年金融危机给油服市场带来了负面影响,TFP 在 2009 年下降了 22.7%。然而,油服市场恢复较快,2010—2012 年连续 3 年实现两位数增长。但在接下来的 2 年里,油服市场再次面临 TFP 停滞不前的情况。

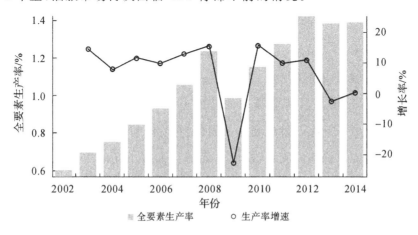

图 5-2　2002—2014 年油服市场 TFP 和 TFP 增长率

## 四、结论

本章利用空间生产模型估计油服公司间的溢出效应和生产率,其中使用空间权重矩阵控制公司间部门层面的竞争。然而,油服公司不仅在同一部门竞争,还在同一地区竞争。因此,另一个空间权重矩阵可以控制公司之间的区域竞争。然后利用模型平均法对不同的空间权重矩阵赋予权重,从而可以同时考虑企业间在部门维度和区域维度的相互影响。

从理论上讲,本章解决了能源市场相关文献中忽略的两个问题,即公司间的相互作用和同行业公司间多维互动的结合。从实证角度讲,本章是首篇研究全球油服市场二维互动的文献,并为控制这种相互作用的必要性提供了依据。

在微观层面或公司层面，本章发现了油服行业存在正向溢出效应和规模报酬不变的证据。因此，应该鼓励企业跨部门、跨地区、跨公司的均衡发展。此外，本章还发现小公司与大公司溢出效应的差异可以忽略不计。因此，政府不应只关注并提供资源给大公司或国有企业，小油服公司的发展对整个市场的重要性不亚于大油服公司对市场的影响。由于规模收益是恒定的，并且公司间的溢出效应相对稳定，因此适度的并购不会对生产产生显著的影响。

在宏观层面或市场层面，2003 年以来油服市场的生产率都实现了高速增长，这显示出页岩革命带来的技术进步。然而，由于金融危机，2009 年市场也经历了一次严重的崩盘。因此，应监控和防范油服市场的系统性金融风险和能源价格的剧烈波动，从而保持油服市场的生产能力，保证稳定的油气供应，为经济稳定增长提供保障。近年来，油服市场出现了生产率停滞不前的情况，而水力压裂和水平钻井等现有技术的不断发展，以及页岩新技术的革新，将是油服市场再次繁荣的关键。

由于埃克森美孚、壳牌、英国石油和雪佛龙等国际综合性企业集团的存在，整个石油行业也存在着跨部门和跨区域的互动。如果能得到"次优"数据，未来的研究可以着眼于石油工业中的多维交互作用。此外，另一个重要的能源市场——电力部门，主要是一个本地市场，跨国企业不多见。然而，在一个国家或地区内仍然可以考虑多维度的交互作用，特别是如果一些公用事业公司拥有多个发电厂或使用各种能源来发电，也可以构建本章使用的多维度空间生产模型加以研究。

# 参考文献

[1] Abbott M. The productivity and efficiency of the Australian

electricity supply industry[J]. Energy Economics,2006, 28(4):444-454.

[2] Ackerberg D A, Caves K, Frazer G. Identification properties of recent production function estimators[J]. Econometrica,2015, 83 (6): 2411-2451.

[3] Al-Obaidan A M, Scully G W. Efficiency differences between private and state-owned enterprises in the international petroleum industry[J]. Applied Economics,1992, 24(2):237-246.

[4] Amsler C, Prokhorov A, Schmidt P. Endogeneity in stochastic frontier models[J]. Journal of Econometrics, 2016, 190 (2):280-288.

[5] Anselin L. Spatial econometrics: Methods and models[M]. New York: Springer Science & Business Media, 2013.

[6] Anselin L, Le Gallo J, Jayet H. Spatial panel econometrics:In the conometrics of panel data[M]. New York: Springer, 2008.

[7] Artis M J, Miguelez E, Moreno R. Agglomeration economies and regional intangible assets: An empirical investigation[J]. Journal of Economic Geography, 2012, 12 (6):1167-1189.

[8] Baltagi B H, Song S H, Koh W. Testing panel data regression models with spatial error correlation[J]. Journal of Econometrics, 2003, 117 (1):123-150.

[9] Berk I, Rauch J. Regulatory interventions in the us oil and gas sector: How do the stock markets perceive the cftc's announcements during the 2008 financial crisis? [J]. Energy Economics, 2016(54): 337-348.

[10] Berlemann M, Wesselhöft JE. Estimating aggregate capital stocks using the perpetual inventory method-a survey of previous implementations and new empirical evidence for 103 countries[J]. Review

of Economics，2014，65（1）：1-34.

[11] Bivand R. Regression modeling with spatial dependence：An application of some class selection and estimation methods［J］. Geographical Analysis，1984，16（1）：25-37.

[12] Blundell R，Bond S. Gmm estimation with persistent panel data：An application to production functions［J］. Econometric Reviews，2000，19（3）：321-340.

[13] Breusch T S，Pagan A R. The lagrange multiplier test and its applications to model specification in econometrics［J］. The Review of Economic Studies，1980，47（1）：239-253.

[14] Buckland S T，Burnham K P，Augustin N H. Model selection：An integral part of inference［J］. Biometrics，1997，53（2）：603-618.

[15] Çelen A. Efficiency and productivity（tfp）of the turkish electricity distribution companies：An application of two-stage（d）ea&tobit analysis［J］. Energy Policy，2013(63)：300-310.

[16] Moscone F，Tosetti E. A review and comparison of tests of cross-section independence in panels［J］. Journal of Economic Surveys，2009，23(3)：528-561.

[17] Baltagi B H. The Oxford handbook on panel data［M］. Oxford：Oxford University Press，2013.

[18] Cliff A D，Ord J K. Spatial autocorrelation［M］. Mass.：Pion Ltd.，Lonéon，1973.

[19] Collins N R，Preston L. Concentration and price-cost margins in manufacturing industries［M］. Oakland：University of California Press，1968.

[20] Crescenzi R，Pietrobelli C，Rabellotti R. Innovation drivers，

value chains and the geography of multinational corporations in Europe [J]. Journal of Economic Geography，2014，14(6):1053-1086.

[21] de la Fuente A，Doménech R. Human capital in growth regressions: How much difference does data quality make? [J]. Journal of the European Economic Association，2006，4 (1):1-36.

[22] De Loecker J，Goldberg P K，Khandelwal A K，et al. Prices，markups，and trade reform[J]. Econometrica，2016，84 (2):445-510.

[23] Detotto C，Pulina M，Brida J G. Assessing the productivity of the italian hospitality sector: A post-wdea pooled-truncated and spatial analysis[J]. Journal of Productivity Analysis，2014，42 (2):103-121.

[24] Dupont D P，Grafton R Q，Kirkley J，et al. Capacity utilization measures and excess capacity in multi-product privatized fisheries[J]. Resource and Energy Economics，2002，24 (3):193-210.

[25] Eberhardt M，Teal F. No mangoes in the tundra: Spatial heterogeneity in agricultural productivity analysis[J]. Oxford Bulletin of Economics and Statistics，2013，75 (6):914-939.

[26] Eller S L，Hartley P R，Medlock K B. Empirical evidence on the operational efficiency of national oil companies [J]. Empirical Economics，2011，40 (3):623-643.

[27] Fallahi A，Ebrahimi R，Ghaderi S. Measuring efficiency and productivity change in power electric generation management companies by using data envelopment analysis: A case study[J]. Energy，2011，36 (11):6398-6405.

[28] Foster L，Haltiwanger J，Syverson C. Reallocation，firm turnover，and efficiency: Selection on productivity or profitability? [J]. The American Economic Review，2008，98 (1):394-425.

[29] Glass A J, Kenjegalieva K, Sickles R C. Returns to scale and curvature in the presence of spillovers: Evidence from European countries [J]. Oxford Economic Papers, 2016, 68(1):40-63.

[30] Gong B. Efficiency and productivity analysis of multidivisional firms[D]. Rice University, 2016.

[31] Guan Z, Kumbhakar S C, Myers R J, Lansink A O. Measuring excess capital capacity in agricultural production[J]. American Journal of Agricultural Economics, 2009, 91 (3):765-776.

[32] Haggerty J, Gude P H, Delorey M, Rasker R. Long-term effects of income specialization in oil and gas extraction: The US West, 1980-2011[J]. Energy Economics, 2014(45):186-195.

[33] Han J, Ryu D, Sickles R. How to measure spillover effects of public capital stock: A spatial autoregressive stochastic frontier model. in Spatial econometrics: Qualitative and limited dependent variables[M]. Bingley: Emerald Group Publishing Limited, 2016.

[34] Hansen B E, Racine J S. Jackknife model averaging[J]. Journal of Econometrics, 2012, 167 (1):38-46.

[35] Hartley P, Medlock K B. A model of the operation and development of a national oil company[J]. Energy Economics, 2008, 30 (5):2459-2485.

[36] Hartley P R, Medlock III K B. Changes in the operational efficiency of national oil companies[J]. The Energy Journal, 2013, 34 (2):27-57.

[37] Kamps C. New Estimates of government net capital stocks for 22 oecd countries, 1960-2001 [J]. IMF Staff Papers, 2006, 53 (1):120-150.

[38] Kedron P，Bagchi-Sen S. Foreign direct investment in Europe by multinational pharmaceutical companies from India [J]. Journal of Economic Geography，2012，12(4)：809-839.

[39] LeSage J P，Pace R K. Introduction to spatial econometrics (statistics，textbooks and monographs) [M]. Boca Raton：CRC Press，2009.

[40] Levinsohn J，Petrin A. Estimating production functions using inputs to control for unobservables[J]. The Review of Economic Studies，2003，70 (2)：317-341.

[41] Maksimovic V，Phillips G. Do conglomerate firms allocate resources inefficiently across industries? Theory and evidence[J]. The Journal of Finance，2002，57 (2)：721-767.

[42] Marschak J，Andrews W H. Random simultaneous equations and the theory of production [J]. Econometrica，Journal of the Econometric Society，1944(1)：143-205.

[43] Millo G，Piras G. Splm：Spatial panel data models in R[J]. Journal of Statistical Software. 2012，47 (1)：1-38.

[44] Olley G S，Pakes A. The dynamics of productivity in the telecommunications equipment industry[J]. Econometrica，1996，64 (6)：1263-1297.

[45] Ord K. Estimation methods for models of spatial interaction [J]. Journal of the American Statistical Association，1975，70 (349)：120-126.

[46] Ortiz-Molina H，Phillips G M. Real asset illiquidity and the cost of capital[J]. Journal of Financial and Quantitative Analysis，2011 (8)：1-55.

[47] Pérez-Reyes R，Tovar B. Measuring efficiency and productivity change（ptf）in the peruvian electricity distribution companies after reforms[J]. Energy Policy，2009，37（6）:2249-2261.

[48] Parker R C，Connor J M. Estimates of consumer loss due to monopoly in the US food-manufacturing industries[J]. American Journal of Agricultural Economics，1978(9):626-639.

[49] Pesaran M H. General diagnostic tests for cross section dependence in panels[R]. Cambridge University Working Paper，2004.

[50] Phan D，Nguyen H，Faff R. Uncovering the asymmetric linkage between financial derivatives and firm value—the case of oil and gas exploration and production companies[J]. Energy Economics，2014（45）: 340-352.

[51] Phillips P C，Sul D. Dynamic panel estimation and homogeneity testing under cross section dependence[J]. Econometrics Journal，2003，6（1）:217-259.

[52] Piccolo S，Tarantino E，Ursino G. The value of transparency in multidivisional firms[J]. International Journal of Industrial Organization，2015(41):9-18.

[53] Ramos S B，Veiga H. Risk factors in oil and gas industry returns: International evidence[J]. Energy Economics，2011，33（3）: 525-542.

[54] Ripley B D. Spatial statistics: Wiley series in probability and mathematical statistics[M]. New York: Wiley-Interscience，1981.

[55] Sabet A H，Heaney R. An event study analysis of oil and gas firm acreage and reserve acquisitions[J]. Energy Economics，2016.

[56] Thompson R G，Dharmapala P，Rothenberg L J，et al. Dea/ar

efficiency and profitability of 14 major oil companies in U. S. exploration and production[J]. Computers and Operations Research，1996，23（4）：357-373.

［57］　Tobler　W.　Cellular　geography ［ M ］.　New　York：Springer，1979.

［58］ Von Hirschhausen C，Cullmann A，Kappeler A. Efficiency analysis of German electricity distribution utilities-non-parametric and parametric tests[J]. Applied Economics，2006，38（21）：2553-2566.

［59］ Wolf C. Does ownership matter? The performance and efficiency of state oil vs. private oil（1987-2006）[J]. Energy Policy，2009，37（7）：2642-2652.

# 第六章　页岩科技革命是喜是忧

## ——页岩技术对企业效率的影响①

## 一、引　言

石油服务市场的复杂性在于,油气供应链包括众多生产环节,每一环节都包含特定的技术。油服市场提供勘探与开采原油和天然气所需的基础设施、设备、知识产权和服务,属于石油产业链的上游部门。2014 年,全球油服市场总体市值超过 4 万亿美元,总收益超过 4000 亿美元。②

页岩革命的爆发主要得益于水力压裂和定向钻井两项新技术,这一革命使过去 10 年油服市场的复合年增长率超过 10%。由于常规石油和天然气资源正在大量消耗,油气公司现在将更多的注意力放到非常规的油气、离岸生产和老化的储层上,以维持稳定的油气供应。因此,页岩革命也被称为非常规油气革命。

水力压裂技术(Hydraulic Fracturing,简称 HF)是一项用加压液体使岩石碎裂的增产技术。这一过程是将水力压裂液(主要是含沙或其他化学

---

① 原文信息:Gong B. The Shale Technical Revolution — Cheer or Fear? Impact Analysis on Efficiency in the Global Oilfield Service Market. *Energy Policy*,2018,112(1):162-172。

② 数据来源于 Spear 发布的 2015 年油田市场报告(OMR)。

添加剂的水)高压注入井孔中,在深岩层中形成裂缝,使天然气、石油和盐水能更自由地流动。定向钻井技术(Directional Drilling,简称DD)是指非垂直钻井技术,包括著名的水平钻井技术。这项技术能够完成一些垂直钻井技术无法完成的任务,能在单个钻井台开采更大的面积。水力压裂和定向钻井技术的结合使一些利用垂直钻井无法实现商业化开发的页岩资源得以开发,生产了大量石油和天然气,助推了页岩革命。这种将无用的页岩变成高产的储油层的"魔术",正在许多地方上演。例如,德克萨斯州的巴涅特页岩,阿肯色州的费耶特维尔页岩,阿巴拉契亚盆地马塞卢斯页岩气层,北达科他州的巴肯地层,路易斯安那州和德克萨斯州的海恩斯维尔页岩。图 6-1 是水力压裂和定向钻井技术的示意图。

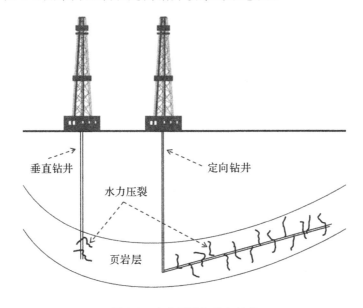

图 6-1　水力压裂与定向钻井

Spears & Associates 发布的《油田市场报告》(*Oilfield Market Report*)将油田产业分为五个部门:(1)勘探;(2)钻井;(3)完井;(4)生产;(5)资本设备、井下工具和离岸服务(简称资本设备)。油服市场报告提供了该行业 114 个上市公司部门层面的收益数据,其中 68 家公司是单部门公司,56 家公司是多部门公司。①这 5 个部门可以进一步细分为 32 个子部门,其中"水力压裂"子部门属于"完井"部门,"定向钻井"子部门属于"钻井"部门。根据该油田市场报告,整个油服市场的总收益在 2005 年到 2015 年间增长了 183%,其中水力压裂和定向钻井这两个子部门的收益分别增长了 395% 和 287%,远高于整个市场的平均增速。

一方面,页岩革命为油田公司带来了巨大的收益,并为全球经济发展提供了充足的能源。许多人为能源价格的下降和能源短缺的缓解而欢呼雀跃。但另一方面,这种创新也需要大量的投资,例如高额的研发和资本投入,从而带来了相关的金融风险,可持续性以及生产效益令人担忧。②综上,页岩革命及其技术的综合收益很难准确估计。上市公司财务报告会公布公司的总投入和总产出,也可能会公布各部门的产出水平,但不会公布各部门的投入水平。因此很难得到各部门甚至各子部门的成本信息,从而对水力压裂和定向钻井等技术进行单独的成本收益分析。因此,研发和使用这些新技术对油服企业的综合影响不得而知。

但水力压裂和定向钻井技术的收益能力将直接影响许多政策的实施。例如,美国的水力压裂税率应当是多少?中国应当怎样补贴页岩资源的勘探和开采?应当怎样调整可再生能源相关政策以使其与页岩油气能源竞争?

本章使用两步法估计水力压裂和定向钻井两项技术对公司技术效率的影响。如果公司能够通过水力压裂和定向钻井项目维持甚至提高效率,就说明这些新技术与常规油气技术相比具有更强的竞争力和收益能力,这将重塑全球能源市场和地缘政治格局。

---

① 有 28 家公司拥有 2 个部门,10 家拥有 3 个部门,7 家有 4 个部门,仅有 1 家公司经营了 5 个部门。

② 页岩革命也因为气候原因而被诟病。由于在非常规油井中有更多的甲烷泄露到大气层中,页岩油气资源可能比煤炭更不环保,不仅如此,当油气供应量过高导致油气能源价格下降时,可再生能源的发展会受到阻碍。然而,本章的研究重点,是从企业技术效率角度分析页岩革命的影响。

Managi et al.(2004)和 Managi et al.(2006)分别采用数据包络分析（DEA）和随机前沿分析（SFA）方法研究了墨西哥湾离岸油气田的生产率和效率。Thompson et al.(1996)使用非参数的数据包络分析（DEA）方法，分析了美国油服行业 14 家大公司在 1980—1991 年的技术效率。还有大量关于油田市场的非学术性报告（主要来自于德勤、安永等咨询服务公司）预测未来油服企业技术效率的走势。但目前为止所有学术研究以及非学术报告都没有考虑到油服公司内部结构的差异，以及如何识别和度量新页岩技术带来的影响。相比油服企业，研究者对油气企业效率的分析更为完善（例如，Wolf，2009；Eller et al.，2011；Hartley and Medlock，2013）。但上述研究油气行业的文献都聚焦国有石油企业与私营石油企业之间的区别（即所有权的作用），而非新页岩技术带来的影响。

油服行业的复杂性在于该行业由多个部门组成，每个部门使用不同的技术，因此服从不同的生产函数。本章的计量模型首先引入半参变系数的随机前沿模型，在考虑部门间差异的前提下，测算各企业的技术效率，从而避免了经典生产率模型忽视部门间差异的问题。然后，本章探讨水力压裂和定向钻井两项技术是否能对公司整体技术效率产生显著的影响。

本章可能的创新点如下：首先，半参变系数生产函数考虑了部门间生产函数差异的情况，能够更准确地测算技术效率；第二，这一研究关注油服企业，它比油气公司受市场周期的影响更大，但在文献中较少被研究；[①]第三，估计了页岩革命核心技术对企业效率的影响，为油服公司业务决策和战略规划，以及政府政策和管理提供了必要的信息。

实证研究结果表明：（1）不同业务结构的油服企业服从的生产函数的

---

① 对油服企业生产率和技术效率的研究远远少于对石油企业的研究，其主要原因是油服企业多部门的特征和缺乏部门层面数据。本章采用的数据库提供了每个油服企业部门层面的信息，可以识别各企业部门结构和业务比例，从而考虑该因素对生产函数的影响，实证结果也印证了考虑企业部门差异的必要性。

确存在差异,这证明了利用半参变系数生产模型的必要性;(2)不同企业的劳动力弹性较为稳健,但资本弹性差异较大;(3)油服行业的平均技术效率约为0.4,呈正偏态分布;(4)只拥有水力压裂或只拥有定向钻井技术会降低企业技术效率,但同时使用两项技术能产生显著的正向溢出效应;(5)以上所有结果不论使用柯布道格拉斯生产函数还是超越对数生产函数,都是稳健的。

本章其余部分的结构如下:第二部分引入模型;第三部分进行数据描述;实证结果和分析在第四部分;第五部给出结论以及政策建议。

## 二、模型构建

本章构建的模型包括两步:第一步,利用随机前沿模型估计企业生产函数及技术效率;第二步,利用技术效率决定模型,分析水力压裂和定向钻井两项技术对技术效率的影响。

### (一)生产函数和技术效率

本章建立半参变系数随机前沿模型(本章称之为"可变前沿")来估计多部门企业的生产函数,并进一步测算企业的技术效率。

#### 1. 随机前沿分析

随机前沿生产函数模型由确定性前沿生产函数和对称随机误差变量组成,它由 Aigner et al.(1977)和 Vanden Broeck(1977)同时提出。公式表达为:

$$\ln Y_i = x_i'\beta + v_i - u_i, \qquad i = 1, \cdots, N,$$

其中,$Y_i$ 为公司 $i$ 的产出,$x_i$ 为投入要素向量,均以对数形式表示,$v_i$ 是随机扰动项,$u_i$ 是一个非负随机变量,代表效率缺失值(与技术前沿的差距)。

20 世纪 80 年代初的随机前沿模型主要是对横截面数据的分析。通

常假设 $v_i$ 遵循一个独立于 $u_i$ 的正态分布。对 $v_i$ 的分布有各种假定，包括半正态分布（Aigneretal.，1977）、正态截断分布（Stevenson，1980）和伽马分布（Greene，1990）。基于面板数据，Schmidt and Sickles（1984）提出了面板随机前沿模型，公式为：

$$\ln Y_{it}=\alpha+x_{it}{}'\beta+v_{it}-u_i=\alpha_i+x_{it}{}'\beta+v_{it}, \quad i=1,\cdots,N,t=1,\cdots,T.$$

(1)

据此，使用固定效应或随机效应方法估计不同条件下的 $\alpha_i$。Cornwell et al. (1990)、Kumbhakar (1990)、Battese and Coelli (1992)、Lee and Schmidt(1993)、Kneip et al. (2003)和 Sickles(2005)均构建了不同的估计方法，测算生产率和技术效率。

### 2. 权重指数和多部门假设

一个行业可以分为多个部门。例如，全球油田市场有五个部门，包括勘探和生产。由于勘探和生产等环节使用的技术不同，各部门都有特定的生产函数，代表特定的投入产出关系。对于一个涉足多个部门的企业，在投入转换为产出的过程中会使用不同部门的生产技术。因此，该公司的总体生产函数不等于任一部门的生产函数，而是所有部门生产函数的组合。本章尝试估计公司的总体生产函数，然后得出公司总体的技术效率。

由于多部门企业使用不同的生产技术，需要某种权重指数，通过加权平均得到企业总体生产函数。部门 $i$ 在时间 $t$ 的收益占企业总收益的比重 $\theta_{it}$ 可以作为权重，因为它衡量多部门企业的业务结构。换句话说，$\theta_{it}$ 体现了多部门企业使用各部门特定技术的频率。考虑一个 $M$ 种投入要素、$N$ 种产品、$T$ 期的产业，$\theta_{it}=(\theta_{i1t},\theta_{i2t},\cdots,\theta_{iMt})$，其中 $\theta_{ijt}=\dfrac{R_{ijt}}{\sum_{j=1}^{N}R_{ijt}}$，$\forall j=1,2,\cdots,N$，$R_{ijt}$ 是企业 $i$ 的部门 $j$ 在时期 $t$ 的收益。

作为经典随机前沿模型，式(1)忽略了不同部门间生产技术的异质性。下一节将把 $\theta_{it}$ 纳入随机前沿模型，更好地测算多部门企业的生产函数。

### 3. 多部门企业生产模型的一般形式

式(1)表示服从柯布道格拉斯的线性生产模型,可以将其一般化为:

$$Y_{it} = f(X_{it};\beta_0)\exp(\tau Z)\exp(v_{it})\exp(-u_i),\qquad(2)$$

其中,$Y_{it}$ 是个体 $i$ 在时期 $t$ 的产量;$X_{it}=(X_{it}^1, X_{it}^2, \cdots, X_{it}^M)$ 代表 $M$ 种不同投入的向量;$f(X_{it};\beta_0)\exp(\tau Z)$ 是生产前沿面,代表当时最先进的技术水平,其中 $f(X_{it};\beta_0)$ 是生产前沿中不随时间变化的部分,$\beta_0 = (\beta_{01}, \beta_{02}, \cdots, \beta_{0M})$ 是待估计的技术参数向量;$Z$ 代表年份虚拟向量,它控制生产前沿随时间的变动情况;$\tau$ 是年度虚拟向量的系数;$\exp(v_{it})$ 是描述影响生产过程中无法控制的误差,假设 $v_{it}$ 呈均值为零,标准差为 $\sigma_v$ 的正态分布。$TE_i = \exp(-u_i)$ 表示技术效率,定义为实际产出与最大可能产出的比率。$TE_i = 1$ 或 $u_i = 0$ 表示第 $i$ 个企业处于生产前沿面上,是 100% 有效生产的企业,而 $TE_i < 1$ 或 $u_i > 0$ 则表示该企业实际生产与最大可能产量有差距,生产过程存在效率缺失。本章使用了著名的"误差成分前沿"法(Battese and Coelli,1992)估计 $u_i$ 和 $TE_i$。

再次考虑一个 $M$ 种投入要素、$N$ 种产品、$T$ 期的产业。引入各部门收益占比 $\theta_{it}$ 来衡量企业业务分布的异质性。本章使用 $\theta_{it}$ 作为权重指数,将 $\theta_{it}$ 引入生产函数中:

$$Y_{it} = f(X_{it};\beta_0,\theta_{it})\exp(\tau Z)\exp(v_{it})\exp(-u_i)。\qquad(3)$$

业务结构 $\theta_{it}$ 的影响可以与生产函数的其他部分相互独立或相互关联。如果 $\theta_{it}$ 是独立影响产量的[例如 $f(X_{it};\beta_0,\theta_{it})=f(X_{it};\beta_0)m(\theta_{it})$],则该生产函数通过公式推导,可以转换为经典的多产品随机前沿模型,即将其中某个产品的产量视作所有投入和所有产品产量的函数。Adams et al. (1999)和 Liu(2014)均使用这种经典模型实证考察银行业的技术效率,这两篇论文分别利用非参数和参数方法估计 $f(X_{it};\beta_0)$。本章假设生产函数服从柯布道格拉斯形式,并假设其中的 $\theta_{it}$ 与 $f(X_{it};\beta_0)$ 不相关:

$$\ln Y_{it} = r(\theta_{it}) + \sum_{k=1}^{M} \beta_k (\ln X_{it}^k) + \tau Z + v_{it} - u_i, \quad (4)$$

其中，$r(\theta_{it})$ 是 $\theta_{it}$ 的非参数函数。虽然式（4）中的截距项 $r(\theta_{it})$ 是一个关于 $\theta_{it}$ 的非参数方程，而不是式（1）中的常数 $\alpha$，但生产函数核心部分 $f(X_{it};\beta_0)$ 仍然不随部门差异而变化，这是一个较强的假设。因此，本章将式（4）代表的前沿分析称为"固定前沿"。

本章重点关注另一种情形，即 $\theta_{it}$ 可以直接对生产函数核心部分 $f(X_{it};\beta_0)$ 产生影响。本模型利用变系数模型[见 Hastie and Tibshirani (1993)]，可以估计出可变的生产前沿，随机前沿模型的系数是一些"阈值"变量（此处指 $\theta_{it}$）的非参数函数，而不是固定的常数。

$$Y_{it} = f(X_{it};\beta'_0 = r(\theta_{it}))\exp(\tau Z)\exp(v_{it})\exp(-u_i)。 \quad (5)$$

式（5）考虑了生产函数随各部门收益占比 $\theta$ 差异对企业总体生产函数产生的影响。例如，如果一个多部门企业的主营业务是部门 A，其业务占比较大，次要业务是部门 B，则该公司的总体生产函数应该更接近于部门 A 的生产函数，因为该公司更多地使用这个部门的生产技术。由于不同部门技术的联合使用可能因科研投资、联合投入要素等因素带来溢出效应，因此总体生产函数不是各部门生产函数简单的加权平均，而可能随业务比例的变化产生非线性的变化。因此，本章使用非参数函数 $r(\cdot)$ 来控制这种非线性的变化。

**4. 半参变系数模型**

生产率和效率分析主要有两种计量方法：随机前沿分析（SFA）和数据包络分析（DEA）。两种方法各有优劣：随机前沿分析利用一个随机扰动项控制生产过程中的误差，但要求对函数形式有一个较为明确的假设；数据包络分析不要求特定函数形式的假设，但因为它不包含随机扰动项，所以无法识别生产率和误差。近年来，为了弥补随机前沿分析的缺点，借鉴了数据包络分析的半参数和非参数随机前沿模型被开发并用于实证研究。

新方法的构建,为更准确地测算多部门企业的生产函数提供了更好的计量工具。

Fan et al. (1996)构建了一种半参数方法,在利用随机扰动项控制误差的同时,放松了对函数形式的假设。他们的方法被称为半参数随机前沿模型,函数形式为:

$$y = f(x) + \varepsilon = f(x) + \mu + v - u, \tag{6}$$

其中,$f(x)$是半参数或非参数生产函数。与经典的参数方法类似,$u$是一个非负的效率缺失项,$v$是随机扰动项。$\mu$是效率缺失项$u$的均值。因此,$\varepsilon = \mu + v - u$是一个均值为零的干扰项。

在实践中,该半参数模型通过两步法求解:第一步,使用半参数或非参数方法对$y = f(x) + \varepsilon$进行回归,得到残差;第二步,使用经典随机前沿模型对残差进行分解$\hat{\varepsilon} = \mu + v - u$,其中$\hat{\varepsilon}$是被解释变量,常数项是唯一的解释变量。Henningsen and Kumbhakar(2009)在他们对波兰农场技术效率的研究中采用了这种方法。正如 Henningsen and Kumbhakar(2009)指出的,早期由于缺乏相关软件程序的开发,该半参数方法的应用受到限制,这种情况在近年得到极大的改善。以 R 软件为例,"np"软件包[Hayfield and Racine(2008)]、"gam"软件包[Hastie and Tibshirani(1990)]或"gamlss"软件包[Stasinopoulos and Rigby(2007)]都能被应用于该模型两步法中的第一步,而"frontier"软件包[Coelli et al. (2012)]则能帮助研究者求解两步法中的第二步。

本节将变系数模型(VCM)用于式(6)中的生产函数$f(x)$。Hastie and Tibshirani(1993)首先提出变系数模型,函数形式为:

$$Y = X_1 r_1(\theta_1) + \cdots + X_p r_p(\theta_p) + \varepsilon,$$

其中,$\theta_1, \cdots, \theta_p$通过函数$r_1(\cdot), \cdots, r_p(\cdot)$来改变$X_1, \cdots, X_p$的系数。这些系数是关于$\theta$的非参数函数,而非固定的常数,因此模型得名"变系数模型"。变系数模型最初被用于生存分析(Survival Analysis)中,用来构建系数随时间变化的模型。

在生产函数中,环境因素只有作为自变量(X)才能中性地影响生产前沿。文献中有研究利用变系数生产模型,将环境因素视为$\theta_i$,并允许它们对前沿面产生非中性的影响。科研投入(R&D)被认为是能直接影响生产前沿面的环境因素之一。这种在变系数模型中被称为"阈值"变量的环境因素还包括税率、企业规模、企业年龄等(Kumbhakar and Sun,2013)。

Zhang et al.(2012)利用2000—2007年面板数据和变系数生产函数,研究了中国高技术产业。Sun and Kumbhakar(2013)使用3249个林业主的横截面数据对挪威林业进行分析。这两项研究中生产函数的系数都随R&D投入的变化而变化。但是,他们的研究均基于经典的生产函数法,而不是基于随机前沿模型。

本章构建半参变系数随机前沿模型,并利用OMR面板数据,分析全球油服企业的技术效率。该随机前沿模型的前沿面服从柯布道格拉斯形式,其系数(投入弹性)受企业各部门收益占比$\theta$的改变而变化。

$$\ln Y_{it} = \alpha + r_1(\theta_{it})\ln L_{it} + r_2(\theta_{it})\ln K_{it} + \tau Z + v_{it} - u_i, \qquad (7)$$

其中,$Y_{it}$、$L_{it}$和$K_{it}$分别是第$t$期企业$i$的产出量、雇员人数和资本量。

式(7)中的$r_1(\cdot)$和$r_2(\cdot)$有两种非参数方法备选:基于核函数的方法(Fan and Huang,2005;Fan and Li,2004;Hu,2014;SuandUllah,2006;Sunetal.,2009),以及基于样条的方法(Ahmad et al.,2005;Hastie and Tibshirani,1993)。Fan and Zhang(2008)认为核平滑方法更为合理,因为可变系数模型是一个局部线性模型,但Kim(2013)认为,样条方法在处理多个参数时更加灵活,因此更具吸引力。然而,这两种方法都有一些缺点:前者可能遭受"维度灾难",而后者的计算量较大。

由于$\theta_{it}$有五个变量会导致"维度的诅咒",本章选择惩罚B-样条法估计生产函数。假设无效率项不随时间改变($u_{it} = u_i$),可以用最小二乘虚拟变量(LSDV)法导出固定效应估计量。Lu et al.(2008)证明了惩罚B-样条估计量在变系数模型中具有强一致性和渐近正态性。

本章利用 Henningsen and Kumbhakar(2009)中的两步法来估计式(7):首先,使用惩罚 B-样条法得出系数,并预测残差;然后,使用标准的随机前沿分析,这里 $\hat{\varepsilon}$ 是因变量,常数项是唯一的自变量。本章还采用了服从超越对数(T-L)形式的可变系数随机前沿分析,旨在检查变系数模型的稳健性。

**5. 内生性问题**

内生性问题是生产函数中的一个重要问题,因为企业根据可观测的自身信息进行投资决策(Ackerberg et al.,2015),但这些信息是研究者无法获得的。Marschak and Andrews(1944)指出,这种内生性问题更容易发生在可以快速调整投入要素的生产函数中。油服市场是一个典型的例子,企业决策受到石油天然气公司勘探和生产支出(E&P Spending)以及石油价格周期的重要影响。市场周期性的波动迫使企业在石油价格下跌时迅速大幅度剥离资产和裁员,这很有可能导致投入要素的内生性问题。生产函数中的潜在内生性问题可能导致普通最小二乘估计发生偏差。

内生性问题的解决方案之一是使用 Olley and Pakes(1996)倡导的两步法技术。该方法使用观察到的投资额来"控制"未观察到的生产率冲击(效率)。因为在许多数据库中,大量企业的投资额为零或存在缺失,Levinsohn and Petrin(2003)拓展了 Olley and Pakes 的方法,通过使用中间投入而不是投资额来解决内生性问题。然而,正如 Ackerberg et al.(2015)指出的,这两种方法都受到共线性问题的影响,导致投入要素的系数不能被识别。

由于使用数据库中没有中间投入变量,本章使用最广泛采用的工具变量(IV)估计来解决内生性问题。Amsler et al.(2015)介绍了当生产函数服从柯布道格拉斯(C-D)和超越对数(T-L)形式时,如何在随机前沿分析中使用工具变量法解决内生性问题。一方面,他们利用修正的两阶段最小二乘法(C2SLS)解决 C-D 随机前沿模型的内生性问题。[①] 另一方面,他们建议在 T-L 随机前沿模型中使用控制函数方法。此外,他们介绍了一种减少所需工具变量数量的方法。[②]

遵循 Amsler et al.(2015)的方法,本章采用 C2SLS 方法估计 C-D 生产函数,采用控制函数方法估计 T-L 生产函数。对简化式模型残差的显著性进行 t 检验,控制函数方法还可以用来检验各投入要素的外生性[详见 Amsler et al.(2015)]。潜在的工具变量包括投入品价格和投入品数量的滞后值(Levinsohn and Petrin,2003)。然而,只有当滞后时间足够长,以至于滞后期的投入选择和当期的冲击之间完全不相关时,投入要素价格和数量的滞后值才是有效的工具变量。Blundell and Bond(2000)和 Guan et al.(2009)均强调,滞后至少两个时期的投入要素才是有效的工具变量。本章分别使用滞后两期和滞后三期的投入量作为工具变量,以检验实证结果的稳健性。

### (二)页岩革命的影响

页岩革命的主要技术是水力压裂和定向钻井。本章利用式(8)分析水力压裂和定向钻井这两项技术对企业总体技术效率的影响。

$$TE_i = \beta_0 + \beta_1 HF_i + \beta_2 DD_i + \beta_3 HF_i DD_i + \beta_4 R_i + \beta_5 M_i , \qquad (8)$$

其中,$TE_i$ 是企业 $i$ 的技术效率;$HF_i$ 是企业 $i$ 是否拥有水力压裂技术的虚拟变量;$DD_i$ 是企业 $i$ 是否拥有定向钻井技术的虚拟变量;$R_i$ 是企业 $i$ 年收益的对数,用于控制公司规模;$M_i$ 是企业 $i$ 是否是多部门企业的虚拟

---

① 修正的两阶段最小二乘法分两步进行。第一步使用两阶段最小二乘法估计模型,引入工具变量得到残差的估计结果。第二步运用最大似然法分解第一步中得到的残差项,即类似于经典随机前沿分析方法。Guanetal(2009)也使用了类似的两步法技术。

② 举例来说,假设有两种内生性投入变量:劳动力与资本。在超越对数形式的生产函数中,至少需要 5 个工具变量,因为 2 个变量本身、各自的平方项以及其交互项均是内的。然而,在某些额外的假设下,仅使用 2 个控制函数就能得到一致的估计量,而不必使用 5 个控制函数(Blundell & Powell,2004;Terza et al.,2008;Wooldridge,2010),详见 Amsler et al.(2015)的讨论。

变量。式(8)也包含了 $HF_i$ 和 $DD_i$ 的交互项,用于估计这两个技术之间潜在的技术乘数效应(也可称为溢出效应或协同效应)。

## 三、数据来源与描述统计

本章采用式(7)估计油服行业的生产前沿,利用经生产者价格指数调整后的企业年收益作为产出,雇员数量[①]作为第一种投入要素,资本作为第二种投入要素。本章从三份 OMR 数据(2000,2011 和 2015)中收集了1996—2014 年全球油服行业 114 家上市公司在部门层面的收益数据。附录三详细介绍了本章使用的 OMR 数据,合并不同年度 OMR 数据的方法,以及油服行业详细的部门分类和子部门分类情况。

这 114 家油服上市公司的年度总收益、员工人数和总资本数据来自Thomson ONE,Bloomberg 和 Fact Set 等金融数据库。总资本是指会计资本,即所有者权益和长期债务的总和。本章采用永续盘存法(PIM)(Berlemann and Wesselhöft,2014)计算出准确的资本量,这一方法被广泛地应用于生产率分析。附录二详细介绍了利用 PIM 法测算资本量的过程。由于劳动力和资本数据是年终值,因此对第 $t$ 年和第 $t+1$ 年取均值得到第 $t+1$ 年的数据。

企业总收益并不总是等于 OMR 报告的该企业各部门收益之和。在某些情况下,前者可能大于后者,例如当该企业在油服行业之外还有其他业务。在另一些情况下,前者可能小于后者,假设企业 A 在 2005 年收购了企业 B,OMR 在统计 2005 年前后企业 A 的年收益时,都会将企业 B 的

---

① 油服企业的合同工(非全职员工)没有被算在员工数量内。因为我们无法获取每个公司的合同工数量,更不可能根据他们的工作时长将其转换为同等全职员工(FTE)。事实上,这一问题是各个行业普遍存在的通病,企业财务报告只会公布全职员工的数量。现有的研究通常使用全职员工的数量作为总员工数量的近似值。

收益纳入其中。本章只关注这 114 家上市企业在油服行业的业务,因此将 OMR 统计的部门收益加总得到各企业的年度总收益,再利用 Foster et al. (2008)提出的投入产出等比例假设调整 Thomson ONE、Bloomberg 和 Fact Set 等金融数据库收集的各企业劳动力和资本数量。最后,利用美国劳工统计局公布的北美工业分类系统(NAICS)部门的生产者价格指数(PPI),对收益进行调整。

由于投入要素的价格被选为解决内生性问题的重要工具变量,本章还收集了各企业劳动力价格和资本价格变量。(1)劳动力价格是总劳动成本除以雇员数量。大多数国际公司公布劳动总成本数据,但北美公司一般不公布该数据。本章将每个北美企业的劳动力价格设置为其相应的 NAICS 部门的平均值,该信息可以从劳动统计局的劳动生产率和成本(LPC)数据库中获得。(2)资本价格是折旧率和利率的总和。首先,Thomson ONE、Bloomberg 和 Fact Set 提供折旧和资本数据,可以计算得出折旧率。其次,利率可以通过资本资产定价模型(CAPM)估计各企业的 beta 值[1],而无风险利率和预期市场回报率均可在 Thomson ONE、Bloomberg 和 Fact Set 中找到。

表 6-1 给出油服企业投入和产出的均值情况。年收益方面,114 家企业的均值从 1997 年的 9.7 亿美元增加到 2014 年的 27.8 亿美元。员工数量方面,1997—2009 年比较稳定,平均员工人数保持在 5600～5900 人,但在 2007—2009 年金融危机后迎来爆发式的增长,在 2014 年达到 7500 人。1997—2014 年,平均工资几乎翻了一番,从 5 万美金提高到 9.6 万美金。在资本方面,2014 年平均资本量为 25.1 亿美金,是 1997 年的 4 倍,但资本价格非常稳定。综上,收入和成本在 1997—2014 年均有大幅度提高,这很可能是页岩革命的结果。基于该数据集,本章可以为油田行业建立"2 个

---

① 在金融领域,公司的 β 系数用以衡量由于受到一般市场波动影响而非特殊因素干扰所产生的风险。

投入—5 个产品/部门—16 年"的模型[①]。

表 6-1　油服行业 114 家企业投入产出描述性统计

| 变量 | 1997 年 | 2001 年 | 2005 年 | 2009 年 | 2014 年 |
|---|---|---|---|---|---|
| 平均收益/(10 亿美元) | 0.97 | 1.02 | 1.33 | 1.7 | 2.78 |
| 平均员工数量/(千人) | 5.78 | 5.63 | 5.64 | 5.86 | 7.5 |
| 劳动力平均价格/(千美元) | 50.7 | 54.7 | 69.6 | 81.7 | 95.9 |
| 平均资本拥有量/(10 亿美元) | 0.61 | 0.68 | 1.17 | 1.39 | 2.51 |
| 资本平均价格/% | 18.9 | 21.3 | 20.2 | 20.7 | 21.2 |

# 四、结果与讨论

本章将变系数随机前沿模型应用于全球油服行业 114 家上市公司。在第一步中,估计生产前沿和企业的技术效率,然后在第二步中预测页岩革命两项核心技术对企业总体技术效率的影响。

## (一)生产前沿

式(7)中的"可变前沿"模型不能得出固定的系数,无法与式(4)中的"固定前沿"模型中的系数直接比较,也无法直接利用表格汇报回归结果。图 6-2 给出了样本中 114 家具有不同业务组合的油服公司的两种投入弹性的变化区间(最小值、平均值和最大值)。由图可见,具有不同业务组合的油服公司,其资本弹性变化较大,但劳动弹性变化较小。可变的资本弹性支持了利用变系数模型的必要性。

图 6-3 计算"可变前沿"模型中变系数前沿面的平均值,并将其与"固

---

① 回归方程中,由于需要利用滞后两期的变量作为工具变量,还需要利用 $t$ 和 $t+1$ 取均值得到 $t+1$ 的数据。因此损失了前三期的数据(1996,1997 和 1998),回归方程实际利用 1999—2014 年的数据,即 16 年的数据。

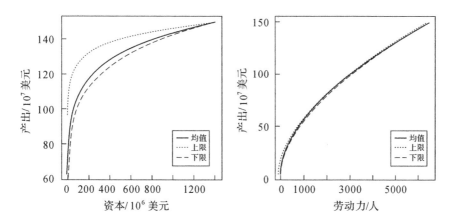

图 6-2　"可变前沿"方法估计的生产前沿面的变化区间

定前沿"模型中的固定前沿面进行比较。在"可变前沿"模型中,平均"劳动—产出"曲线比"固定前沿"模型中的固定"劳动—产出"曲线略凹。图6-3显示,"可变前沿"模型中平均"资本—产出"曲线与"固定前沿"模型中的固定"资本—产出"曲线的差异较小。

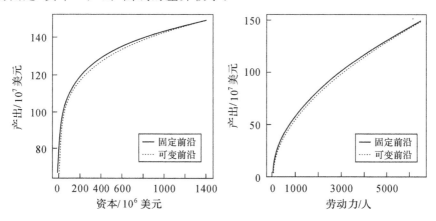

图 6-3　"固定前沿"模型和"可变前沿"模型中平均投入产出关系的比较

图 6-4 进一步利用三维图像和等高线图(contour)来描绘基于"固定前沿"模型和"可变前沿"模型的投入产出关系。总体而言,该图再次证明,"固定前沿"模型估计的投入产出关系比"可变前沿"模型估计的平均曲线

略凹,但是差异不是非常显著。

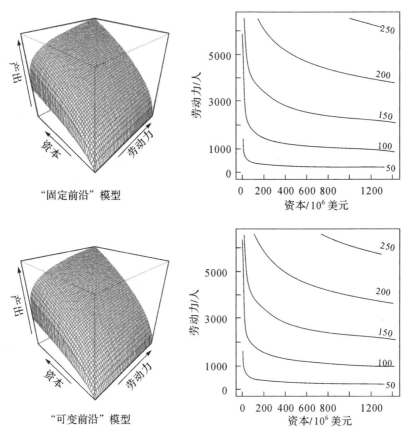

图 6-4 "固定前沿"与"可变前沿"估计下生产前沿面的三维图像和等高线

## (二)技术效率

表 6-2 总结了油服行业 114 家上市公司基于不同模型得出的技术效率的分布情况。本章基于"固定前沿"模型和"可变前沿"模型,分别在生产前沿面服从柯布道格拉斯(C-D)和超越对数(T-L)的假设下估计技术效率的分布情况。为避免异常值对结果的影响,本章剔除生产率最高的 2.5% 的样本和生产率最低的 2.5% 的样本。

表 6-2 114 家油服上市公司技术效率统计

| 项目 | 固定前沿法 | | 可变前沿法 | |
| --- | --- | --- | --- | --- |
| | C-D 模型 | T-L 模型 | C-D 模型 | T-L 模型 |
| 均值 | 0.27 | 0.32 | 0.43 | 0.42 |
| 最小值 | 0.06 | 0.07 | 0.16 | 0.16 |
| 25％分位值 | 0.14 | 0.18 | 0.29 | 0.27 |
| 50％分位值 | 0.21 | 0.26 | 0.40 | 0.37 |
| 75％分位值 | 0.34 | 0.40 | 0.52 | 0.49 |
| 最大值 | 1.00 | 1.00 | 1.00 | 1.00 |

在"固定前沿"模型中，油服行业的平均效率水平约为 0.3，在"可变前沿"模型中约为 0.4。在对生产前沿面不同的函数形式假设条件下，"可变前沿"模型估计的技术效率均略高于"固定前沿"模型估计的技术效率。

表 6-3 列出了 114 家油服上市公司技术效率的分布情况。该表将技术效率分为四个区间（小于 0.3，0.3～0.5，0.5～0.75 和大于 0.75）。对于这四个区间内的样本和总体样本，表 6-3 给出了企业数量和企业技术效率均值，并利用 Efron 的非参数 BCa 法（Briggs et al.，1999），经过 10000 次重复计算得出均值的 95％置信区间。与表 6-2 相似，表 6-3 仍支持"可变前沿"模型估计的技术效率均略高于"固定前沿"模型估计的技术效率这一结论。

表 6-3 114 家油服上市公司技术效率的分布区间

| 效率区间 | 固定前沿法 | | | | 可变前沿法 | | | |
| --- | --- | --- | --- | --- | --- | --- | --- | --- |
| | C-D 模型 | | T-L 模型 | | C-D 模型 | | T-L 模型 | |
| | 公司数量 | 均值 (95％CI) | 公司数量 | 均值 (95％CI) | 公司数量 | 均值 (95％CI) | 公司数量 | 均值 (95％CI) |
| ≤0.3 | 73 | 0.17 (0.15－0.18) | 65 | 0.19 (0.17－0.21) | 30 | 0.23 (0.22－24) | 31 | 0.22 (0.21－0.23) |
| 0.3－0.5 | 23 | 0.38 (0.36－0.41) | 24 | 0.38 (0.36－0.41) | 47 | 0.39 (0.38－0.41) | 52 | 0.39 (0.38－0.41) |
| 0.5－0.75 | 8 | 0.62 (0.58－0.67) | 14 | 0.61 (0.58－0.65) | 20 | 0.58 (0.56－0.61) | 14 | 0.60 (0.57－0.62) |
| >0.75 | 3 | 0.89 (0.76－0.97) | 4 | 0.93 (0.88－0.98) | 10 | 0.91 (0.86－0.95) | 10 | 0.88 (0.84－0.93) |
| Total | 107 | 0.27 (0.23－0.31) | 107 | 0.32 (0.28－0.36) | 107 | 0.43 (0.40－0.47) | 107 | 0.42 (0.38－0.46) |

### （三）页岩核心技术的影响

本章试图回答的最重要问题是，采用水力压裂和定向钻井这两项页岩革命的核心技术是否是一个好策略。换句话说，采用这两项技术所得到的额外收益，是否大于采用这些技术的额外开支，从而提升企业的效益。这个问题的答案，对 2014 年石油价格暴跌后，油服企业是否还应该进行页岩技术创新有重要的决策参考意义。

本研究基于 2013 年的技术效率和技术采用情况，估计水力压裂和定向钻井技术对企业效率的影响。利用 2013 年数据，是因为这一年样本量最大，有 113 家上市企业活跃在油服行业，能构成面板数据中最大的横截面数据。[①]在这 113 家企业中，有 9 家公司单独使用水力压裂技术，4 家公司单独使用定向钻井技术，7 家公司则同时使用水力压裂和定向钻井技术。表 6-4 汇报了基于不同随机前沿模型的回归结果。本章也利用其他年份做了相同的回归估计，估计结果非常稳健。

表 6-4　2013 年技术效率回归估计的结果

| 技术效率 $TE_i$ | 固定前沿法 | | 可变前沿法 | |
| --- | --- | --- | --- | --- |
| | C-D 模型 | T-L 模型 | C-D 模型 | T-L 模型 |
| $HF_i$ | −0.051<br>(0.076) | −0.040<br>(0.080) | −0.123**<br>(0.057) | −0.136**<br>(0.056) |
| $DD_i$ | −0.087<br>(0.057) | −0.092<br>(0.063) | −0.087**<br>(0.041) | −0.084**<br>(0.040) |
| $HF_i \cdot DD_i$ | 0.166<br>(0.110) | 0.123<br>(0.116) | 0.182**<br>(0.083) | 0.194**<br>(0.082) |

① 2014 年油价下跌，这对于公司做出进入和退出油服市场的决策产生了重大影响。2013 年，油服市场多家上市企业股价达到历史最高点，推动油服市场发展达到巅峰，高额的市场利润也导致了油气企业数量创历史新高。

续表

| 技术效率 TE$_i$ | 固定前沿法 | | 可变前沿法 | |
|---|---|---|---|---|
| | C-D 模型 | T-L 模型 | C-D 模型 | T-L 模型 |
| $R_i$ | 0.078$^{***}$ (0.011) | 0.092$^{***}$ (0.012) | 0.130$^{***}$ (0.009) | 0.126$^{***}$ (0.009) |
| $M_i$ | −0.007 (0.033) | −0.002 (0.035) | 0.0002 (0.025) | 0.006 (0.025) |
| 截距项 | −0.246$^{***}$ (0.072) | −0.291$^{***}$ (0.075) | −0.427$^{***}$ (0.059) | −0.421$^{***}$ (0.058) |
| $R^2$ | 0.42 | 0.46 | 0.73 | 0.72 |

注：$^{*}$表示 10% 置信度，$^{**}$表示 5% 置信度，$^{***}$表示 1% 置信度；括号中的数字表示标准误。

在四种不同模型中，有两点结果是一致的：(1)油服行业存在规模经济，规模较大的企业比规模较小的企业拥有更高的技术效率，体现在表 6-4 中 $R_i$(反映企业规模的总收益)的系数均显著为正；[①](2)油服企业不存在范围经济，由于 $M_i$ 的系数在统计上和经济意义上均不显著，因此在控制其他变量的前提下，单部门企业和多部门企业的技术效率无显著差异。

在"固定前沿"模型中(表 6-4 前两列)，水力压裂和定向钻井这两项页岩革命核心技术对企业技术效率的影响不显著。然而，在"可变前沿"模型中(表 6-4 后两列)，技术对效率的影响在统计上和经济意义上均显著。根据 C-D 模型(表 6-4 第 3 列)的结果，在控制其他变量的前提下，单独使用水力压裂或定向钻井一项技术，将显著降低企业的整体效率。其中，单独使用水力压裂将使技术效率平均降低 12.3 个百分点，而单独使用定向钻井将使技术效率平均降低 8.7 个百分点。因此，当一家企业资源有限时，研发上述两项技术中的一项后，若无法快速扩张相关业务，则企业将会蒙

---

① 该结果与 Schlumberger 公司 CEO Paal Kibsgaard 的观点相一致，他在 2014 年第四季度财报电话会议上提出，油服市场中企业规模对于提高公司绩效起着关键作用，在行业内较大的企业规模以及强大的整合能力都是关键的竞争优势。

受较大损失。当然，进入新的市场可以增加企业总收益，在一定程度上弥补投资新技术造成的效率损失。但实证结果表明：(1)对于水力压裂技术，只有当企业总收益增加95％时，才能完全弥补该项技术造成的损失；(2)对于定向钻井技术，只有当企业总收益增加2/3时，才能完全弥补该项技术造成的损失。由于油服行业的各个部门竞争激烈，业务较为饱和，很难在上述两个子部门迅速地、大幅地增加市场份额。因此，单独使用水力压裂或定向钻井一项技术，并期望迅速提高企业收益来弥补高额的科研投入和沉没成本，是较难实现的。

然而，这是否就意味着页岩技术的投资大于收益，企业不应该投资和研发这两项技术呢？实证结果表明，水力压裂和定向钻井的交互项系数显著为正，说明两项技术的协同使用能够创造乘数效应。对于拥有水力压裂技术的公司，使用定向钻井技术可以提高技术效率9.5个百分点。对于拥有定向钻井技术的公司，使用水力压裂技术可以将效率提高5.9个百分点。虽然对于没有水力压裂和定向钻井技术的企业，同时使用这两种技术会使企业总体技术效率下降2.8个百分点，但该效率损失已经远远低于仅使用一项技术时的效率损失（单独使用水力压裂为12.3个百分点，单独使用定向钻井为8.7个百分点），且达到盈亏平衡的收益增长目标仅为22％。这一增长率目标意味着这两项新技术只需要各为企业贡献总收益的11％，就能保持企业的整体技术效率不受损失，相对于单独使用水力压裂或定向钻井的增长率目标（95％和67％），这个目标更易达成。这一结果支持了协同使用水力压裂和定向钻井技术开发页岩油气资源能够发挥乘数效应的理论，并表明两项技术协同使用所产生的溢出效应能在很大程度上弥补大量投资带来的企业效益的下降。

在第一步稳健性检验中，本章使用了由超越对数(T-L)模型推导得出的效率作为因变量（表6-4第4列）重复进行第二步回归，结果与前文使用C-D模型（表6-4第3列）非常接近。在第二步稳健性检验中，表6-5列出了采用 C-D 形式可变前沿模型的估计结果,分别使用了 2010 年、2011 年、2012 年和 2013 年的数据,结果非常稳健。

表 6-5　不同年份技术效率回归估计的结果

| 技术效率 $TE_i$ | 2010 | 2011 | 2012 | 2013 |
|---|---|---|---|---|
| $HF_i$ | −0.139** (0.058) | −0.142** (0.056) | −0.138** (0.055) | −0.123** (0.057) |
| $DD_i$ | −0.075* (0.041) | −0.110*** (0.040) | −0.103*** (0.037) | −.087** (0.041) |
| $HF_i \cdot DD_i$ | 0.192** (0.080) | 0.211*** (0.077) | 0.195** (0.075) | 0.182** (0.083) |
| $R_i$ | 0.126*** (0.009) | 0.131*** (0.009) | 0.135*** (0.009) | 0.130*** (0.009) |
| $M_i$ | 0.003 (0.026) | −0.002 (0.025) | 0.005 (0.024) | 0.0002 (0.025) |
| 截距项 | −0.348*** (0.054) | −0.398*** (0.055) | −0.453*** (0.056) | −0.427*** (0.059) |
| $R^2$ | 0.74 | 0.75 | 0.75 | 0.73 |

注:* 表示 10% 置信度,** 表示 5% 置信度,*** 表示 1% 置信度;括号中的数字表示标准误。

## (四)"固定前沿"模型和"可变前沿"模型的进一步讨论

在"固定前沿"模型中,唯一的前沿面代表的是所有企业中最高的生产率。而在"可变前沿"模型中,每个前沿面分别代表一类企业中最高的生产率。因此,理论上由"固定前沿"模型得出的技术效率水平等于或低于由"可变前沿"导出的结果,因为每一家企业都是和全行业最高生产率的企业相比,而不是和同类最高生产率的企业相比。实证结果(表 6-2 和表 6-3)也证明了这一结论。例如,当采用 C-D 形式生产函数时,"固定前沿"估计的企业技术效率中位数为 0.21,而"可变前沿"估计的企业技术效率中位数为 0.4。

　　一方面来看，"固定前沿"假设是不现实的，不同部门有不同的生产过程，使用不同的技术，因而服从不同的生产前沿。"固定前沿"将不同类型企业直接比较，会导致技术效率水平估计的偏差，并在估计新技术对其影响时产生偏误，表 6-4 前两列中的系数估计值也反映了这一点。

　　另一方面来看，由于固定生产前沿估计的技术效率普遍偏低，用技术效率作为因变量的第二步回归的 R 平方值偏小，且更多的自变量系数不显著。从表 6-4 前两列中我们可以看到，新技术及其交互项的系数都表明单独使用任何一种技术都会降低企业总体技术效率，而同时使用两种技术会带来正的乘数效应，这一结果与"可变前沿"模型的结果一致。但由于因变量技术效率估计值偏小，基于"固定前沿"模型的上述三项系数在统计上均不显著。因此，我们无法像在"可变前沿"模型背景下给出肯定的结论。综上，"固定前沿"模型均会导致企业技术效率估计值的准确性以及第二步回归中系数的显著性方面存在问题。

## 五、主要结论与政策启示

　　本章使用两步法来估计水力压裂和定向钻井这两项页岩核心技术对企业技术效率的影响。在第一步中，本章利用变系数随机前沿模型测算企业技术效率。在第二步技术效率决定模型中，考察水力压裂和定向钻井技术对企业技术效率的影响，以及两项技术之间潜在的乘数效应。

　　实证结果表明：(1)引入部门结构变量 $\theta$ 来构建多部门企业的生产模型是有必要的；(2)油服行业不同部门的劳动弹性是稳定的，而资本弹性则具有较大差异；(3)只利用水力压裂或者定向钻井技术，会降低企业整体的技术效率；(4)水力压裂和定向钻井两项技术的协同使用能够产生积极的乘数效应，并能弥补使用单一技术造成的效率损失；(5)对于拥有水力压裂或定向钻井技术的油服企业，应该鼓励相互合作、联盟或兼并。

考虑到页岩油气资源开采难度比常规油气资源大，同时使用两项技术对企业技术效率的负向作用不足3%，可以说页岩技术已经成功实现了规模化和商业化。即使有压裂税的存在，油服公司仍有动力继续投资。页岩开发能增加石油和天然气可采储量，保证能源的稳定供给，降低能源价格。水力压裂公司和定向钻井公司之间增加合作、联盟、兼并和收购将能够分摊巨额投资风险，共享技术协同使用产生的乘数效应。具体来说，我们提出以下两点政策建议。

首先，本章发现通过引进新技术，效率提高是可能实现的。实证结果表明，水力压裂和定向钻井等非常规油气技术有喜有忧，喜的是能带来更高的产量，忧的是需要大量的投资。而利大于弊还是弊大于利的关键在于能否通过两项技术的协同使用发挥技术间乘数效应带来的溢出效应。因此，在遵循反垄断法案的前提下，政府应调整能源政策以鼓励拥有水力压裂和定向钻井技术的企业更多地合作、联盟、合并和收购。Mitchell Energy 公司和 Devon Energy 公司的合作就是一个成功的案例。

其次，两项技术中任何一项的单独使用都会导致企业技术效率的下降。因此政府应帮助减少"入场费"（例如研发支出）以鼓励更多的企业进入。由于全球油价低迷，对于美国等拥有大量非常规油服企业的国家而言，通过公共科研投入和相关政策，降低非常规油服企业的成本，才能保证与 OPEC 国家常规油气资源的竞争。此外，政府还可以提供一些信息分享平台，用以发布页岩资源的基本信息和知识，鼓励不同企业和组织之间的合作，从而降低非常规技术的准入门槛。

本章证明了页岩技术与常规油气技术相比，已具备初步的竞争力，从而为决策者和企业提供相关信息。后续研究可以关注页岩油气开发的环境效应，并分析这些创新带来的社会福利的变化。此外，可以研究这类新企业进入能源市场后，对现有能源市场和政策的影响。最后，尽管变系数模型是一种半参数方法，并且比经典的参数模型更灵活，但它仍需要对函数形式进行假设，例如 C-D 和 T-L 形式。如何进一步放松这个假设将是一个值得探索的问题。

# 参考文献

［1］Ackerberg D A，Caves K，Frazer G. Identification properties of recent production function estimators［J］. Econometrica，2015，83（6）：2411-2451.

［2］Adams R M，Berger A N，Sickles R C. Semiparametric approaches to stochastic panel frontiers with applications in the banking industry［J］. Journal of Business & Economic Statistics，1999，17（3）：349-358.

［3］Ahmad I，Leelahanon S，Li Q. Efficient estimation of a semiparametric partially linear varying coefficient model［J］. Annals of Statistics，2005，33（1）：258-283.

［4］Aigner D，Lovell C A，Schmidt P. Formulation and estimation of stochastic frontier production function models ［J］. Journal of Econometrics，1977，6（1）：21-37.

［5］Amsler C，Prokhorov A，Schmidt P. Endogeneity in stochastic frontier models［J］. Journal of Econometrics，2016，190（2）：280-288.

［6］Battese G E，Coelli T J. Frontier production functions，technical efficiency and panel data：with application to paddy farmers in India［M］. New York：Springer，1992.

［7］Berlemann M，Wesselhöft JE. Estimating aggregate capital stocks using the perpetual inventory method-a survey of previous implementations and new empirical evidence for 103 countries［J］. Review of Economics，2014，65(1)：1-34

[8] Blundell R，Bond S．Gmm estimation with persistent panel data：An application to production functions[J]．Econometric Reviews，2000，19(3)：321-340.

[9] Blundell R W，Powell J L．Endogeneity in semiparametric binary response models[J]．The Review of Economic Studies，2004，71(3)：655-679.

[10] Briggs A H，Mooney C Z，Wonderling D E．Constructing confidence intervals for cost—effectiveness ratios：An evaluation of parametric and non—parametric techniques using monte carlo simulation [J]．Statistics in medicine，1999，18 (23)：3245-3262.

[11] Coelli T，Henningsen A，Henningsen M A．Package 'frontier' technical report[R]．CRAN，2017.

[12] Cornwell C，Schmidt P，Sickles R C．Production frontiers with cross-sectional and time-series variation in efficiency levels[J]．Journal of Econometrics，1990，46(1)：185-200.

[13] de la Fuente A，Doménech R．Human capital in growth regressions：How much difference does data quality make? [J]．Journal of the European Economic Association，2006，4(1)：1-36.

[14] Eller S L，Hartley P R，Medlock K B．Empirical evidence on the operational efficiency of national oil companies [J]．Empirical Economics，2011，40(3)：623-643.

[15] Fan J，Huang T．Profile likelihood inferences on semiparametric varying-coefficient partially linear models[J]．Bernoulli，2005，11(6)：1031-1057.

[16] Fan J，Li R．New estimation and model selection procedures for

semiparametric modeling in longitudinal data analysis[J]. Journal of the American Statistical Association, 2004, 99(467):710-723.

[17] Fan J, Zhang W. Statistical methods with varying coefficient models[J]. Statistics and its Interface, 2008, 1(1):179.

[18] Fan Y, Li Q, Weersink A. Semiparametric estimation of stochastic production frontier models[J]. Journal of Business & Economic Statistics, 1996, 14(4):460-468.

[19] Foster L, Haltiwanger J, Syverson C. Reallocation, firm turnover, and efficiency: Selection on productivity or profitability? [J]. The American Economic Review, 2008, 98(1):394-425.

[20] Greene W H. A gamma-distributed stochastic frontier model [J]. Journal of Econometrics, 1990, 46(1):141-163.

[21] Guan Z, Kumbhakar S C, Myers R J, et al. Measuring excess capital capacity in agricultural production [J]. American Journal of Agricultural Economics,2009, 91(3):765-776.

[22] Hartley P R, Medlock III K B. Changes in the operational efficiency of national oil companies[J]. The Energy Journal, 2013, 34 (2):27-57.

[23] Hastie T, Tibshirani R. Varying-coefficient models[J]. Journal of the Royal Statistical Society, Series B (Methodological), 1993, 55(4): 757-796.

[24] Hastie T J, Tibshirani R J. Generalized additive models[M]. Boca Raton: CRC Press, 1990.

[25] Hayfield T, Racine J S. Nonparametric econometrics: The np package[J]. Journal of Statistical Software, 2008, 27(5):1-32.

[26] Henningsen A, Kumbhakar S. Semiparametric stochastic

frontier analysis: An application to polish farms during transition[R]. In European Workshop on Efficiency and Productivity Analysis(EWEPA) in Pisa, Italy, June 2009 Jun (Vol. 24).

[27] Hu X. Estimation in a semi-varying coefficient model for panel data with fixed effects[J]. Journal of Systems Science and Complexity, 2014, 27(3):594-604.

[28] Kamps C. New estimates of government net capital stocks for 22 oecd countries, 1960-2001[J]. IMF Staff Papers, 2006, 53 (1): 120-150.

[29] Kim Y J. A partial spline approach for semiparametric estimation of varying-coefficient partially linear models [ J ]. Computational Statistics & Data Analysis, 2013(62):181-187.

[30] Kneip A. Nonparametric estimation of common regressors for similar curve data[J]. The Annals of Statistics, 1994(9):1386-1427.

[31] Kneip A, Sickles R, Song W. On estimating a mixed effects model with applications to the U. S. banking industry[M]. New York: Mimeo, Rice University, 2003.

[32] Kneip A, Sickles R C, Song W. A new panel data treatment for heterogeneity in time trends[J]. Econometric Theory, 2012, 28 (3): 590-628.

[33] Kumbhakar S C. Production frontiers, panel data, and time-varying technical inefficiency[J]. Journal of Econometrics, 1990, 46(1): 201-211.

[34] Kumbhakar S C, Sun K. Estimation of a flexible stochastic cost frontier model with environmental factors subject to economic constraints [R]. European Economic Association and Econometric Society 2013

Parallel Meetings，Gothenburg，Sweden，2013．

［35］ Lee Y H，Schmidt P. The measurement of productive efficiency: techniques and applications[M]//A production frontier model with flexible temporal variation in technical efficiency. Oxford: Oxford University Press，1993:237-255．

［36］Levinsohn J，Petrin A. Estimating production functions using inputs to control for unobservables[J]. The Review of Economic Studies，2003,70(2):317-341．

［37］Liu J. Essays on Productivity and Panel Data Econometrics[D]. Rice University，2014．

［38］Lu Q，Yang C，Li J. Rural-urban migration，rural household income and sustainable development in rural areas of China[J]. Chinese Journal of Population，Resources and Environment，2008,06(2):70-73．

［39］Managi S，Opaluch J J，Jin D，et al. Stochastic frontier analysis of total factor productivity in the offshore oil and gas industry[J]. Ecological Economics，2006,60(1):204-215．

［40］Managi S，Opaluch J J，Jin D，et al. Technological change and depletion in offshore oil and gas[J]. Journal of Environmental Economics and Management，2004,47(2):388-409．

［41］Marschak J，Andrews W H. Random simultaneous equations and the theory of production [J]. Econometrica，Journal of the Econometric Society，1944(1):143-205．

［42］Meeusen W，Van den Broeck J. Efficiency estimation from cobb-douglas production functions with composed error[J]. International Economic Review，1977,18(2):435-444．

［43］Olley G S，Pakes A. The dynamics of productivity in the

telecommunications equipment industry[J]. Econometrica，1996，64(6)：1263-1297.

[44] Schmidt P，Sickles R C. Production frontiers and panel data [J]. Journal of Business and Economic Statistics，1984，2 (4)：367-374.

[45] Sickles R C. Panel estimators and the identification of firm-specific efficiency levels in parametric，semiparametric and nonparametric settings[J]. Journal of Econometrics，2005，126(2)：305-334.

[46] Stasinopoulos D M，Rigby R A. Generalized additive models for location scale and shape (gamlss) in R [J]. Journal of Statistical Software，2007，23(7)：1-46.

[47] Stevenson R E. Likelihood functions for generalized stochastic frontier estimation[J]. Journal of Econometrics，1980，13(1)：57-66.

[48] Su L，Ullah A. Profile likelihood estimation of partially linear panel data models with fixed effects[J]. Economics Letters，2006，92(1)：75-81.

[49] Sun K，Kumbhakar S C. Semiparametric smooth-coefficient stochastic frontier model[J]. Economics Letters，2013，120(2)：305-309.

[50] Sun Y，Carroll R J，Li D. Semiparametric estimation of fixed effects panel data varying coefficient models [ J ]. Advances in Econometrics，2009(25)：101-129.

[51] Terza J V，Basu A，Rathouz P J. Two-stage residual inclusion estimation：Addressing endogeneity in health econometric modeling[J]. Journal of health economics，2008，27(3)：531-543.

[52] Thompson R G，Dharmapala P，Rothenberg L J，et al. Dea/ar efficiency and profitability of 14 major oil companies in U. S. exploration and production[J]. Computers and Operations Research，1996，23(4)：

357-373.

[53] Wolf C. Does ownership matter? the performance and efficiency of state oil vs. private oil (1987-2006)[J]. Energy Policy, 2009,37(7): 2642-2652.

[54] Wooldridge J M. Econometric analysis of cross section and panel data[M]. Mass. : MIT Press, 2010.

[55] Zhang R, Sun K, Delgado M S, et al. Productivity in China's high technology industry: Regional heterogeneity and R&D [J]. Technological Forecasting and Social Change, 2012,79(1):127-141.

# 第七章　经济驱动还是环境驱动

## ——国有和私有油气企业的天然气生产差异研究[①]

## 一、引　言

由于煤炭资源产生的严重污染以及可再生能源无法在短期内大量稳定供给,充足的天然气供应可以保证电力的稳定供应,并在平衡环境与经济的同时保持可持续发展。从消费者角度来看,煤炭与可再生能源是天然气的主要竞争能源。许多研究(Robinson et al.,2013;Simsek and Simsek,2013;Wei et al.,2010)分析了这三种能源在经济和环境方面的特征。然而从生产者角度来看,天然气的主要竞争者是原油,因为油气企业主要生产石油和天然气两种产品,这些企业关于油气比例的生产与投资决策在某种程度上决定了天然气的供给量。由于天然气与原油、煤炭相比产生更少的碳排放,所以提高天然气在油气产业中生产和投资的份额有利于环保,具体体现在以下两个方面:其一,天然气可以直接替代煤炭,更为清洁地发电;其二,在交通运输业中,使用天然气相比原油能够减少 40% 的

---

　　① 原文信息:Gong B. Different Behaviors in Natural Gas Production between National and Private Oil Companies:Economics-Driven or Environment-Driven? *Energy Policy*,2018,114 (3):145-152。

二氧化碳（$CO_2$）排放（Hekkert et al.,2005）。

本章运用了全球最大的 54 家油气企业的数据，发现其产品投资组合中天然气份额从 2009 年的 42.69% 下降到 2015 年的 40.96%，这可能是天然气生产相比原油生产效率更低的缘故。为证明天然气份额的下降是由经济驱动的，需要分析天然气占比对企业技术效率的影响。然而，目前研究油气企业效率的文献，更多地将重点放在比较国有油气企业与私有油气企业间的差异（即所有权对效率的影响上），而关于油气生产比例对效率影响的研究则较为鲜见。Hartley and Medlock（2008）认为私有油气企业与国有油气企业的主要区别在于，私有企业关注商业目标，而国有企业还肩负着很多非商业的目标和使命。若如前文假设，天然气的生产效率低于石油，因此天然气占比在经济因素驱动下降低，则私有油气企业中天然气占比应更加快速地下跌，因为私有企业更注重企业的经济效益。本章发现，私有油气企业的天然气占比从 2009 年的 45.86% 下降到 2015 年的 42.18%，降幅大于行业平均，这进一步证明了本章的假设。同一时期内，国有油气企业的天然气占比却从 35.18% 上升到 38.06%，这可能是来自环保压力驱动的结果，也可能是国有油气企业天然气生产比石油生产高效所致，需要进一步进行分析。

本章旨在研究和对比大型油气企业中石油和天然气生产的技术效率，从而解释国有与私有油气企业在天然气占比变化方面的差别。首先，本章使用刀切模型平均法和两种随机前沿模型（SFA）估计油气行业的投入产出关系并得到企业的技术效率，并通过调整投入要素种类和使用数据包络分析（DEA）等方法检验技术效率估计值的稳健性。然后，本章利用技术效率决定方程分析企业天然气占比对企业技术效率的影响以及国有与私有企业的异质性。本章还检验和处理了随机前沿分析模型和技术效率决定模型中潜在的内生性问题。

本章可能的贡献主要有三点：其一，采用的随机前沿模型允许技术效率非单调且时变,比文献中使用的随机前沿模型更好地刻画经济周期造成的企业效率波动;其二,使用模型平均法,结合参数方法与半参数方法估计效率的优点,更加稳健地估计企业技术效率;其三,本章是首个关注金融危机后油气企业生产决策和技术效率的研究。另外,本章的实证结果表明,天然气占比对国有和私有油气企业的技术效率均有显著负向影响。这说明私有油气企业降低天然气占比是经济因素驱动的,而国有油气企业提高天然气占比是环境因素驱动的。本章认为,政府应使用清洁能源推广政策替代能源价格补贴政策,从而更好地促进节能减排。

本章其余部分的安排如下:第二部分回顾相关文献;第三部分介绍模型;第四部分介绍所使用的数据;实证结果与政策建议在第五部分给出;第六部分给出结论。

## 二、文献综述

尽管油气行业是世界能源市场的重要组成部分,但关注油气公司的生产率与技术效率的实证研究并不多(Eller et al. , 2011;Hartley and Medlock,2013;Wolf,2009)。Al-Obaidan and Scully(1992)根据44家油气公司的横截面数据,采用确定前沿分析与随机前沿分析的方法估计了这些油气公司的技术效率。在投入产出的指标选取方面,他们分别使用企业总资产与雇员人数作为投入要素,使用收益或物质产品产量作为产出以估计公司层面的效率,结果发现国有油气企业的效率低于私有油气企业。Thompson et al.(1996)使用非参数的DEA方法,实证考察了美国1980—1991年油田市场中14家企业的效率。Gong(2017)利用空间生产函数方法,在考虑企业相互影响的前提下,测算了全球石油服务行业的溢出效应和主要企业的全要素生产率。Gong(2018)则利用变系数随机前沿模型估计了页岩核心技术(水力压裂与定向钻井)对全球油服企业技术效率的影响。值得注意的是,上述最后三篇文献研究的是油服企业而非油气企业。

与上述文献里用企业层面数据不同,Managi et al. (2004)利用墨西哥湾海上(离岸)油井数据和油田数据,通过 DEA 方法分析了当地石油行业的情况。利用同样的数据,Managi et al. (2006)采用基于 Battese-Coelli (BC)估计量的 SFA 模型测算了油气生产的时变效率。以上两项研究均采用油井数据和油田数据而非企业数据,均利用油气产量而非企业收益作为产出变量。

在油气企业产出变量选取方面,Hartley and Medlock(2008)选择了企业收益而非产量,并给出了三个理由:首先,由于国有企业受到的政治压力,利用物质产出(例如,油气产量)可能会忽视补贴对产出的影响(例如,部分产油国低廉的国内能源价格);其次,当企业生产多种产品(例如,石油与天然气)时,利用市场价格作为权重,对不同产品进行加权,从而测算企业的总产出,是一种较为普遍的做法;最后,在企业层面,收益数据通常比各种产品的产量数据更容易收集。Wolf(2009)也通过实证研究,证明了油气企业的物质产量与收益之间存在强相关性。因此,大部分近期研究(Eller et al. ,2011;Hartley and Medlock,2013)更倾向于使用收益作为产出变量估计油气公司的技术效率。

在石油企业投入要素变量选取方面,Al-Obaidan and Scully(1992)仅使用了企业总资产与雇工人数作为投入要素。Wolf(2009)增加了企业的石油与天然气探明储量作为第三种投入要素。虽然总资产仍然被视作一种投入要素,但是 Wolf(2009)强调总资产反映的是会计意义而非经济意义的资本存量,可能会因通货膨胀而严重扭曲。因此,Eller et al. (2011)未将总资产作为一种投入要素,并进一步将石油探明储量和天然气探明储量作为两种不同的投入要素。最终,Hartley and Medlock(2013)在 Eller et al.(2011)的基础上将油气炼化设备产能作为一种额外的投入要素。本章遵循 Hartley and Medlock(2013)的思路,将雇工数量、石油探明储量、天然气探明储量以及油气炼化设备产能作为四种投入要素。该投入要素组合避免了 Wolf(2009)提到的总资本扭曲,并同时将油气探明数量和油气炼化设备产能这两种油气行业上游和下游最关键的资产作为投入要素。

除设定投入与产出要素变量之外,还需考虑的是运用何种计量方法刻画投入产出关系,并测算企业技术效率。随机前沿分析(SFA)与数据包络分析(DEA)是两种运用最为广泛的估计企业效率的方法。SFA 是一种参数估计方法,它利用随机扰动项来控制生产过程中的误差,但需要对函数形式进行较为严格的假定。DEA 是一种非参数线性规划方法,放松了函数形式的假定,但无法控制生产过程中的误差。这两种方法是油气企业效率分析中最主要的方法。如前文所述,Managi et al.(2004)和 Managi et al.(2006)分别运用 DEA 与 SFA 方法研究了墨西哥湾海上油气开发的效率。此外,Eller et al.(2011)和 Hartley and Medlock(2013)均同时使用 SFA 和 DEA 来估计油气企业的技术效率。本章利用多种 SFA 模型,同时估计石油企业的技术效率,并且使用 DEA 模型进行稳健性检验。

然而,当前文献的主要焦点在于所有权对效率的影响。Hartley and Medlock(2008)发现国有油气企业在兼顾商业利益的同时,还承担着其他非商业的任务和使命,例如提高国内消费者福利与保障国民就业等。政治压力迫使部分国有油气企业通过在国内市场提供远低于国际市场价格的能源,对本国消费者进行补贴,并降低本国下游企业成本压力,同时还通过过度雇佣保障国内就业,降低失业率。然而,这些非商业目标的达成都是以损失企业经济效益为前提的,因为这些行为都推高了投入产出比,降低了企业的生产效率。许多学者(Al-Obaidan and Scully,1992;Wolf,2009;Eller et al.,2011;Hartley and Medlock,2013)分析了国有油气企业与私有油气企业间的差异,通过实证研究均发现前者的效率显著低于后者。Al-Obaidan and Scully(1992)发现国有油气企业的平均效率只有私有跨国石油企业效率的 63%~65%。Wolf(2009)同样发现国有石油企业的效率比私有石油企业低了 20% ～ 30%。Eller et al.（2011）与 Hartley and Medlock（2013）在利用 SFA 和 DEA 方法测算企业技术效率后引入效率决定模型，在控制其他条件不变的情况下，测度所有权对效率的影响，并得出了一致的结论：国有石油企业效率显著低于私有跨国石油企业效率。本章同样利用效率决定模型分析技术效率的影响因素，但与现有文献不同的是，本章更侧重分析天然气占比而非所有权对企业技术效率的影响。

# 三、研究方法

## （一）效率的测度

本章利用随机前沿分析模型估计企业技术效率，这一方法由 Aigner et al.（1977）与 Meeusen and Vanden Broeck（1977）率先提出。给定截面数据，随机前沿生产模型由确定前沿生产函数和对称的随机扰动项组成，其函数形式为

$$Y_i = f(X_i)TE_i \exp(v_i)。 \tag{1}$$

其中，$Y_i$ 为企业 $i$ 的产出；$X_i$ 为企业 $i$ 的投入要素和其他自变量的向量；$f(x_i)$ 为确定前沿生产函数，表示投入要素给定时所能达到的最大产出量；$TE_i$ 是企业的技术效率，范围为 0% ～ 100%；$v_i$ 是随机扰动项，用以控制生产中的误差，通常认为服从正态分布。假定生产函数 $f(\cdot)$ 服从柯布道格拉斯形式，将式（1）两边同时取对数，即得

$$y_i = x'_i\beta - u_i + v_i。 \tag{2}$$

其中，$y_i$ 为企业 $i$ 产出的对数形式；$x_i$ 向量代表投入要素与其他自变量的对数形式；$u_i = -\log(TE_i)$ 是非负的变量，代表效率缺失值。由于技术效率 $TE_i = \exp(-u_i)$ 且 $u_i$ 非负，技术效率满足 $0 < TE_i \leq 1$。

相比于早期基于横截面数据的文献，Schmidt and Sickles（1984）构建

了基于面板数据的随机前沿模型,如下

$$y_{it} = \alpha + x'_{it}\beta - u_i + v_{it} = \alpha_i + x'_{it}\beta + v_{it} \text{。} \tag{3}$$

式(3)基于面板数据的标准模型形式,其中假设企业的技术效率恒定,不随时间变化。在不同情况下,可以使用固定效应或随机效应估计生产率 $\alpha_i$。

然而,实际生产中,企业的技术效率可能随时间变化。因此有些学者构建了新的随机前沿模型,允许技术效率随时间变化:

$$y_{it} = \alpha + x'_{it}\beta - u_{it} + v_{it} = \alpha_{it} + x'_{it}\beta + v_{it} \text{。} \tag{4}$$

基于式(4),Battese and Coelli(1992)构建了被称为"误差成分前沿"的模型,旨在估计时变技术效率:

$$u_{it} = \exp(-\eta(t-T))u_i \text{。} \tag{5}$$

其中,$u_i \sim N^+(\mu, \sigma_\mu^2)$ 是一个截尾正态分布。然而,贝泰斯(Battese)和科埃利(Coelli)(BC)法估计的时变技术效率存在单调性的限制。若 $\eta$ 为正,则所有企业的技术效率在 $T$ 期内均保持上升的趋势;若 $\eta$ 为负,则所有企业的技术效率在 $T$ 期内均保持下降的趋势;若 $\eta$ 为零,则所有企业的技术效率在 $T$ 期内均保持不变。另外,式(5)中趋势变化率 $\exp(-\eta)$ 不随企业与时间变化,即该模型假定所有企业的技术效率都以相同速度持续变化。因此,该模型适用于短时间序列数据或者平稳宏观经济环境中的微观主体,例如 Eller et al.(2011)研究的短时间序列数据(2002—2004 年),Hartley and Medlock(2013)研究 21 世纪初至金融危机之间相对平稳的时期。

本章研究 2009—2015 年全球主要油气企业的技术效率变化情况。在此期间,油气产业经历了从金融危机(2007—2009 年)油价暴跌之后逐渐恢复,又于 2014 年遭遇了另一轮价格暴跌,市场波动较强。BC 法受到单调性限制,无法准确刻画这段时间内油气市场明显的周期性波动。因此,本章引入另外两种随机前沿模型,更好地反映油气企业技术效率的非单调波动。

Cornwell et al.(1990)在式(4)的基础上提出了二次时变截距的估计方法：

$$\alpha_{it} = \theta_{i1} + \theta_{i2}t + \theta_{i3}t^2 \text{。} \tag{6}$$

其中，利用时间的二次函数来刻画随时间非线性变化的技术效率。此外，每个企业均有特定的系数 $\theta_{i1} - \theta_{i3}$，因此该模型允许不同企业拥有不同的效率变化趋势。假定在个体效应与外生自变量相关的情况下，Cornwell-Schmidt-Sickles(CSS)模型能够通过组内估计量(CSSW)测算技术效率；否则，广义最小二乘估计量(CSSG)测算的技术效率更为准确。Hausman-Wu 检验方法可以用于在 CSSW 与 CSSG 间做出选择。

Kneip et al.(2012)假定企业的技术效率受到一系列时变变量的影响，因此采用基函数的线性组合来构建模型。更为具体地，这种 Kneip-Sickles-Song(KSS)模型假定式(4)中的技术效率遵循下式：

$$u_{it} = \sum_{r=1}^{L} \theta_{ir} g_r(t) \text{。} \tag{7}$$

其中，$g_1(t), \cdots, g_L(t)$ 为基函数，$\theta_{i1}, \cdots, \theta_{iL}$ 为对应的系数。KSS 模型通过半参数方法估计技术效率，比基于参数的 BC 与 CSS 模型更为灵活。事实上，KSS 模型是一种同时嵌套了 BC 与 CSS 模型的一般化设定。一方面，当 $g_1(t) = \exp[-\eta(t-T)] / \sqrt{\dfrac{1}{T}\sum_{s=1}^{T}\exp[-\eta(t-T)]^2}$ 以及 $L=1$ 时，BC 模型是 KSS 模型的一种特殊形式。另一方面，当多项式函数为基函数并且 $L=3$ 时，CSS 模型是 KSS 模型的一种特殊形式。

在 CSS 模型和 KSS 模型中，如何解决内生性问题也至关重要。这是因为企业生产率冲击等因素会影响企业自身的投资和生产决策，但这些因素往往无法被研究者观测到（Ackerberg et al.，2015）。Olley and Pakes(1996)与 Levinsohn and Petrin(2003)分别利用观测到的投资额和中间投入要素作为工具变量处理投入要素的内生性问题。然而，上述两种方法均受到共线性问题的干扰,可能导致不合理的实证结果(Ackerberg et al.,2015)。本章选择应用广泛的工具变量法(IV),采用 Amsler et al. (2015)介绍的控制函数法,利用 Levinsohn and Petrin(2003)以及 Gong(2018)提出的滞后期投入要素作为工具变量,检验各投入要素的内生性。若存在内生的投入要素,本章利用修正的二阶段最小二乘法(C2SLS)进行处理(Amsler et al.,2015)。

## (二)模型平均法

CSS 参数模型与 KSS 半参数模型孰优孰劣取决于数据情况。若真实的数据生成过程(DGP)更接近于参数模型(例如,$\alpha_{it} = \theta_{i1} + \theta_{i2} t + \theta_{i3} t^2$),则 CSS 估计量优于 KSS 估计量;若真实的 DGP 与时间的二次项方程相距甚远,则 KSS 估计量优于 CSS 估计量。

由于真实的数据生成过程是未知的,一种可能的方法为利用模型选择方法在 CSS 模型与 KSS 模型之间进行选择。然而,不同模型选择方法基于不同信息准则[①],因此可能会导致不同的选择结果。即使在同一准则之下,当不同模型的拟合程度非常相近时,真实数据的轻微变化可能会导致完全不同的选择结果。此外,所有的备选模型(而不仅仅是其中之一)都可能在一定程度上反映真实的数据生成过程(Shang,2015)。与模型选择法不同,模型平均法能够根据每个备选模型解释数据的能力赋予相应的权重,利用多种模型的加权平均描绘数据生成过程,而非仅仅依靠单一模型进行估计。值得注意的是,模型选择法是模型平均法的一种特例,当某一模型权重被设定为 1,剩余所有模型权重设定为 0 时,模型平均法亦即模型选择法。因此,模型平均法放松了依靠单一模型的假设,能够综合考虑不同模型给出结果。

---

① 较为常用的准则包括但不限于,AIC 信息准则(Akaike Information Criterion)、BIC 信息准则(Bayesian Information Criterion)以及 FIC 信息准则(Focused Information Criterion)。

现有文献中有多种方法决定模型平均法中各模型的权重分配,其中基于信息准则的方法被应用于模型平均法中(Buckland et al.,1997),其优点是运算较为简便,但无法检验加权模型的拟合优度。Hansen and Racine(2012)提出了刀切模型平均法,该方法可以实现拟合结果的渐进最优,并在样本量无穷大时实现均方误差期望值最小。事实上,刀切模型平均法基于"弃一法"(leave-one-out)交叉验证准则来设定各模型的权重。

本章首先通过"弃一法"分别对 CSS 和 KSS 进行交叉验证,分别预测产出 $\hat{y}^{CSS} = (\hat{y}_1^{CSS}, \cdots, \hat{y}_n^{CSS})$ 和 $\hat{y}^{KSS} = (\hat{y}_1^{KSS}, \cdots, \hat{y}_n^{KSS})$ 的刀切拟合值。此处的 $\hat{y}_i^{CSS}$ 和 $\hat{y}_i^{KSS}$ 是利用剔除企业 $i$ 的数据,分别通过 CSS 与 KSS 方法得出的企业 $i$ 的产出拟合值。假定 CSS 模型的权重为 $w$,相应地,KSS 模型权重即为 $1-w$。刀切权重 $w^*$ 可以通过最小化交叉验证准则得到:

$$w^* = \underset{0 \leqslant w \leqslant 1}{\operatorname{argmin}} CV_n(w) = \frac{1}{n} \hat{e}(w) \hat{e}(w)。 \tag{8}$$

其中,$\hat{e}(w) = y - w\hat{y}^{CSS} - (1-w)\hat{y}^{KSS}$。

在此基础上,本章采用的加权随机前沿模型为:

$$y = w^* y^{CSS} + (1-w^*) y^{KSS}。 \tag{9}$$

其中,$y^{CSS}$ 是根据式(4)和式(6)得到的 CSS 估计量,$y^{KSS}$ 是根据式(4)和式(7)得到的 KSS 估计量。基于此,总体生产前沿模型的截距、系数、常数项与效率项均为 CSS 与 KSS 相应估计量的加权平均值。

### (三)稳健性检验

本章检验了基于多种随机前沿模型和模型平均法的油气企业技术效率估计量的稳健性。式(4)中的 $x'_{it}$ 包括油气企业的投入要素及其他自变量。根据文献,本章基于雇员人数、石油探明储量、天然气探明储量和油气炼化设备产能等四种投入要素,以及企业层面的石油价格与天然气价格,构建了一个四要素投入模型。在第一个稳健性检验中,本章遵循 Wolf

(2009)的思路,将油气总储量(百万桶当量)作为一项投入要素用以衡量企业拥有的所有资源。以总储量替代主模型中的石油探明储量与天然气探明储量,构建一个三要素投入模型,重新估计 CSS 估计量和 KSS 估计量,并运用刀切模型平均法检验效率估计值和模型平均法权重的稳健性。

本章主模型建立在随机前沿模型的基础上,虽然 KSS 方法的个体效应在模型中为半参数形式,但生产前沿始终被假定为服从柯布道格拉斯形式。上文在分析参数 CSS 模型与半参数 KSS 模型中提到的各自优劣同样适用于对生产前沿函数形式的假定。若油气企业真实的投入产出关系与柯布道格拉斯形式相去甚远,则通过本章主模型估计的技术效率不准确。此时,利用非参数方法估计生产前沿就成了更优的方法。DEA 是一种非参数方法,也是除 SFA 之外,测算企业效率最常用的分析工具。

DEA 是一种简单且有效的线性规划方法,对生产前沿面施加最少假设,继续保持分段线性和凸性的假设,通过解出如下线性规划问题来估计效率:

$$D_{it}(y_{it}, x_{it}) = \min_{\theta, \lambda} \theta, \qquad (10)$$
$$\text{s. t. } -y_{it} + Y\lambda \geqslant 0, \quad \theta x_{it} + X\lambda \geqslant 0, \lambda \geqslant 0。$$

其中,$\lambda$ 是关于常数的向量。事实上,这种线性规划将每个企业的投入向量径向地收缩到投影点 $(X\lambda, Y\lambda)$ 上,投影点落在生产前沿面的分段线性等高线上。企业 $i$ 在第 $t$ 期的效率 $\theta$ 满足 $0 < \theta \leqslant 1$。该技术效率与 SFA 模型得到的技术效率结果可比。因此,本章利用 DEA 模型检验基于 CSS 与 KSS 加权平均技术效率的稳健性。

### (四)效率分解

本章主要关注油气企业生产决策中天然气占比对企业技术效率的影响。由于因变量企业技术效率是一个百分数,范围从 0 到 100%,因此利用 Tobit 模型对技术效率决定方程进行回归。

$$Eff_{it} = \alpha + \beta gas_{it} + \rho noc_{it} + \eta gas_{it} noc_{it} + \gamma seg_{it} + \delta reg_{it} + \tau year_t + \varepsilon_{it}。$$

(11)

其中,$Eff_{it}$ 是企业 $i$ 第 $t$ 期的技术效率;$gas_{it}$ 是油气企业的天然气产量占比,衡量企业产品中石油与天然气的份额;$noc_{it}$ 是国有企业的虚拟变量,用以控制所有权对企业技术效率的影响。为了考察国有石油企业与私有石油企业间的异质性,本章通过增加 $gas_{it}$ 和 $noc_{it}$ 的交互项,检验上述两种企业天然气占比对效率的影响是否相同。此外,由于许多能源企业是多部门企业(Seeto et al.,2001;Hawdon,2003;Jacobsen et al.,2006)或跨国企业(Bertoldi et al.,2006;Bilgin,2007;Fontaine,2011;Conway,2013),因此控制企业地区与部门分布对技术效率的影响也是必要的。$seg_{it}$ 是分别衡量每个部门占比的向量;$reg_{it}$ 是分别衡量每个地区占比的向量;$year_t$ 是控制时间效应的虚拟变量。

技术效率决定方程的内生性问题可能源自遗漏变量偏误或联立性偏误。一方面,本章已经在式(11)中尽可能多地增加控制变量来解决遗漏变量偏误;另一方面,由于某些技术效率的影响因素也可能受到技术效率的反向影响,从而产生联立性偏误。例如,效率更高的企业更有可能扩大规模,涉足新的部门和地区,从而更有可能变成多部门企业或跨国企业。本章利用各自变量的滞后项替换了原有自变量,从而克服了联立性偏误,并检验了回归结果的稳健性。

# 四、数据

本章使用的数据主要来自《能源情报》(*Energy Intelligence*)发布的《全球国有石油企业与私有石油企业百强榜》(*Top 100:Global NOC & IOC Rankings*)。SFA 与 DEA 分析中所需数据均源自上述报告,包括企业年收益(10 亿美元)、雇员人数、石油储量(百万桶)、天然气储量(10 亿立方英尺)、炼化能力(千桶/天)、石油价格(美元/石油当量)和天然气价格(美元/千立方英尺)。《全球国有石油企业与私有石油企业百强榜》同样报告了企业层面的石油产量(千桶/天)和天然气产量(百万立方英尺/天),通过计算可以得出各企业天然气产量占比。此外,该数据集提供了上游部门生产的油气量、炼化部门提炼的油气量以及市场部门销售的油气量,因此本章关注的另一个效率决定因素——各部门的产出份额也能够计算出来。该数据集还提供了各企业的所有权情况。效率决定方程中的地区控制变量通过 Rystad Energy's UCube 数据库获取,该数据库提供了各油气企业在亚太、中东、非洲、美洲、欧洲以及俄罗斯等六个地区的业务分布数据。

虽然《全球国有石油企业与私有石油企业百强榜》包含了 100 家全球最大的油气公司的数据,但每年入围榜单的企业有所变化,加上部分企业存在投入或产出信息缺失的情况。通过数据整理,最终保留了 54 家企业 2009—2015 年的平衡面板数据,其中包括 16 家国有石油企业,38 家私有石油企业。相关文献中,Al-Obaidan and Scully(1992)选取了 44 家油气企业 1979—1982 年的数据,Thompson et al. (1996)收集了 14 家一体化油气公司 1980—1991 年的数据,Wolf(2009)使用的样本包括 50 家最大的油气公司 1987—2006 年的数据,Eller et al. (2011)使用了 78 家油气企业 2002—2004 年的数据,Hartley and Medlock(2013)则研究了 61 家油气公司 2001—2009 年的数据。与上述文献相比,本章使用了较大的样本量,并且研究了金融危机后油气行业最新的情况。

表 7-1 描述了 54 家全球主要油气企业 2009—2015 年的投入产出、油气价格与其他技术效率影响因素的变化情况。从产出情况看,油气企业年平均收益略微下降,7 年间从 557 亿美元下降到 553 亿美元。在 4 项投入要素中,石油储量大幅上涨超过 26%,雇员人数、天然气储量以及炼化能力等 3 项投入要素均有小幅下降。价格方面,由于受到 2014 年第四季度

石油价格暴跌的冲击,2015 年石油与天然气均价分别较 2009 年低了 25.11 和 6.77 个百分点。油气企业天然气占比均值从 2009 年的 42.69% 下降到 2015 年的 40.96%,这说明大型油气企业更倾向于提高石油资源 的开发与生产。从表格中还可得出,油气行业的上游(勘探开采)部门是最 大的部门,并且在不断扩张,而炼化与市场部门在不断地变小,这表明近年 来大型油气企业对上游部门的投资增多、垄断增强,而下游业务的市场集 中度较小。从地理上看,54 家大型油气企业超过 40% 的业务来自美洲,亚 太地区产量占总产量的 1/5,俄罗斯地区的业务量排名第三。

表 7-1　总统计表

| 变量 | 解释 | 单位 | 2009 年 | 2015 年 | 变化率 |
|---|---|---|---|---|---|
| $y$ | 总收益 | 10 亿美元 | 55.73 | 55.25 | −0.86% |
| $Labor$ | 雇工人数 | 1000 | 79.81 | 75.45 | −5.46% |
| $OilRsv$ | 石油储量 | 百万桶 | 7505 | 9472 | 26.21% |
| $GasRsv$ | 天然气储量 | 10 亿立方英尺 | 30401 | 29951 | −1.48% |
| $RefCap$ | 炼化能力 | 千桶/天 | 915.2 | 832.5 | −9.04% |
| $OilPr$ | 石油价格 | 美元/石油当量 | 54.24 | 40.62 | −25.11% |
| $GasPr$ | 天然气价格 | 美元/千立方英尺 | 3.99 | 3.72 | −6.77% |
| $gas$ | 天然气产量比例 | % | 42.69 | 40.96 | −4.05% |
| $seg1$ | 上游部门占比 | % | 57.51 | 64.19 | 11.62% |
| $seg2$ | 提炼部门占比 | % | 20.03 | 16.70 | −16.63% |
| $seg3$ | 市场部门占比 | % | 22.46 | 19.12 | −14.87% |
| $reg1$ | 亚太地区占比 | % | 22.33 | 20.81 | −6.81% |
| $reg2$ | 中东地区占比 | % | 4.86 | 6.56 | 34.98% |
| $reg3$ | 非洲地区占比 | % | 10.35 | 7.33 | −29.18% |
| $reg4$ | 美洲地区占比 | % | 41.33 | 45.82 | 10.86% |
| $reg5$ | 欧洲地区占比 | % | 8.41 | 6.39 | −24.02% |
| $reg6$ | 俄罗斯地区占比 | % | 12.72 | 13.09 | 2.91% |

# 五、结果与讨论

## （一）随机前沿与模型平均结果

本章遵循 Eller et al.(2011)与 Hartley and Medlock(2013)，假定生产技术服从规模报酬不变(CRS)。生产函数中投入要素的内生性检验结果显示所有投入要素都是外生变量。利用 Hausman-Wu 检验，本章在 CSSW 与 CSSG 之间进行选择，检验结果显示 $p$ 值为 0.5018，因此选择 CSSG 模型。稳健性检验中，本章将石油储量与天然气储量合并为油气总储量，构建三要素模型，其 Hausman-Wu 检验的 $p$ 值为 0.9695，结果同样支持 CSSG 模型。因此，本章使用 CSSG 与 KSS 分别测算油气企业的技术效率，随后利用刀切模型平均法计算 CSSG 和 KSS 的相应权重。表 7-2 汇报了 CSSG 和 KSS 的回归结果和加权平均随机前沿模型的结果。其中，列 1 与列 3 分别汇报了四要素投入模型的 CSSG 和 KSS 估计量，列 5 汇报了利用刀切权重计算的加权平均随机前沿分析模型的结果，列 2、列 4、列 6 提供了作为稳健性检验的三要素投入模型估计结果，分别与列 1、列 3、列 5 对照并可比。

表 7-2　随机前沿模型估计结果

| 变量 | CSSG | | KSS | | 刀切模型平均 | |
|---|---|---|---|---|---|---|
| | 四要素投入 | 三要素投入 | 四要素投入 | 三要素投入 | 四要素投入 | 三要素投入 |
| *Labor* | 0.393*** | 0.344*** | 0.253*** | 0.199*** | 0.292*** | 0.230*** |
| | (0.013) | (0.012) | (0.028) | (0.027) | (0.025) | (0.025) |
| *OilRsv* | 0.218*** | —— | 0.144*** | —— | 0.164*** | —— |
| | (0.010) | —— | (0.039) | —— | (0.034) | —— |
| *GasRsv* | 0.300*** | —— | 0.508*** | —— | 0.451*** | —— |
| | (0.009) | —— | (0.043) | —— | (0.037) | —— |

续表

| 变量 | CSSG | | KSS | | 刀切模型平均 | |
|---|---|---|---|---|---|---|
| | 四要素投入 | 三要素投入 | 四要素投入 | 三要素投入 | 四要素投入 | 三要素投入 |
| $TotalRsv$ | — | 0.581*** | — | 0.735*** | — | 0.702*** |
| | — | (0.010) | — | (0.031) | — | (0.028) |
| $RejCap$ | 0.090*** | 0.075*** | 0.095*** | 0.066*** | 0.094*** | 0.068*** |
| | (0.006) | (0.005) | (0.023) | (0.021) | (0.020) | (0.019) |
| $OilPr$ | 0.307*** | 0.299*** | 0.059 | 0.033 | 0.127** | 0.090* |
| | (0.018) | (0.017) | (0.061) | (0.057) | (0.053) | (0.051) |
| $GasPr$ | 0.092** | 0.080* | 0.020 | −0.005 | 0.040 | 0.013 |
| | (0.044) | (0.041) | (0.061) | (0.057) | (0.057) | (0.054) |
| $w^*$ | — | — | — | — | 0.2760 | 0.2161 |

注:*表示10%置信度,**表示5%置信度,***表示1%置信度;括号中的数字表示标准误。

表 7-2 显示,四要素投入模型中 CSSG 的刀切权重为 0.2760,这证明了 CSSG 和 KSS 都可以在一定程度上解释数据生成过程,同时利用两种模型的拟合优度最高,但半参数的 KSS 解释能力更强。在三要素投入模型中,CSSG 的刀切权重为 0.2161,验证了四要素投入模型所得结论的稳健性。在此基础上,列 5 给出主模型(加权平均随机前沿模型)的结果,显示劳动、石油储量、天然气储量和炼化能力的系数皆显著为正,分别为 0.292、0.164、0.451 和 0.094,这表明劳动和储量对产出边际贡献率皆大于炼化能力的边际贡献率。此外,石油价格对产出具有显著正向影响,而天然气价格对产出的影响在统计和经济意义上均不显著。列 6 的结果同样证实了上述结论。

## (二)企业技术效率

通过表 7-2 中列 5 和列 6 的随机前沿模型可以得到四要素投入模型和三要素投入模型的企业技术效率,分别记为 $Eff_1^{SFA}$ 和 $Eff_2^{SFA}$。作为稳健性检验,本章通过 DEA 方法估计四要素投入模型和三要素投入模型的企业技术效率,分别记为 $Eff_1^{DEA}$ 和 $Eff_2^{DEA}$。表 7-3 总结了油气企业在四种模型下技术效率的分布情况,总体而言,运用 DEA 模型以及四要素投入模型估计的效率略高。

表 7-3　技术效率分布情况

| | 四要素投入模型 | | 三要素投入模型 | |
|---|---|---|---|---|
| | $Eff_1^{SFA}$ | $Eff_1^{DEA}$ | $Eff_2^{SFA}$ | $Eff_2^{DEA}$ |
| 均值 | 0.46 | 0.55 | 0.45 | 0.47 |
| 最小值 | 0.12 | 0.02 | 0.10 | 0.02 |
| 25%分位数 | 0.29 | 0.28 | 0.25 | 0.23 |
| 50%分位数 | 0.42 | 0.54 | 0.38 | 0.42 |
| 75%分位数 | 0.60 | 0.81 | 0.63 | 0.65 |
| 最大值 | 1.00 | 1.00 | 1.00 | 1.00 |

为检验主模型估计技术效率($Eff_1^{SFA}$)的稳健性,本章计算了四种模型估计效率的相关系数。表 7-4 表明,任意两种模型估计值的相关系数均大于 0.7,这说明四种模型得出的技术效率估计量呈现高度正相关。此外,表 7-5 报告了三个 Tobit 回归模型的估计结果,其中 $Eff_1^{SFA}$ 是自变量,其他三组效率($Eff_1^{DEA}$,$Eff_2^{SFA}$ 以及 $Eff_2^{DEA}$)分别是三个回归模型的因变量。结论同样证实了不同方法测算的技术效率存在高度相关性。

表 7-4　模型间效率的相关性

| 变量 | $Eff_1^{SFA}$ | $Eff_1^{DEA}$ | $Eff_2^{SFA}$ | $Eff_2^{DEA}$ |
|---|---|---|---|---|
| $Eff_1^{SFA}$ | 1 | 0.8156 | 0.9036 | 0.7917 |
| $Eff_1^{DEA}$ | 0.8156 | 1 | 0.7354 | 0.8940 |
| $Eff_2^{SFA}$ | 0.9036 | 0.7354 | 1 | 0.8398 |
| $Eff_2^{DEA}$ | 0.7917 | 0.8940 | 0.8398 | 1 |

表 7-5　模型间效率的稳健性

| 变量 | $Eff_1^{DEA}$ | $Eff_2^{SFA}$ | $Eff_2^{DEA}$ |
|---|---|---|---|
| $Eff_1^{SFA}$ | 0.822*** | 0.914*** | 0.801*** |
| | (0.059) | (0.045) | (0.050) |
| 常数项 | 0.185*** | 0.037* | 0.093*** |
| | (0.029) | (0.022) | (0.025) |

注:* 表示 10% 置信度,** 表示 5% 置信度,*** 表示 1% 置信度;括号中的数字表示标准误。

至此,本章估计了生产前沿并且得到了企业的技术效率。通过使用不同方法(SFA 和 DEA)以及使用不同投入要素组合(四种投入要素和三种投入要素)测算的企业技术效率较为稳健。本章将使用主模型的估计值($Eff_1^{SFA}$)分析天然气产量占比等因素对企业技术效率的影响。

### (三)技术效率影响因素

本章主要探讨的问题有三。首先,提高天然气生产比例是否会降低企业效率? 这直接反映了生产这种清洁能源的经济影响。其次,提高天然气比例对企业效率的影响,在国有和私有油气企业间是否存在差异? 这个问题的答案能够解释近年来国有油气企业实际天然气产量占比提高,私有油气企业实际天然气产量占比降低的趋势。最后,企业业务的部门分布和地区分布对技术效率的影响也能够提供有价值的信息。表 7-6 报告了技术效率决定方程的回归结果。列 1—4 为一般 Tobit 模型的估计结果,在这些模型中,逐步放入控制变量,观察天然气产量占比系数的稳健性。列 5放入了所有控制变量,以避免遗漏变量偏误。列 6 用自变量的滞后项替代了自变量以解决联立性偏误,结果十分稳健。

表 7-6　技术效率决定方程回归结果

| 变量 | （1） | （2） | （3） | （4） | （5） | （6） |
|---|---|---|---|---|---|---|
| gas | $-0.124^{**}$ | $-0.267^{***}$ | $-0.179^{***}$ | $-0.240^{***}$ | $-0.144^{**}$ | $-0.125^{*}$ |
| | (0.060) | (0.061) | (0.062) | (0.066) | (0.066) | (0.072) |
| noc | — | $-0.177^{***}$ | $-0.177^{***}$ | $-0.118^{*}$ | $-0.100^{*}$ | $-0.121^{*}$ |
| | — | (0.030) | (0.030) | (0.062) | (0.059) | (0.065) |
| gas·noc | — | — | — | $-0.180$ | $-0.233$ | $-0.154$ |
| | — | — | — | (0.164) | (0.157) | (0.170) |
| seg1 | — | — | $-0.329^{***}$ | — | $-0.339^{***}$ | $-0.283^{***}$ |
| | — | — | (0.105) | — | (0.105) | (0.106) |
| seg2 | — | — | $-0.379$ | — | $-0.396^{*}$ | $-0.268$ |
| | — | — | (0.240) | — | (0.240) | (0.238) |
| reg1 | $0.114^{*}$ | $0.281^{***}$ | $0.246^{***}$ | $0.295^{***}$ | $0.262^{***}$ | $0.265^{***}$ |
| | (0.059) | (0.062) | (0.061) | (0.064) | (0.061) | (0.065) |
| reg2 | 0.102 | 0.064 | 0.048 | 0.056 | 0.036 | 0.049 |
| | (0.099) | (0.094) | (0.090) | (0.094) | (0.090) | (0.097) |
| reg3 | $0.358^{***}$ | $0.369^{***}$ | $0.328^{***}$ | $0.377^{***}$ | $0.338^{***}$ | $0.296^{***}$ |
| | (0.087) | (0.082) | (0.080) | (0.082) | (0.080) | (0.086) |
| reg4 | $0.183^{***}$ | $0.253^{***}$ | $0.257^{***}$ | $0.243^{***}$ | $0.244^{***}$ | $0.239^{***}$ |
| | (0.049) | (0.048) | (0.046) | (0.049) | (0.047) | (0.050) |
| reg5 | $0.537^{***}$ | $0.649^{***}$ | $0.570^{***}$ | $0.647^{***}$ | $0.567^{***}$ | $0.563^{***}$ |
| | (0.084) | (0.081) | (0.081) | (0.081) | (0.080) | (0.086) |
| year effects | yes | yes | yes | yes | yes | yes |
| Intercept | $0.355^{***}$ | $0.386^{***}$ | $0.632^{***}$ | $0.376^{***}$ | $0.627^{***}$ | $0.564^{***}$ |
| | (0.049) | (0.046) | (0.118) | (0.047) | (0.118) | (0.117) |

注：* 表示 10% 置信度，** 表示 5% 置信度，*** 表示 1% 置信度；括号中的数字表示标准误。

　　表 7-6 中全部 6 列均显示天然气产量占比（gas）的系数显著为负，这表明增加天然气的生产比例会降低企业总体技术效率，即天然气生产效率低于石油。因此，单纯从经济效益角度看，油气企业应该降低天然气占比。此外，在其他因素不变的情况下，本章发现国有油气企业的技术效率显著低于私有油气企业，但差距在 20% 以内。与利用早期数据的文献相比，国有与私有油气企业的效率差距在逐步缩小。

本章要解决的第二个问题是天然气生产占比对国有油气企业与私有油气企业的影响是否有所不同？表 7-6 中列 4—6 对这一问题做出了回答，表中数据显示交互项 *gas·noc* 是不显著的，这表明不同所有制企业天然气占比对效率的影响没有显著差异。换言之，对于国有油气企业与私有油气企业来说，提高天然气占比均会对企业总体技术效率产生负面影响。因此，仅考虑经济效益，两类油气企业都应该减少天然气生产占比。但从实际数据看，私有油气企业的确降低了天然气占比，从而提高技术效率，但国有油气企业反而提高了天然气占比，对技术效率产生消极影响。

国有和私有油气企业间的这种行为差异，印证了前者具有第三个非商业目标，即环保目标。Hartley and Medlock（2008）指出，许多国有油气企业因受到政治压力而具有两个非商业目标，即增加就业与降低国内能源价格。Eller et al.（2011）、Hartley and Medlock（2013）均证实，这两种行为是对国内劳动力与消费者的补贴，保证了国民福利和社会稳定，但也牺牲了这些企业的技术效率，这也是实证发现国有油气企业效率普遍低于私有企业的主要原因之一。本章认为，国有油气企业更多地生产较为清洁的天然气能源，极可能是迫于政治压力而对国内居民采取的环境保护补贴。当一个国家签订环境保护协定，确定总体减排目标后，具体操作过程中首先可以指挥和影响的就是国有企业。与此相对应的，私有油气企业受到的制约和影响相对较小，因此降低天然气占比，从而提高经济效益。综上，国有和私有油气企业之间的不同行为分别是环境因素驱动和经济因素驱动的。

除了天然气产量占比变量，表 7-6 还预测了企业业务在部门间和地区间分布情况对企业技术效率的影响。从产业链角度看，市场销售部门比上游（勘探开采）部门和炼化部门的技术效率更高，因此增加销售部门占比能显著提高企业总体效率；从地区分布角度看，亚太、非洲、美洲和欧洲四个地区的油气生产效率较高。另外，虽然年度虚拟变量的估计结果在表 7-6 中略去，但在不同回归方程中均较为稳健。企业平均效率在 2010 年和

2011 年有所增长，但在 2010—2015 年有所下降。这种非线性、非单调的变化趋势证实了本章使用 CSS 和 KSS 模型而非 BC 模型的必要性。

# 六、总结与政策建议

作为发电能源之一，天然气常常被拿来与煤炭和可再生能源进行比较。然而在供给侧，其最主要的竞争者是石油，因为石油和天然气的产量和比例取决于油气企业的生产决策。另外，在消费端，石油和天然气在汽车动能市场上也存在竞争关系。本章发现，降低天然气产量占比可以提高企业总体技术效率，这与 2009—2015 年大型油气企业平均天然气产量占比下降的实际情况相符。然而，较高的石油开采生产效率，会刺激和吸引对石油开采的更多研发和投资，进而拉大石油和天然气竞争力方面的差距，进一步抑制油气企业的天然气生产。

政治压力与环保意识会显著影响国有油气企业的生产行为，促使其提高较为清洁的天然气生产比例。但到目前为止，大型私有油气企业的天然气占比仍然逐年降低。一方面，政府可以调整石油和天然气的相对税率以支持天然气的生产。另一方面，政府可以调整公共科研投入中石油和天然气的比例，以提高天然气的生产效率和竞争力。由于本章发现私有油气企业主要以经济效益为目标，上述两种政府行为比直接对私有油气企业施加环保压力更为有效。

政府面临的另一项挑战，是如何提高国有油气企业生产效率，使其与私有油气企业具有同等甚至更高的竞争力。本章实证结果表明，国有油气企业与私有油气企业间的效率差距在近年来已经显著缩小。扩大就业可能是一种政治压力和人力成本负担，但若利用得当，也蕴含巨大的人力资本潜力。提高工人的职业技能，增加其工作经验，利用合理的分配制度增加工作积极性，能够促进国有油气企业的创新能力，从而提高企业效率和生产率。

此外,对于政府和国有企业来说,降低国内能源价格、扩大就业与生产清洁能源均可以提高国民福利,但三者之间需要权衡。在节能减排的背景下,政府应该减少能源价格补贴并鼓励生产更多的天然气,前者能够降低能源消费总量、减少排放量;后者能够增加清洁天然气能源产量占比,从而降低排放强度。反之,若同时增加能源价格补贴并鼓励天然气生产,两项措施均会牺牲企业的技术效率,但后者的减排效果会被前者抵消。由此可见,政策间的合理搭配至关重要。随着近年来国内消费者和居民对环境保护和节能减排的重视,这种由能源价格补贴向环境补贴的转变将会面临越来越小的阻力。

本章旨在研究 2009—2015 年大型油气企业天然气产量占比对技术效率的影响:首先,利用 CSS 和 KSS 模型配合刀切模型平均法,准确测算企业技术效率;其次,考察了企业技术效率的影响因素,特别是天然气产量占比和企业所有权的影响。本章首次分析了金融危机后石油产业的技术效率及其影响因素,并解释了国有油气企业与私有油气企业在产品决策方面存在差异的原因。

通过分析 2009—2015 年 54 家全球主要油气企业的面板数据,本章发现天然气产量占比对技术效率存在显著的负向影响,且这种影响在国有和私有油气企业间差异不大。实证结果表明,私有油气企业天然气产量占比的降低是由经济因素驱动的,而国有油气企业提高天然气产量占比是由环境因素驱动的。此外,本章发现,环保目标是国有油气企业除能源价格补贴和扩大就业外的第三个非商业目标。本章认为政府应该考虑将能源价格补贴转向促进清洁能源生产的环境补贴,这一举措将更好地促进节能减排效果的实现。

# 参考文献

［1］Ackerberg D A，Caves K，Frazer G．Identification properties of recent production function estimators［J］．Econometrica，2015，83（6）：2411-2451．

［2］Aigner D，Lovell C A，Schmidt P．Formulation and estimation of stochastic frontier production function models［J］．Journal of Econometrics，1977，6（1）：21-37．

［3］Al-Obaidan A M，Scully G W．Efficiency differences between private and state-owned enterprises in the international petroleum industry［J］．Applied Economics，1992，24（2）：237-246．

［4］Amsler C，Prokhorov A，Schmidt P．Endogeneity in stochastic frontier models［J］．Journal of Econometrics，2016，190（2）：280-288．

［5］Battese G E，Coelli T J．Frontier production functions，technical efficiency and panel data：with application to paddy farmers in India［M］．Amsterdam：Springer Netherlands，1992．

［6］Bertoldi P，Rezessy S，Vine E．Energy service companies in European countries：Current status and a strategy to foster their development［J］．Energy Policy，2006，34（14）：1818-1832．

［7］Bilgin M．New prospects in the political economy of inner-caspian hydrocarbons and western energy corridor through Turkey［J］．Energy Policy，2007，35（12）：6383-6394．

［8］Buckland S T，Burnham K P，Augustin N H．Model selection：An integral part of inference［J］．Biometrics，1997，53（2）：603-618．

［9］Conway J E．The risk is in the relationship（not the country）：

Political risk management in the uranium industry in Kazakhstan[J]. Energy Policy，2013(56)：201-209.

[10] Cornwell C，Schmidt P，Sickles R C. Production frontiers with cross-sectional and time-series variation in efficiency levels[J]. Journal of Econometrics，1990，46 (1)：185-200.

[11] Eller S L，Hartley P R，Medlock K B. Empirical evidence on the operational efficiency of national oil companies [J]. Empirical Economics，2011，40 (3)：623-643.

[12] Fontaine G. The effects of governance modes on the energy matrix of andean countries[J]. Energy Policy，2011，39 (5)：2888-2898.

[13] Gong B. Multi-dimensional interactions in the oilfield market：A jackknife model averaging approach of spatial productivity analysis[J]. Energy Economics，2017(forthcoming).

[14] Gong B. The shale technical revolution—cheer or fear? Impact analysis on efficiency in the global oilfield service market[J]. Energy Policy，2018，112 (1)：162-172.

[15] Hansen B E，Racine J S. Jackknife model averaging[J]. Journal of Econometrics，2012，167(1)：38-46.

[16] Hartley P，Medlock K B. A model of the operation and development of a national oil company[J]. Energy Economics，2008，30 (5)：2459-2485.

[17] Hartley P R，Medlock III K B. Changes in the operational efficiency of national oil companies[J]. The Energy Journal，2013，34 (2)：27-57.

[18] Hawdon D. Efficiency，Performance and regulation of the international gas industry—a bootstrap dea approach[J]. Energy Policy，

2003，31(11)：1167-1178.

[19] Hekkert M P，Hendriks F H J F，Faaij A P C，et al. Natural gas as an alternative to crude oil in automotive fuel chains well-to-wheel analysis and transition strategy development[J]. Energy Policy，2005，33(5)：579-594.

[20] Jacobsen H K，Fristrup P，Munksgaard J. Integrated energy markets and varying degrees of liberalisation：Price links，bundled sales and chp production exemplified by northern European experiences[J]. Energy Policy，2006，34 (18)：3527-3537.

[21] Kneip A，Sickles R C，Song W. A new panel data treatment for heterogeneity in time trends[J]. Econometric Theory，2012，28 (3)：590-628.

[22] Levinsohn J，Petrin A. Estimating production functions using inputs to control for unobservables[J]. Review of Economic Studies，2003，70 (2)：317-341.

[23] Managi S，Opaluch J J，Jin D，et al. Stochastic frontier analysis of total factor productivity in the offshore oil and gas industry[J]. Ecological Economics，2006，60 (1)：204-215.

[24] Managi S，Opaluch J J，Jin D，et al. Technological change and depletion in offshore oil and gas[J]. Journal of Environmental Economics & Management，2004，47(2)：388-409.

[25] Meeusen W，Van den Broeck J. Efficiency estimation from cobb-douglas production functions with composed error[J]. International Economic Review，1977，18 (2)：435-444.

[26] Olley G S，Pakes A. The dynamics of productivity in the telecommunications equipment industry[J]. Econometrica，1996，64 (6)：

1263-1297.

[27] Robinson A P, Blythe P T, Bell M C, et al. Analysis of electric vehicle driver recharging demand profiles and subsequent impacts on the carbon content of electric vehicle trips[J]. Energy Policy,2013, 61 (8): 337-348.

[28] Schmidt P, Sickles R C. Production frontiers and panel data [J]. Journal of Business and Economic Statistics, 1984, 2 (4):367-374.

[29] Seeto D Q, Woo C K, Horowitz I. Finessing the unintended outcomes of price-cap adjustments: An electric utility multi-product perspective[J]. Energy Policy, 2001, 29 (13):1111-1118.

[30] Shang C. Essays on the use of duality, robust empirical methods, panel treatments, and model averaging with applications to housing price index construction and world productivity growth [D]. Houston: Rice University, 2015.

[31] Simsek H A, Simsek N. Recent incentives for renewable energy in Turkey[J]. Energy Policy, 2013, 63 (4):521-530.

[32] Thompson R G, Dharmapala P, Rothenberg L J, et al. Dea/ar efficiency and profitability of 14 major oil companies in U. S. exploration and production[J]. Computers and Operations Research, 1996, 23 (4): 357-373.

[33] Wei M, Patadia S, Kammen D M. Putting renewables and energy efficiency to work: How many jobs can the clean energy industry generate in the U. S? [J]. Energy Policy, 2010, 38 (2):919-931.

[34] Wolf C. Does ownership matter? The performance and efficiency of state oil vs. Private oil (1987-2006)[J]. Energy Policy, 2009, 37 (7):2642-2652.

# 第八章 全球油气行业的综合溢出效应、相似度和竞争[①]

## 一、引 言

在全球石油天然气行业,公司之间的竞争存在于不同维度中。生产的产品(石油或天然气)、采用的技术(常规技术或非常规技术)、进入的业务部门(上游开采部门、炼化部门或市场销售部门)以及经营的区域这四个维度的相似度都在一定程度上决定了两家企业之间的竞争程度,因为企业间重叠的产品、技术、业务和区域往往导致更大、更直接的竞争。例如,若两家公司都生产石油而非天然气,则它们需要争取同样的资源并面临相同的消费者,相互竞争较大;若两家企业选择在同一地区生产,则它们将在当地劳动力和资本市场上面临更大竞争。

正如 LeSage(2008)所述,企业间的相似性可以度量横截面相关性[②],这有助于反映公司间相互影响的程度,并可以通过在生产函数中引入空间

---

① 原文信息:Gong B. Total-Factor Spillovers, Similarities, and Competitions in the Petroleum Industry. Energy Economics,2018(73):228-238。

② 当个体单元之间相互关联时存在横截面相关性。Sarafidis and Wansbeek(2012)对此做出了更为详细的介绍。

技术，估计企业间溢出效应[1]。然而，在现有油气产业的研究中，这种空间相关性尚未得到足够的重视和恰当的处理。大多数相关研究［例如，Wolf (2009)；Eller et al.，(2011)；Hartley and Medlock(2013)］使用经典生产率分析方法来刻画油气行业的投入产出关系，均假设一家企业的生产仅取决于自身情况，未考虑企业间的相互影响。此外，部分其他行业的研究考虑了企业间的相互作用，并利用空间生产模型，但往往仅考虑企业在单一维度的相互影响，而未控制可能存在的多维度相关性。

在全球油气行业的研究中，我们首先需要检验和测度企业在产品、技术、业务和地域四个维度的相关性。需要解决的关键问题是，若企业在多个维度上均存在相关性，应该如何对不同维度的溢出效应、相似性和竞争情况进行综合考虑？换言之，必须设法将单维空间分析转换成多维度分析，旨在衡量全球油气行业的总体溢出效应、相似性和竞争情况。

在生产率分析中，通常假设一个符合柯布道格拉斯形式并服从规模报酬不变的生产函数 $Y = AL^{\alpha}K^{1-\alpha}$，其中 $A$ 是全要素生产率，$Y$ 是产出，$L$ 是劳动力，$K$ 是资本。单要素生产率（Single-factor Productivity），如劳动生产率或资本生产率，是在仅考虑一种投入要素的情况下得出的，前者是 $Y/L$，后者是 $Y/K$。与此不同，许多研究（Giannakis et al.，2005；Honma and Hu，2009；Long et al.，2015；Wang et al.，2007）使用同时考虑多种投入要素的全要素生产率（Total-factor Productivity）指标。在前文例子中，全要素生产率可以表示为 $A = Y/(L^{\alpha}K^{1-\alpha})$，不难发现，全要素生产率的对数是劳动生产率和资本生产率对数的加权平均值，其中，$\alpha$ 是劳动生产率对数的权重，$1-\alpha$ 是资本生产率对数的权重。

综上，全要素生产率可以被视作各单要素生产率的加权平均值。换言之，仅考虑单个投入要素的单要素生产率通过加权平均，得到同时考虑所

---

① 溢出效应是指一个公司的活动对其他公司的影响。此外，这种影响在相互作用和影响更大的公司之间可能更强。因此，准确描述截面相关性是利用空间计量经济方法估算溢出效应的先决条件。

有投入要素的全要素生产率。受此启发,本章可以分别测算产品、技术、业务和地域四个维度中的竞争情况和溢出效应,然后利用加权平均的方法综合考虑各个维度的相互影响,得出油气行业的总体竞争情况和溢出效应。本章首先构建上述四个维度的空间权重矩阵,利用空间生产模型测算每个维度的溢出效应,即对四个维度分别进行单维度分析。然后使用模型平均法,根据对数据解释能力的大小,给四个单维度分析匹配对应的权重。最后,利用该组权重,通过加权平均不同维度的溢出效应、相似性和竞争情况,计算出总体溢出效应、相似性和竞争情况。由于受到全要素生产率的启发,本章将用上述方法得到的总体溢出效应、相似性和竞争情况,称为全要素溢出效应、相似性和竞争情况。

更具体地,对于四个维度(产品、技术、业务和地域)中的任意维度,本章构建空间权重矩阵,度量该维度的空间相关性。该矩阵的行和列分别反映对应企业与其他企业的相似性和竞争情况,通过将矩阵应用于空间生产模型得出该维度的溢出效应。然后,利用赤池信息准则(Akaike Information Criterion,AIC)将权重分配给四个维度的空间生产模型。最后,油气行业的全要素溢出效应是产品、技术、部门和地域维度溢出效应的加权平均值。同样的规则也适用于全要素相似性和全要素竞争情况的计算。

与现有文献相比,本章有三点主要贡献:(1)受全要素生产率的启发,将多个单维度空间分析合并成一个多维度分析,进而测算出整体溢出效应;(2)使用空间权重矩阵来衡量公司间相似性和竞争情况,解决了两个常见的商业问题,即在每个公司眼中"谁是我的竞争对手"和"我是谁的竞争对手";(3)首次分析了全球油气行业的溢出效应、相似性和竞争情况。

本章利用全球 54 家主要石油公司 2009—2015 年的平衡面板数据,从产品、技术、业务和地域四个方面分析了全球油气行业主要企业间的空间相关性,对这 54 家企业中的每一家企业,回答了"谁是我的竞争对手"和

"我是谁的竞争对手"这两个问题。实证结果表明,全球油气行业在产品、技术、部门和地域这四个维度均存在空间相关性,但地域维度的相关性最重要,技术维度的相关性所占比重最低。全球油气行业存在负向溢出效应,这表明一家公司的增长将抑制其他公司的增长。此外,除负向溢出效应以外,业务维度的竞争压力还通过直接降低全要素生产率对产出造成影响。根据以上实证结果,本章强调人力资本积累在油气行业的重要性和采取差异化发展战略的必要性,特别是对于国有石油公司尤其重要。

本章其余部分安排如下:第二部分为文献综述;第三部分为模型介绍;第四部分为数据描述性分析;第五部分为实证结果分析;第六部分得出结论。

## 二、文献综述

如 Wolf(2009)、Eller et al.(2011)与 Hartley and Medlock(2013)等研究所述,对全球油气行业生产函数和生产率的研究仍显不足。Al-Obaidan and Scully(1992)运用确定前沿分析和随机前沿分析方法(SFA)估计了 44 家石油企业的生产效率。Thompson et al.(1996)利用数据包络分析法(DEA)和 14 家美国主要石油公司的相关数据,估计了 20 世纪 80 年代美国油田市场的生产前沿面。Managi et al.(2004)同样使用 DEA 模型分析油气行业的区域性市场。但不同于 Thompson et al.(1996)研究美国市场,Managi et al.(2004)研究的是墨西哥湾近海地区的油气市场,且其使用的是油田层面而非公司层面的数据。Managi et al.(2006)也将重点放在了墨西哥湾的近海地区,但使用了 SFA 模型来估计 1976—1995 年该地区油气开采的全要素生产率变化趋势。

近年来,相关研究更加关注国有石油公司(NOCs)和私有石油公司

(IOCs)之间的区别[①]。Hartley and Medlock(2008)建立了一个国有石油公司的理论模型,并将国有石油公司的低效率归因于政治压力。这些政治压力迫使国有石油企业在追求经济效益的同时,还需要满足一些非商业目标,例如在国内市场以低价出售能源、雇佣更多的员工等。这些非商业目标提高了国民福利,但也损失了国有企业的经济效益,降低了生产效率,这在早期的研究中(例如,Al-Obaidan and Scully,1992)已被发现。Wolf(2009)利用多元生产函数研究大型石油公司在 1987—2006 年的经营情况,发现国有石油公司的效率比私有石油公司平均低 20%～30%。Eller et al.(2011)与 Hartley and Medlock(2013)均同时运用 SFA 和 DEA 方法估计全球油气行业的投入产出关系,进而预测油气企业的生产效率。与 Wolf(2009)不同的是,他们使用两步回归法来进一步分解技术效率,从而在控制了其他变量的前提下,更加准确地估计所有权对企业效率的影响。

部分研究考虑了油气公司在业务维度和地域维度的特征。Al-Obaidan and Scully(1992)利用相关数据计算了油气企业的纵向一体化(各业务占比)和国际化(各地域占比)程度,然后将这两个指标作为生产函数中的控制变量,进而考察两者对油气生产的影响。类似地,Ike and Lee(2014)利用 DEA 方法测算 2003—2010 年 38 家石油公司的效率后,在第二步方程中同样考虑了纵向一体化和国际化因素,以估计它们对企业生产的影响。实证结果表明,纵向一体化程度越高的企业,其技术效率越低,但本土企业和国际化企业之间没有显著差异。Sueyoshi and Goto(2012)指出国际石油公司需要满足国际标准,与国内标准相比,这种国际标准往往更为严格,因此可能会导致两类企业的效率差异。Ohene-Asare et al.(2017)也使用 DEA 方法评估了 21 世纪头 10 年 50 家石油公司的技术效

<hr>

① 许多学者[例如,Xiao(2016)、Zhu(2016)、Qiang and Tuohan(2016)、Rahman(2018)、Moretz(2018)]研究发现,国有企业与私有企业之间有很大的区别。由于存在众多国有和私有企业在全球市场中竞争,因此油气行业是研究所有权对生产效率影响的理想行业。

率。与 Al-Obaidan and Scully(1992)、Ike and Lee(2014)利用回归检验不同，Ohene-Asare et al.(2017)通过一些非参数的统计显著性检验比较本土企业和国际化企业，发现本土石油公司的效率低于跨国公司。

然而，上述所有研究未考虑企业间的相关性和相互作用。Gong (2018d)使用了一个变系数模型来估计技术效率，使企业只能与拥有相同业务结构的公司进行直接比较。虽然该方法使得企业的效率也取决于别的企业(同类型企业)，但仍未考虑企业间的相互作用。Gong(2017)使用空间生产模型考虑了业务维度和地域维度相关性，但其研究的是石油服务行业，而非油气行业。此外，Gong(2017)忽略了产品和技术两个维度的相关性。

# 三、模型

## (一)单要素溢出性、相似性和竞争性

如上文所述，在全球油气行业，油气企业间存在四个维度的相互影响，即产品维度、技术维度、业务维度和地域维度。本节建立经典空间生产函数模型，测算基于单维度的溢出性、相似性和竞争性。换言之，本节分别对产品、技术、业务和地域维度的相互作用和相互依赖性进行分析。

为了测算企业间潜在的溢出效应，本节利用空间计量模型处理同一行业的企业在生产过程中可能存在的相互影响。本节首先介绍一个未考虑空间相关性的经典线性生产函数：

$$y_{it} = F(X_{it}) = X_{it}\beta + \varepsilon_{it} \tag{1}$$

其中，$y_{it}$ 是公司 $i$ 在时期 $t$ 的产出，$X_{it}$ 是包含所有投入要素的向量，两组变量均为对数形式。因此，公式(1)遵循经典的柯布道格拉斯生产函数形式。$\beta$ 是 $X_{it}$ 对应系数的估计量，$\varepsilon_{it}$ 是独立同分布(以零为均值、方差为

$\sigma_\epsilon^2$)的随机干扰项。

Tobler(1979)认为尽管所有事物之间都具有相关性,但联系更为紧密的事物相关性更大。若采用公式(1),则会忽略可能存在的企业间相互影响和溢出效应,进而无法得到生产过程中真实的投入产出关系。因此,许多学者(Artis et al.,2012;Detotto et al.,2014;Eberhardt and Teal,2013)在生产率分析中采用空间技术处理个体间的空间相关性。本章引入三种应用最为广泛的空间模型,包括空间自回归模型(SAR)(Anselin,2013;Ord,1975)、空间误差模型(SEM)(Bivand,1984;Ripley,1981)和一般空间模型(GSM)(LeSage and Pace,2009)。

第一,空间自回归模型(SAR)可以控制内生交互效应,即不同个体因变量 $y_{it}$ 之间的相关性。换言之,企业 $i$ 在 $t$ 期的产出 $y_{it}$ 不仅取决于自身的投入,还受其他公司产出的影响,这会带来企业之间的溢出效应。公式(2)和(3)给出了 SAR 模型的形式:

$$y_{it} = \rho \sum_{j=1}^{N} \omega_{ij} y_{jt} + X_{it}\beta + \varepsilon_{it}. \tag{2}$$

或以矩阵形式表示:

$$Y = \rho WY + X\beta + E. \tag{3}$$

其中,$\omega_{ij}$ 代表空间权重矩阵 $W$ 第 $i$ 行第 $j$ 列的元素,用以衡量公司 $i$ 与 $j$ 相关性的大小,后文会有进一步的探讨。$\rho$ 是一个待估计的未知参数,作为一个重要指数来衡量溢出效应的强弱。

第二,空间误差模型(SEM)假定空间相关性来自干扰项 $\varepsilon_{it}$,而不是因变量 $y_{it}$。在方程中,SEM 模型遵循公式(1)中非空间生产函数的一般形式,但假定其干扰项 $\varepsilon_{it}$ 在空间上相关,其表达式如下:

$$\varepsilon_{it} = \lambda \sum_{j=1}^{N} \omega_{ij} \varepsilon_{jt} + u_{it}, \tag{4}$$

或以矩阵形式表示:

$$E = \lambda WE + U. \tag{5}$$

其中，$\lambda$ 是一个度量溢出效应的标量空间误差系数，$u_{it}$ 是独立同分布的误差项，$E$ 表示由空间权重矩阵 $W$ 和未知系数 $\lambda$ 指定的具有不变方差和协方差的空间自相关扰动向量。

第三，一般空间模型（GSM）是 SAR 模型和 SEM 模型的结合，可同时控制因变量的内生交互作用和误差项的交互作用。换言之，GSM 模型中，空间相关性同时来自两方面，即 SAR 模型中的因变量 $y_{it}$ 之间和 SEM 模型中的干扰项 $\varepsilon_{it}$ 之间。GSM 模型的表达式可看作是公式（2）和公式（4）的组合：

$$y_{it} = \rho \sum_{j=1}^{N} \omega_{ij} y_{jt} + X_{it}\beta + \varepsilon_{it}, \quad \varepsilon_{it} = \lambda \sum_{j=1}^{N} \omega_{ij}\varepsilon_{jt} + u_{it}, \tag{6}$$

其矩阵形式可看作是公式（3）和公式（5）的组合：

$$Y = \rho WY + X\beta + E, \quad E = \lambda WE + U \tag{7}$$

本章应用在该领域广泛使用的赤池信息准则（AIC）在 SAR、SEM 和 SEM 三个模型中选择拟合优度最高的模型。

比较公式（1）和（2）发现，空间模型的重点在于空间权重矩阵 $W$，它度量了所有公司两两之间的空间相关性，并且只有在构建空间权重矩阵 $W$ 的前提下才能使用空间计量模型。根据 Tobler（1979）提出的地理学第一定律，早期的空间经济研究主要利用地理距离构建空间权重矩阵。例如，与地理距离较远的国家相比，一个国家受邻国的影响可能更大。另一个例子是产业集群，一个公司受到溢出效应的大小可能受到它与产业集聚中心点距离的影响，这也是导致产业集群的原因。近年来，部分研究利用两个经济单位之间的经济距离而非地理距离来衡量两者之间相互影响的大小。例如，Han et al.（2016）使用双边贸易额来衡量 OECD 国家之间的经济距离。经济距离能够解释某些地理距离无法解释的现象。例如，中美两国相互影响很大，是因为双方有密切的经济往来，这种相互影响可以用大体量的双边贸易额来解释，而无法用地理距离来解释。

　　对于同一行业的竞争对手来说,其空间相关性很大程度上取决于竞争程度或公司间的业务相似度或重叠度。以油气行业为例,如果两家公司都生产原油而非天然气,它们从投入的需求到产出的供给都是直接竞争的,因此企业间产品的高度相似性很可能带来显著的相互影响。LeSage(2008)也指出,在企业研究中可以通过度量相似性来替代地理距离,这种相似性可能存在于企业经营中的生产过程、资源或产品市场等环节。

　　除了油气产品组合的比例外,石油企业之间的相似性还体现在企业技术维度、业务维度和地域维度。在页岩革命的背景下,水力压裂和水平钻井等新技术的出现使得非常规油气的规模化生产成为可能①。由于开发常规油气和非常规油气资源的技术有很大不同,利用相同技术的公司需要争夺相同类型的设备②和资源,因此它们之间的竞争必然更加激烈。因此,技术重叠度在一定程度上可以衡量企业之间的相似性和竞争程度。在业务结构和产业链方面,油气行业可以分为三个部分,包括开采、炼化和销售。如果企业在产业链上处于同一环节,则相互竞争更为激烈。例如,从事上游开采的企业之间竞争激烈,从事下游销售的企业之间也面临竞争,但开采企业和销售企业间的竞争则小得多。在经营地域方面,本章使用的数据汇报了各家企业业务量在全球 16 个地区的分布情况。若两家企业在同一区域(例如,北美地区)开展业务,就会存在较强的竞争,因为它们必须争夺劳动力和资本等投入要素,而这些投入要素在一个区域内是有限的。Gong(2017)利用业务和区域两个维度的信息构建空间权重矩阵,分析了全球石油服务行业的溢出效应。值得注意的是,企业业务在地域分布上的相似性也可被视为基于地理距离的指标。

---

　　① 非常规油气是通过非常规技术开采的油气资源。根据国际能源署(IEA)的定义,非常规石油包括特稠油、天然沥青(油砂)、干酪根油、从化学加工的天然气中产生的液体和气体(GTL)、煤炭液化(CTL)和添加剂;非常规天然气主要指从煤层(煤层气)、低渗透性砂岩(致密砂岩)和页岩层(页岩气)中提取的气体。

　　② 许多油气公司从油田服务公司租用设备和服务(Gong,2016)。

本章引入余弦相似度（Cosine Similarity）来衡量企业间的相似度。余弦相似度是测算两种资产组合间同质性的方法（Getmansky et al.，2016），并被广泛应用于相关研究中［例如，Hanley and Hoberg（2012）与 Sias et al.（2015）］。假设某个产业（例如，油气行业）在单一维度下可以被划分成 $N$ 个部门（例如，按产品维度，油气企业被划分为石油和天然气两个部门），在 $t$ 时期内公司 $i$ 和公司 $j$ 的业务组合可以分别被定义为 $R_{it} = (r_{it}^1, \cdots, r_{it}^N)$ 和 $R_{jt} = (r_{jt}^1, \cdots r_{jt}^N)$，$r_{it}^n$ 是第 $t$ 期公司 $i$ 的第 $n$ 个部门产出占企业总产出的比率。用余弦相似度计算 $t$ 时期内公司 $i$ 和 $j$ 的相似度：

$$s_{ijt} = \frac{\sum_{n=1}^{N} r_{it}^n r_{jt}^n}{\sqrt{\sum_{n=1}^{N} (r_{it}^n)^2} \sqrt{\sum_{n=1}^{N} (r_{jt}^n)^2}}, \tag{8}$$

其中，$s_{ijt}$ 的取值范围是从 0 到 1。$s_{ijt} = 1$ 表明 $t$ 时期内公司 $i$ 和 $j$ 有完全相同的业务组合，相似度最高。$s_{ijt} = 0$ 说明 $t$ 时期内公司 $i$ 和 $j$ 从事完全不同的业务，相似度最低。$s_{ijt}$ 的值越大，说明两家公司业务重叠度越高。换言之，$s_{ijt}$ 测度了两家公司之间的直接竞争程度。

假设 $S_t$ 是一个对角线元素为零的 $N \times N$ 的矩阵，$s_{ijt}$ 是该矩阵第 $i$ 行第 $j$ 列，矩阵中的第 $i$ 行表示公司 $i$ 在时期 $t$ 面临的行业结构和竞争情况，矩阵 $S_t$ 反映了时期 $t$ 整个行业内企业两两之间的相关程度。将矩阵 $S_t$ 进行行标准化，并取 $S_1 - S_t$ 的均值，生成一个度量在 $T$ 期内所有公司平均相关程度的矩阵，即为空间权重矩阵 $W$。

空间权重矩阵 $W$ 中的第 $i$ 行代表在公司 $i$ 眼中每个竞争对手的相似度，进而可以得出所有对手的排名（例如相似度排在前五名的公司）。每 $i$ 行显示出公司 $i$ 面临的竞争环境中不同对手的相似性和重要性。简言之，空间权重矩阵 $W$ 中的第 $i$ 行回答了对于公司 $i$ 来说，"谁在我的名单上"（Who is on my list?）这个问题。

本章希望同时解决"我在别人的名单上吗"（Am I on others' lists?）这

个问题。换言之,我们感兴趣的是在所有其他公司眼中公司 $i$ 的竞争水平。在其他公司名单上公司 $i$ 的相似性总得分,也就是矩阵 $W$ 中第 $i$ 列的总和,反映出该公司面临的总体竞争情况。此外,在所有其他对手的竞争环境中公司 $i$ 的平均排名也说明了公司 $i$ 所面临的总体竞争压力。

综上所述,在建立空间权重矩阵 $W$ 后,矩阵第 $i$ 行描述了公司 $i$ 与其他公司相似程度的详细信息,第 $i$ 列则提供了公司 $i$ 面临的竞争压力。在给定数据的情况下,可以构建空间权重矩阵 $W$ 并利用相对应的空间生产函数 $F$ 进行估计。值得注意的是,对于给定的空间权重矩阵 $W$,其对应的 $F$ 是通过 AIC 准则从 SAR、SEM 和 GSM 三种空间模型中选择出来的。

空间权重矩阵 $W_1$、$W_2$、$W_3$ 和 $W_4$ 分别代表产品、技术、部门和地域维度的相关性。与之匹配的空间生产函数 $F_1$、$F_2$、$F_3$ 和 $F_4$ 度量四个维度的空间溢出效应。

## (二)全要素溢出性、相似性和竞争性

上一小节解决了公司之间单要素(单维度)的溢出性、相似性和竞争性,即讨论了如何计算第 $i$ 个维度的 $W_i$ 以及与之对应的 $F_i$。然而,本小节提出一种方法,旨在同时考虑全部四个维度,并获得全要素(多维度)溢出效应、相似性和竞争程度。

对于每个维度,我们构建了相应的矩阵 $W_i$ 来度量该维度上公司之间的相似程度和竞争程度,并从 SAR、SEM 和 GSM 三种模型中选择拟合度最高的生产函数 $F_i$ 来反映该维度上公司之间的溢出效应。矩阵 $W_1-W_4$ 包含了空间相关性的全部有效信息,而生产函数 $F_1-F_4$ 可以捕获不同维度的交互作用。因此,如果我们仅仅使用普通的模型选择法在四个维度中选择"最佳"的单维度分析,则难以全面充分地考虑各个维度存在的溢出性、相似性和竞争性。

为了综合考虑四个维度以获取完整的信息并描述真实的数据生成过

程(DGP),在估计全要素生产率时,我们需要赋予每个维度相关性相应的权重,该权重的作用与柯布道格拉斯生产函数中投入要素的系数作用相近。模型平均法根据每个候选模型对数据解释能力的大小,给每个候选模型分配相应的权重(Gong,2018b)。对于解释数据能力强的模型赋予较大的权重,对于解释数据能力弱的模型赋予较小的权重。最后,将多个模型的加权平均值作为依据分析数据。值得注意的是,当某个候选模型解释数据的能力远超过其他所有模型时,可被赋予100%的权重,那么模型平均法就变成了传统的模型选择法。因此,模型平均法实际上是一种广义的模型选择法。

Buckland et al.(1997)提出了基于各个候选模型信息准则分配权重的方法。本章运用赤池信息准则(AIC)对不同候选模型进行权重分配。

$$w_m^* = \exp(-0.5 \times AIC_m) / \sum_{m=1}^{4} \exp(-0.5 \times AIC_m), \qquad (9)$$

其中,$w_m^*$ 指的是分配给第 $m$ 个模型 $(W_m, F_m)$ 的权重。AIC 可由 $AIC_m = 2k - 2\log(L_m)$ 计算得出,其中 $k$ 为未知参数的个数,$L_m$ 是第 $m$ 个模型的最大似然估计值。公式(9)保证了权重 $w_m^*$ 的加总值等于 1。

权重 $w_m^*$ 度量每个维度空间相关性对数据解释能力的强弱。例如,$w_4^*$ 越大,意味着公司之间的地理相关性可以更大程度地反映真实的生产过程,所以应该赋予更高的权重。因此,在考察整体溢出性、相似性和竞争性时,地理上的溢出效应、相似度和竞争程度更为重要,所占比例也更大。一方面,在同时考虑四种维度时,权重 $w_m^*$ 可用来生成加总的生产函数 $F^* = \sum_{m=1}^{4} w_m^* F_m$,并在此基础上估计总体溢出效应;另一方面,总体相似程度和竞争程度可以通过计算加权平均空间权重矩阵 $W^* = \sum_{m=1}^{4} w_m^* W_m$ 的每一行和每一列元素求出。受到全要素生产率的启发,总体的溢出性、相似性和竞争性分别被称为全要素的溢出性、相似性和竞争性。

### （三）竞争对生产率的影响

上一小节建立模型通过溢出效应衡量竞争对产出的影响。但另一方面，竞争压力可能通过影响生产率直接影响产出。如前所述，公司 $i$ 面临的总体竞争情况是空间权重矩阵第 $i$ 列的加总。因此，本章建立 $comp_{it}^m = \sum_j s_{jit}^m$，其中 $comp_{it}^m$ 代表公司 $i$ 时期 $t$ 在 $m$ 维度面临的竞争压力，$s_{jit}^m$ 代表公司 $j$ 和 $i$ 时期 $t$ 在 $m$ 维度的相似程度，并已在公式（8）中被定义为余弦相似度。在此基础上，公司 $i$ 在时期 $t$ 面临的总体竞争程度为 $comp_{it} = \sum_{m=1}^4 w_m^* comp_{it}^m$。本章将 $comp_{it}$ 纳入生产函数，旨在检验竞争是否直接影响产出。

$$y_{it} = \rho \sum_{j=1}^N \omega_{ij}^* y_{jt} + X_{it}\beta + \tau comp_{it} + \varepsilon_{it}, \quad \varepsilon_{it} = \lambda \sum_{j=1}^N \omega_{ij}^* \varepsilon_{jt} + u_{it}, \quad (10)$$

其中，$\omega_{ij}^*$ 是空间权重矩阵 $W^*$ 中的元素，用来度量公司 $i$ 和 $j$ 的总体相似度。本章进一步用 $comp_{it}^1 - comp_{it}^4$ 代替 $comp_{it}$ 来识别不同维度的竞争对生产率影响的异质性。此外，公式（10）还将包含各公司按产品、技术、部门和地域划分的产出结构，从不同角度控制各公司的业务组合、油气价格和企业所有权性质，从而处理潜在的遗漏变量偏差（Gong，2018c）。

## 四、数据

本章使用的数据，以及投入要素和产出要素的选取，均遵循 Eller et al.（2011）与 Hartley and Medlock（2013）的研究。在生产函数中选择年收益而不是产量作为产出指标，这是因为这种方式在加总多产品时，是反映不同产品相对价值的典型方法。此外，收益数据更容易从不同来源获取并且可以更好地反映国有石油企业获得补贴的情况及其影响（Hartley and Medlock，2008）。石油企业主要的四大投入要素包括：劳动力数量、石油储量、天然气储量和炼化能力。采用实物资本的变量(油气储备与炼油能力)而不是选择反映价值的总资产有助于避免通货膨胀的扭曲影响(Wolf，2009)。此外，生产函数还包括其他三个自变量：石油价格、天然气价格和国有石油企业的虚拟变量。所有这些变量都可以在《能源情报》的《全球国有石油企业与私有石油企业百强榜》数据库中找到。该报告公布每年全球最大的100家石油公司的信息。本章剔除了在研究期内掉出百大企业榜单的公司和有信息缺失的公司，最终构建了2009—2015年全球54家主要石油公司的平衡面板数据。Eller et al.(2011)构建的2002—2004年78家公司的样本，Hartley and Medlock(2013)构建的2001—2009年61家公司的样本，均使用《全球国有石油企业与私有石油企业百强榜》的早年数据研究全球石油企业的生产效率。

为了测算四个维度的相似程度和溢出效应，本章建立如下四个空间权重矩阵：(1)产品层面相似度矩阵 $W_1$，通过公式(8)中 $R_{it} = (r_{it}^1, r_{it}^2)$ 计算，其中 $r_{it}^1$ 和 $r_{it}^2$ 分别是石油产品($oil_{it}$)和天然气产品($gas_{it}$)在企业当年总收益中的份额；(2)技术层面相似度矩阵 $W_2$，通过公式(8)中 $R_{it} = (r_{it}^1, r_{it}^2)$ 计算，其中 $r_{it}^1$ 和 $r_{it}^2$ 分别度量常规产品($con_{it}$)和非常规产品($uncon_{it}$)在企业当年总收益中的份额；(3)部门层面相似度矩阵 $W_3$，通过公式(8)中 $R_{it} = (r_{it}^1, r_{it}^2, r_{it}^3)$ 计算，其中 $r_{it}^1 - r_{it}^3$ 分别代表上游开采部门($seg1_{it}$)、炼油部门($seg2_{it}$)和销售部门($seg3_{it}$)在企业当年总收益中的份额；(4)地域层面相似度矩阵 $W_4$，通过公式(8)中 $R_{it} = (r_{it}^1, r_{it}^2, \cdots, r_{it}^{16})$ 计算，其中 $r_{it}^1 - r_{it}^{16}$ 分别代表如下16个区域($reg1_{it} - reg16_{it}$)在企业当年总收益中的份额：大洋洲、澳大利亚、东亚、东南亚、南亚、中东、北非、东非、西非、南美洲、北美洲、西欧、南欧、东欧、俄罗斯和中亚。

一方面，计算矩阵 $W_1$ 和 $W_3$ 所需数据来自《能源情报》的《全球国有石油企业与私有石油企业百强榜》数据库，它提供了公司层面的石油产量(千桶/天)和天然气产量(百万立方英尺/天)数据，以及上游开采部门、炼油部门和销售部门收益的相关数据；另一方面，Rystad Energy 的 UCube 数据库每年报告公司层面常规和非常规油气资源的业务量，以及在上述 16 个地区的业务分布，可以以此构建 $W_2$ 和 $W_4$。

表 8-1 列出了 2009—2015 年 54 家大型石油企业相关变量的描述性统计。2009—2015 年，这些公司平均利用 7.8 万名员工、91 亿桶的石油储量、310 亿立方英尺的天然气储量和日均 86 万桶的炼油能力，创造 760 亿美元的平均年收益。其中，石油产品和天然气产品的平均产出份额分别为 57％和 43％。常规和非常规产品的平均产出份额分别为 74％和 26％。上游开采、炼油和市场销售部门的产出份额分别为 19％、58％和 23％。

表 8-1　描述性统计

| 变量 | 符号 | 单位 | 均值 | 标准差 | 最小值 | 最大值 |
| --- | --- | --- | --- | --- | --- | --- |
| 收入 | $y$ | 百亿美元 | 7.6 | 10.7 | 0.2 | 48.2 |
| 劳动力数量 | $Labor$ | 万人 | 7.8 | 22.2 | 0.1 | 167 |
| 石油储量 | $OilRsv$ | 亿桶 | 91 | 387 | 0 | 3009 |
| 天然气储量 | $GasRsv$ | 百亿立方英尺 | 3.1 | 9.4 | 0 | 68 |
| 炼油能力 | $RefCap$ | 万桶/天 | 86 | 131 | 0 | 627 |
| 石油价格 | $OilPr$ | 美元/石油当量 | 71.3 | 19.8 | 4.4 | 111 |
| 天然气价格 | $GasPr$ | 美元/千立方英尺 | 4.4 | 1.6 | 1.2 | 16.4 |
| 石油份额 | $oil$ | — | 0.57 | 0.23 | 0 | 1.00 |
| 常规油气份额 | $con$ | — | 0.74 | 0.29 | 0 | 1.00 |
| 炼油份额 | $seg2$ | — | 0.58 | 0.32 | 0.06 | 1.00 |
| 销售份额 | $seg3$ | — | 0.23 | 0.20 | 0 | 0.70 |

表 8-2 列出了每家企业在四个维度下最相似企业排行榜前三的企业名单。表 8-2 的前两列给出了 54 家石油企业及其对应的编号。接下来的三列根据产品层面的相似度 $W_1$ 提供了针对一个特定公司而言与它最相似的三家公司的编号。例如，对于 Anadarko 公司而言，与其产品结构相

似度最高的三家企业分别是 Noble Energy（编号 30）、Pertamina（编号 37）
和 Mol（编号 28）。在其他三个维度中类似排名也在表中相继列出。对于
这 54 家公司中的每一家公司，表 8-2 从不同的角度列出了它们最重要的 3
个竞争对手。

表 8-2　四个维度中相似度排名前三位的公司

| 公司名称 | ID | 产品相似度 | | | 技术相似度 | | | 部门相似度 | | | 地域相似度 | | |
|---|---|---|---|---|---|---|---|---|---|---|---|---|---|
| | | $1^{st}$ | $2^{nd}$ | $3^{rd}$ | $1^{st}$ | $2^{nd}$ | $3^{rd}$ | $1^{st}$ | $2^{nd}$ | $3^{rd}$ | $1^{st}$ | $2^{nd}$ | $3^{rd}$ |
| Anadarko | 1 | 30 | 37 | 28 | 30 | 4 | 14 | 2 | 4 | 13 | 6 | 7 | 13 |
| Apache | 2 | 18 | 49 | 33 | 20 | 27 | 42 | 1 | 4 | 13 | 1 | 50 | 11 |
| Bashneft | 3 | 51 | 50 | 43 | 28 | 41 | 31 | 22 | 6 | 19 | 31 | 51 | 19 |
| BHP Billiton | 4 | 37 | 42 | 27 | 1 | 14 | 6 | 1 | 2 | 13 | 1 | 6 | 7 |
| BP | 5 | 11 | 10 | 47 | 52 | 44 | 36 | 52 | 44 | 39 | 18 | 32 | 44 |
| Cenovus | 6 | 40 | 23 | 2 | 1 | 26 | 4 | 3 | 22 | 19 | 7 | 13 | 15 |
| Chesapeake | 7 | 19 | 15 | 41 | 40 | 22 | 13 | 40 | 48 | 15 | 6 | 13 | 15 |
| Chevron | 8 | 10 | 21 | 26 | 18 | 9 | 38 | 25 | 18 | 21 | 20 | 29 | 5 |
| CNOOC(＊) | 9 | 38 | 35 | 24 | 8 | 18 | 35 | 49 | 36 | 24 | 12 | 44 | 18 |
| CNPC(＊) | 10 | 8 | 21 | 5 | 33 | 39 | 46 | 35 | 50 | 38 | 32 | 52 | 23 |
| CNR | 11 | 26 | 5 | 10 | 21 | 30 | 1 | 17 | 23 | 15 | 6 | 7 | 13 |
| Conoco Phillips | 12 | 52 | 49 | 34 | 35 | 20 | 2 | 26 | 27 | 46 | 50 | 11 | 20 |
| Devon Energy | 13 | 1 | 28 | 30 | 22 | 48 | 50 | 1 | 2 | 4 | 6 | 7 | 15 |
| Ecopetrol(＊) | 14 | 24 | 38 | 25 | 1 | 4 | 21 | 43 | 16 | 25 | 35 | 38 | 46 |
| EnCana | 15 | 19 | 31 | 7 | 17 | 11 | 30 | 23 | 40 | 48 | 6 | 7 | 13 |
| Eni | 16 | 49 | 33 | 52 | 51 | 53 | 43 | 14 | 43 | 25 | 45 | 2 | 44 |
| EOG | 17 | 13 | 1 | 30 | 40 | 50 | 15 | 11 | 23 | 15 | 6 | 7 | 13 |
| Exxon Mobil | 18 | 52 | 49 | 16 | 8 | 9 | 38 | 41 | 8 | 21 | 30 | 44 | 5 |
| Gazprom(＊) | 19 | 31 | 15 | 48 | 28 | 31 | 41 | 24 | 3 | 36 | 3 | 31 | 51 |
| Hess | 20 | 32 | 46 | 21 | 2 | 12 | 27 | 29 | 38 | 10 | 12 | 29 | 30 |
| Husky Energy | 21 | 8 | 10 | 26 | 30 | 1 | 11 | 8 | 25 | 18 | 6 | 7 | 13 |

续表

| 公司名称 | ID | 产品相似度 | | | 技术相似度 | | | 部门相似度 | | | 地域相似度 | | |
|---|---|---|---|---|---|---|---|---|---|---|---|---|---|
| | | 1st | 2nd | 3rd | 1st | 2nd | 3rd | 1st | 2nd | 3rd | 1st | 2nd | 3rd |
| Imperial | 22 | 25 | 50 | 14 | 13 | 50 | 40 | 3 | 37 | 42 | 6 | 7 | 13 |
| Inpex | 23 | 47 | 11 | 5 | 25 | 16 | 34 | 15 | 40 | 7 | 27 | 39 | 37 |
| Kazmunaigas( * ) | 24 | 38 | 14 | 35 | 3 | 19 | 41 | 36 | 19 | 14 | 47 | 8 | 10 |
| Lukoil | 25 | 14 | 22 | 24 | 34 | 47 | 23 | 8 | 14 | 21 | 19 | 51 | 3 |
| Marathon Oil | 26 | 11 | 21 | 8 | 6 | 29 | 1 | 27 | 12 | 1 | 30 | 20 | 18 |
| Mitsui | 27 | 54 | 39 | 42 | 42 | 32 | 2 | 26 | 12 | 1 | 23 | 32 | 44 |
| Mol | 28 | 30 | 1 | 37 | 31 | 41 | 19 | 45 | 46 | 37 | 33 | 52 | 44 |
| Murphy Oil | 29 | 10 | 8 | 5 | 26 | 6 | 12 | 20 | 52 | 37 | 20 | 12 | 8 |
| Noble Energy | 30 | 28 | 1 | 37 | 1 | 21 | 11 | 1 | 2 | 4 | 11 | 1 | 6 |
| Novatek | 31 | 19 | 15 | 48 | 28 | 41 | 19 | 1 | 2 | 4 | 3 | 51 | 19 |
| Occidental | 32 | 20 | 46 | 21 | 45 | 36 | 44 | 15 | 48 | 23 | 5 | 18 | 10 |
| OMV | 33 | 16 | 18 | 44 | 39 | 47 | 34 | 42 | 37 | 22 | 53 | 28 | 25 |
| ONGC | 34 | 49 | 16 | 47 | 47 | 25 | 23 | 43 | 14 | 9 | 33 | 25 | 43 |
| PDVSA( * ) | 35 | 38 | 24 | 45 | 9 | 12 | 8 | 10 | 50 | 19 | 14 | 38 | 46 |
| PEMEX( * ) | 36 | 9 | 46 | 35 | 44 | 45 | 52 | 24 | 19 | 9 | 6 | 7 | 13 |
| Pertamina( * ) | 37 | 1 | 30 | 42 | 24 | 3 | 19 | 42 | 52 | 22 | 41 | 39 | 23 |
| Petrobras( * ) | 38 | 24 | 35 | 14 | 18 | 9 | 8 | 50 | 39 | 35 | 14 | 35 | 46 |
| PETRONAS( * ) | 39 | 28 | 30 | 27 | 33 | 34 | 47 | 38 | 50 | 52 | 37 | 41 | 23 |
| Pioneer | 40 | 6 | 23 | 2 | 17 | 50 | 22 | 7 | 15 | 48 | 6 | 7 | 13 |
| PTT( * ) | 41 | 53 | 7 | 39 | 28 | 31 | 19 | 18 | 46 | 45 | 37 | 39 | 23 |
| Repsol | 42 | 37 | 39 | 44 | 32 | 27 | 45 | 33 | 37 | 22 | 46 | 38 | 14 |
| Rosneft( * ) | 43 | 25 | 14 | 24 | 53 | 51 | 37 | 14 | 34 | 16 | 3 | 31 | 51 |
| Shell | 44 | 33 | 18 | 16 | 36 | 52 | 45 | 52 | 37 | 5 | 18 | 52 | 5 |
| Sinopec( * ) | 45 | 35 | 46 | 38 | 36 | 44 | 32 | 28 | 46 | 22 | 16 | 5 | 26 |
| SK Energy | 46 | 32 | 45 | 35 | 39 | 33 | 23 | 28 | 45 | 41 | 38 | 14 | 35 |
| Socar( * ) | 47 | 34 | 49 | 5 | 34 | 25 | 23 | 10 | 3 | 35 | 24 | 8 | 10 |
| Southwestern | 48 | 31 | 19 | 15 | 13 | 22 | 50 | 40 | 7 | 15 | 6 | 7 | 13 |

续表

| 公司名称 | ID | 产品相似度 | | | 技术相似度 | | | 部门相似度 | | | 地域相似度 | | |
|---|---|---|---|---|---|---|---|---|---|---|---|---|---|
| | | 1st | 2nd | 3rd | 1st | 2nd | 3rd | 1st | 2nd | 3rd | 1st | 2nd | 3rd |
| Statoil(＊) | 49 | 16 | 34 | 18 | 36 | 44 | 52 | 9 | 36 | 34 | 44 | 18 | 12 |
| Suncor | 50 | 22 | 25 | 3 | 22 | 40 | 17 | 38 | 35 | 10 | 11 | 6 | 7 |
| Tatneft | 51 | 3 | 50 | 43 | 16 | 53 | 43 | 35 | 47 | 10 | 3 | 31 | 19 |
| Total | 52 | 16 | 18 | 49 | 5 | 44 | 36 | 5 | 44 | 37 | 44 | 18 | 32 |
| Wintershall | 53 | 41 | 54 | 39 | 43 | 16 | 51 | 1 | 2 | 4 | 43 | 19 | 3 |
| Woodside | 54 | 27 | 39 | 53 | 5 | 52 | 44 | 1 | 2 | 4 | 4 | 27 | 44 |

注:打星号(＊)的企业为国有企业。

# 五、结果

## (一)生产函数与空间相关性

本章遵循 Eller et al.(2011)与 Hartley and Medlock(2013)的研究,在石油工业的生产函数中引入规模收益不变约束(CRS)。利用 Amsler et al.(2016)和 Gong(2018a)提出的控制函数法检验生产函数中投入要素潜在的内生性问题。结果表明,四种投入要素均是外生变量。本章首先检验空间相关性,进一步探讨是否有必要在生产函数中引入空间技术。利用 Pesaran's CD 检验(Pesaran,2004)和 Breusch-Pagan LM 检验(Breusch and Pagan,1980)对数据进行分析,发现存在空间相关性,因此决定使用空间模型。第二步,使用四个空间权重矩阵时,莫兰指数(Moran's Index)与 0 存在显著差异,这进一步证明了四个维度空间自相关性的存在。第三步,本章采用 Hausman 检验(Millo and Piras,2012)对空间面板数据模型进行检验,使用四种空间权重矩阵时,在固定效应模型和随机效应模型之间进行选择。当选取 $W_1—W_4$ 控制截面相关性时,Hausman 检验的 $p$ 值为 0.98、0.30、0.87 和 0.58。因此，随机效应模型在所有四种单维度分析中均较为适用。

接下来要考虑的是使用每个空间权重矩阵时，如何在 SAR、SEM 和 GSM 中选择"最佳"模型。通过 $W_1$—$W_4$ 控制相关性，GSM 模型的 AIC 值（401.49、401.08、402.55 和 403.31）均小于 SAR（404.44、404.58、405.59 和 406.44）和 SEM（402.88、402.75、403.30 和 403.32）模型中对应的 AIC 值，这说明在四种单维度研究中均应优先选择 GSM 模型。BIC 值也证实了 GSM 模型（452.64、452.23、453.70 和 454.46）在所有四种维度中均优于 SAR（455.59、455.74、456.75 和 457.59）和 SEM（454.03、453.91、454.45 和 454.48）模型。综上，本章利用 GSM 模型估计生产函数。表 8-3 给出了分别使用空间权重矩阵 $W_1$—$W_4$ 的 GSM 估计结果。实证结果显示，不同空间模型估计的系数非常近似，这表明不同模型对于生产函数的估计是稳健的。

表 8-3　四个维度 GSM 模型的估计结果

| 决定因素 | 产品相关性 | 技术相关性 | 部门相关性 | 地域相关性 |
|---|---|---|---|---|
| $\log(Labor)$ | 0.680*** (0.036) | 0.678*** (0.036) | 0.684*** (0.036) | 0.690*** (0.035) |
| $\log(OilRsv)$ | 0.122*** (0.036) | 0.129*** (0.034) | 0.126*** (0.036) | 0.111*** (0.035) |
| $\log(GasRsv)$ | 0.111*** (0.035) | 0.107*** (0.034) | 0.111*** (0.035) | 0.115*** (0.035) |
| $\log(RefCap)$ | 0.087*** (0.016) | 0.087*** (0.017) | 0.079*** (0.016) | 0.084*** (0.015) |
| $\log(OilPr)$ | 0.127 (0.098) | 0.149 (0.098) | 0.142 (0.098) | 0.132 (0.097) |
| $\log(GasPr)$ | −0.0003 (0.083) | 0.021 (0.081) | 0.006 (0.082) | 0.019 (0.079) |

续表

| 决定因素 | 产品相关性 | 技术相关性 | 部门相关性 | 地域相关性 |
|---|---|---|---|---|
| NOC | −0.860*** | −0.916*** | −0.919*** | −0.843*** |
| | (0.231) | (0.232) | (0.229) | (0.229) |
| 时间效应 | 控制 | 控制 | 控制 | 控制 |
| 截距 | 3.006*** | 2.646*** | 1.905*** | 0.737* |
| | (0.412) | (0.410) | (0.413) | (0.407) |
| $\rho$ | −0.389*** | −0.342*** | −0.204*** | −0.358* |
| | (0.036) | (0.028) | (0.025) | (0.212) |
| $\lambda$ | 6.357*** | 6.449*** | 6.230*** | 6.122*** |
| | (1.427) | (1.393) | (1.353) | (1.355) |
| AIC | 401.49 | 401.08 | 402.55 | 403.31 |
| 权重 $w_m^*$ | 0.167 | 0.136 | 0.283 | 0.414 |

注：*表示10％置信度，**表示5％置信度，***表示1％置信度；括号中的数字表示标准误。

在四种投入要素变量中，劳动力的系数在统计学上和经济意义上都是最显著的，说明劳动力对油气生产的重要性大，贡献度高。不同模型对劳动力弹性大小的估计非常稳健，在0.67到0.69之间。石油储量、天然气储量和炼油能力这三个投入要素的系数均在0.1左右，在四个空间模型中均具有高度显著的统计学意义。在控制时间效应的情况下，油气价格对收益的影响不显著。在投入数量和能源价格固定的情况下，国有石油公司的产量远低于私有石油公司的产量，这说明即使考虑价格补贴，前者的效率仍然较低。

表8-3还报告了使用AIC准则得到的各个模型对应权重，分别为0.167、0.136、0.283和0.414。这说明每个维度都可以在一定程度上解释数据，因此有必要同时考虑四个维度的相关性，也显示了本章利用模型平均法的必要性。此外，地域维度的相关性是最重要的，其次是部门维度，第三是产品维度，而技术维度的相关性权重最小。利用这些权重可以将石油行业的单要素溢出效应、相似性和竞争程度加总为全要素溢出效应、相似

性和竞争程度。

## (二)溢出效应

除了表 8-3 报告的投入要素对产出的直接影响外,LeSage and Pace (2009)认为应报告每种投入要素间接影响的平均值,这是溢出效应的衡量指标。我们计算了四种空间生产模型的平均效应,然后将它们加权平均,得出四种投入要素的直接、间接和总效应,如表 8-4 所示。直接效应通过计算公式(7)矩阵对角线元素的平均值$(I-\rho W_m)^{-1}\beta$得出,显示投入要素对本公司产出的直接影响。间接效应通过计算相同矩阵对角线外的行加总均值得出,衡量的是全要素溢出效应的平均水平,即某企业投入要素对其他企业产出的平均影响。总效应则是直接效应和间接效应之和。表 8-4 显示,四种投入要素均存在显著的负间接效应,这说明该时期内石油企业之间存在显著的负溢出效应。换言之,一家公司的扩张通常会对其竞争对手的成长产生负面影响。

表 8-4 投入要素的直接效应、间接效应和总效应

| 变量 | 直接效应 | | 间接效应 | | 总效应 | |
|---|---|---|---|---|---|---|
| | 估计值 | 标准误 | 估计值 | 标准误 | 估计值 | 标准误 |
| $\log(Labor)$ | 0.685*** | (0.034) | −0.086** | (0.044) | 0.599*** | (0.056) |
| $\log(OilRsv)$ | 0.120*** | (0.037) | −0.016*** | (0.005) | 0.104*** | (0.037) |
| $\log(GasRsv)$ | 0.112*** | (0.035) | −0.014*** | (0.004) | 0.098*** | (0.036) |
| $\log(RefCap)$ | 0.083*** | (0.016) | −0.010*** | (0.003) | 0.073*** | (0.016) |

注:* 表示10%置信度,** 表示5%置信度,*** 表示1%置信度;括号中的数字表示标准误。

与表 8-4 显示的平均水平相比,各石油企业的全要素溢出效应更值得关注。遵循 LeSage and Pace(2009)的研究,我们计算样本中每家石油企业受其他企业的总体影响和每家企业对其他企业的总体影响。首先,各家石油企业受其他企业的总体影响区别不大,与表 8-4 中已经汇报的平均水

平类似，即当其他 53 家企业的劳动力使用均增长一倍，那么剩下的一家企业的收益将遭受 8.6％损失。同样地，如果其他 53 家企业的石油储量、天然气储量或者炼油能力使用均增长一倍时，剩下的一家企业的收益将遭受 1.6％、1.4％或者 1.0％的损失。

然而，增加某一公司投入要素对其他所有公司的影响（溢出效应）则因公司而异，表 8-5 报告了这些差异。一个公司对其他公司的劳动力溢出效应在－0.094 到－0.062 之间。公司油气储量对其他公司的溢出效应的区间分别是（－0.018，－0.011）和（－0.016，－0.01）。而一家公司的炼油能力对其所有竞争对手的溢出效应在－0.02 至－0.012 之间。综上所述，一个特定公司对其他公司的溢出效应比其他所有公司对该特定公司的溢出效应差异更大。

表 8-5　对其他所有公司的总体溢出效应

| 公司名称 | 间接效应 | | | |
| --- | --- | --- | --- | --- |
| | 劳动力 | 石油储备 | 天然气储备 | 炼油能力 |
| Anadarko | －0.088 | －0.016 | －0.014 | －0.018 |
| Apache | －0.089 | －0.017 | －0.014 | －0.018 |
| Bashneft | －0.086 | －0.016 | －0.014 | －0.018 |
| BHP Billiton | －0.088 | －0.016 | －0.014 | －0.018 |
| BP | －0.084 | －0.016 | －0.014 | －0.017 |
| Cenovus | －0.094 | －0.017 | －0.015 | －0.019 |
| Chesapeake | －0.072 | －0.013 | －0.012 | －0.015 |
| Chevron | －0.090 | －0.017 | －0.014 | －0.018 |
| CNOOC(＊) | －0.084 | －0.015 | －0.013 | －0.017 |
| CNPC(＊) | －0.091 | －0.017 | －0.015 | －0.019 |
| CNR | －0.089 | －0.016 | －0.014 | －0.018 |
| Conoco Phillips | －0.091 | －0.017 | －0.015 | －0.019 |
| Devon Energy | －0.077 | －0.014 | －0.012 | －0.015 |

续表

| 公司名称 | 间接效应 | | | |
|---|---|---|---|---|
| | 劳动力 | 石油储备 | 天然气储备 | 炼油能力 |
| Ecopetrol（＊） | −0.088 | −0.016 | −0.014 | −0.018 |
| EnCana | −0.077 | −0.014 | −0.012 | −0.016 |
| Eni | −0.091 | −0.017 | −0.015 | −0.018 |
| EOG | −0.082 | −0.015 | −0.013 | −0.017 |
| Exxon Mobil | −0.092 | −0.017 | −0.015 | −0.019 |
| Gazprom（＊） | −0.082 | −0.015 | −0.013 | −0.017 |
| Hess | −0.087 | −0.016 | −0.014 | −0.018 |
| Husky Energy | −0.092 | −0.017 | −0.015 | −0.019 |
| Imperial | −0.080 | −0.015 | −0.013 | −0.016 |
| Inpex | −0.088 | −0.016 | −0.014 | −0.018 |
| Kazmunaigas（＊） | −0.087 | −0.016 | −0.014 | −0.018 |
| Lukoil | −0.085 | −0.016 | −0.014 | −0.017 |
| Marathon Oil | −0.090 | −0.017 | −0.014 | −0.018 |
| Mitsui | −0.087 | −0.016 | −0.014 | −0.018 |
| Mol | −0.092 | −0.017 | −0.015 | −0.019 |
| Murphy Oil | −0.088 | −0.016 | −0.014 | −0.018 |
| Noble Energy | −0.088 | −0.016 | −0.014 | −0.018 |
| Novatek | −0.077 | −0.014 | −0.012 | −0.016 |
| Occidental | −0.087 | −0.016 | −0.014 | −0.018 |
| OMV | −0.089 | −0.016 | −0.014 | −0.018 |
| ONGC | −0.084 | −0.016 | −0.014 | −0.017 |
| PDVSA（＊） | −0.092 | −0.017 | −0.015 | −0.019 |
| PEMEX（＊） | −0.087 | −0.016 | −0.014 | −0.018 |
| Pertamina（＊） | −0.090 | −0.017 | −0.015 | −0.018 |
| Petrobras（＊） | −0.089 | −0.017 | −0.014 | −0.018 |

**续表**

| 公司名称 | 间接效应 | | | |
|---|---|---|---|---|
| | 劳动力 | 石油储备 | 天然气储备 | 炼油能力 |
| PETRONAS(＊) | −0.088 | −0.016 | −0.014 | −0.018 |
| Pioneer | −0.082 | −0.015 | −0.013 | −0.016 |
| PTT(＊) | −0.087 | −0.016 | −0.014 | −0.018 |
| Repsol | −0.091 | −0.017 | −0.015 | −0.018 |
| Rosneft(＊) | −0.082 | −0.015 | −0.013 | −0.017 |
| Shell | −0.087 | −0.016 | −0.014 | −0.018 |
| Sinopec(＊) | −0.090 | −0.017 | −0.015 | −0.018 |
| SKEnergy | −0.090 | −0.017 | −0.014 | −0.018 |
| Socar(＊) | −0.092 | −0.017 | −0.015 | −0.019 |
| Southwestern | −0.062 | −0.011 | −0.010 | −0.013 |
| Statoil(＊) | −0.085 | −0.016 | −0.014 | −0.017 |
| Suncor | −0.078 | −0.014 | −0.013 | −0.016 |
| Tatneft | −0.075 | −0.014 | −0.012 | −0.015 |
| Total | −0.090 | −0.017 | −0.014 | −0.018 |
| Wintershall | −0.082 | −0.015 | −0.013 | −0.017 |
| Woodside | −0.087 | −0.016 | −0.014 | −0.018 |

注:打星号(＊)的企业为国有企业。

## (三)相似性

除了全要素溢出效应,本章还希望估计的是,考虑所有四个维度相关性的前提下,公司间总体的相似程度。使用表 8-3 中估计的权重以及 $W_1$—$W_4$,可以计算空间权重矩阵 $W^*$,它反映了 54 家石油企业两两之间的总体相似程度。空间权重矩阵 $W^*$ 对角线外的元素代表了对应两公司间的相关性。更具体地说,将矩阵进行行标准化后,第 $i$ 行和第 $j$ 列中的元素

度量了 $j$ 公司与 $i$ 公司的总体相似程度。相似度越高的公司,其业务中直接竞争的比例就越大,因此它们面临的相互竞争也就越大。矩阵 $W^*$ 中的第 $i$ 行度量了公司 $i$ 与其每个竞争对手的竞争程度。换言之,它体现了在公司 $i$ 眼中,每个竞争对手的重要程度与排名。表 8-6 列出了利用全要素相似性测算的每个公司面对的三个最相似的竞争对手。

表 8-6　全要素相似性中排名前三位的公司(谁在我的名单上)

| 公司名称 | 全要素相似性 | | |
|---|---|---|---|
| | 1st | 2nd | 3rd |
| Anadarko | CNR | Devon Energy | Pioneer |
| Apache | Anadarko | CNR | Conoco Phillips |
| Bashneft | Lukoil | Rosneft( * ) | Tatneft |
| BHP Billiton | Anadarko | CNR | Devon Energy |
| BP | Exxon Mobil | Shell | Sinopec( * ) |
| Cenovus | Husky Energy | PEMEX( * ) | Imperial |
| Chesapeake | Southwestern | EnCana | Devon Energy |
| Chevron | Hess | Murphy Oil | Exxon Mobil |
| CNOOC( * ) | Conoco Phillips | Shell | Exxon Mobil |
| CNPC( * ) | Occidental | Total | Inpex |
| CNR | Pioneer | Anadarko | EOG |
| Conoco Phillips | Hess | Anadarko | CNR |
| DevonEnergy | Pioneer | Chesapeake | EOG |
| Ecopetrol( * ) | PDVSA( * ) | Petrobras( * ) | SK Energy |
| EnCana | Chesapeake | Southwestern | EOG |
| Eni | Sinopec( * ) | Apache | Shell |
| EOG | Pioneer | Devon Energy | CNR |
| Exxon Mobil | Shell | BP | Conoco Phillips |
| Gazprom( * ) | Novatek | Bashneft | Rosneft( * ) |

续表

| 公司名称 | 全要素相似性 | | |
|---|---|---|---|
| | 1st | 2nd | 3rd |
| Hess | Murphy Oil | Conoco Phillips | Chevron |
| Husky Energy | Cenovus | Imperial | PEMEX( * ) |
| Imperial | Suncor | Husky Energy | Cenovus |
| Inpex | Mitsui | Pertamina( * ) | PETRONAS( * ) |
| Kazmunaigas( * ) | Socar( * ) | Chevron | CNPC( * ) |
| Lukoil | Rosneft( * ) | Bashneft | Tatneft |
| Marathon Oil | Noble Energy | Hess | Exxon Mobil |
| Mitsui | Inpex | Occidental | Shell |
| Mol | OMV | Shell | Total |
| Murphy Oil | Hess | Conoco Phillips | Chevron |
| Noble Energy | Anadarko | CNR | Devon Energy |
| Novatek | Gazprom( * ) | Bashneft | Rosneft( * ) |
| Occidental | Exxon Mobil | BP | CNPC( * ) |
| OMV | Wintershall | Mol | Bashneft |
| ONGC | OMV | Rosneft( * ) | Lukoil |
| PDVSA( * ) | Petrobras( * ) | Ecopetrol( * ) | SK Energy |
| PEMEX( * ) | Cenovus | Husky Energy | Suncor |
| Pertamina( * ) | PTT( * ) | PETRONAS( * ) | Inpex |
| Petrobras( * ) | PDVSA( * ) | Ecopetrol( * ) | SK Energy |
| PETRONAS( * ) | Pertamina( * ) | PTT( * ) | Inpex |
| Pioneer | Devon Energy | EOG | CNR |
| PTT( * ) | Pertamina( * ) | PETRONAS( * ) | Inpex |
| Repsol | SK Energy | Petrobras( * ) | PDVSA( * ) |
| Rosneft( * ) | Lukoil | Bashneft | Tatneft |
| Shell | Total | ExxonMobil | BP |

| 公司名称 | 全要素相似性 | | |
|---|---|---|---|
| | 1st | 2nd | 3rd |
| Sinopec（＊） | Eni | BP | Marathon Oil |
| SKEnergy | Petrobras（＊） | PDVSA（＊） | Ecopetrol（＊） |
| Socar（＊） | Kazmunaigas（＊） | Chevron | CNPC（＊） |
| Southwestern | Chesapeake | EnCana | Devon Energy |
| Statoil（＊） | Shell | Exxon Mobil | Total |
| Suncor | Imperial | Husky Energy | Cenovus |
| Tatneft | Bashneft | Rosneft（＊） | Lukoil |
| Total | Shell | Exxon Mobil | BP |
| Wintershall | Novatek | Gazprom（＊） | Bashneft |
| Woodside | BHP Billiton | Mitsui | Shell |

注：打星号（＊）的企业为国有企业。

　　上述结果意味着国有石油公司的主要竞争对手不一定只是其他国有企业，也可能与私有企业直接竞争，而一个国家的不同国有石油公司并不一定是彼此最主要的竞争对手。例如，三家中国国有石油公司最直接的竞争对手均为国际石油公司，埃尼（Eni）、英国石油（BP）和马拉松石油（Marathon Oil）是与中石化（Sinopec）最相似的公司，康菲（Conoco Phillips）、壳牌（Shell）和埃克森美孚（Exxon Mobil）的投资组合最接近中海油（CNOOC），西方石油公司（Occidental）、道达尔石油公司（Total）和国际石油交易所（Inpex）是与中石油（CNPC）最相似的三大石油公司。此外，这三家中国国有石油公司的发展战略不同，资源和活动的配置也不同。2015 年，中石化 9％的收入来自上游开采业务，55％来自炼油业务，36％来自营销业务。与此同时，中石油 31％的收入来自上游业务，45％来自炼油业务，24％来自营销业务；而中海油 69％的收入来自开采业务，15％来自炼油业务，16％来自营销业务。显然中石化更注重下游活动，中海油更注重上游活动，中石油则更加均衡。由此可见，这三家国有石油公司之间的竞争程度并不高。

### (四)竞争性

在回答了"谁在我的名单上"这个问题后，我们还对"我在别人的名单上吗"这个问题比较感兴趣。换言之，本章探讨了在所有其他公司眼中，公司 $i$ 的相似度总和。对于公司 $i$ 而言，我们对空间权重矩阵 $W^*$ 第 $i$ 列进行加总。此外，我们还计算了各公司在所有其他公司的竞争环境中排名的平均值。表 8-7 报告了每家公司面临的总体相似性和在其他公司榜单上的平均排名。相似度越高和排名越靠前，说明该企业面临的总体竞争越激烈。表 8-7 还列出了各个类型企业的平均竞争压力。

**表 8-7　各公司面临的总体竞争水平(我在别人的名单上吗)**

| 公司名称 | 总体相似性 | 公司名称 | 平均排名 |
|---|---|---|---|
| Shell | 1.310 | Shell | 13.2 |
| Chevron | 1.306 | Exxon Mobil | 13.6 |
| BP | 1.295 | BP | 15.4 |
| Exxon Mobil | 1.236 | Conoco Phillips | 15.7 |
| Sinopec(＊) | 1.228 | Sinopec(＊) | 15.8 |
| Conoco Phillips | 1.200 | Chevron | 16.1 |
| Repsol | 1.189 | Hess | 18.3 |
| Mitsui | 1.171 | Total | 19.0 |
| Hess | 1.151 | Cenovus | 19.2 |
| OMV | 1.130 | Repsol | 19.6 |
| Murphy Oil | 1.115 | Husky Energy | 20.4 |
| BHP Billiton | 1.098 | PEMEX(＊) | 21.0 |
| Wintershall | 1.096 | Mitsui | 21.3 |
| Cenovus | 1.083 | Apache | 22.1 |

续表

| 公司名称 | 总体相似性 | 公司名称 | 平均排名 |
| --- | --- | --- | --- |
| Husky Energy | 1.077 | Murphy Oil | 22.2 |
| Total | 1.074 | Noble Energy | 22.5 |
| Noble Energy | 1.069 | Occidental | 22.8 |
| Apache | 1.055 | Anadarko | 22.9 |
| Anadarko | 1.054 | Eni | 23.5 |
| CNR | 1.051 | CNR | 23.5 |
| EOG | 1.049 | Marathon Oil | 24.0 |
| Occidental | 1.049 | EOG | 24.6 |
| PEMEX( * ) | 1.039 | CNPC( * ) | 24.8 |
| Inpex | 1.024 | BHP Billiton | 25.4 |
| Lukoil | 1.016 | Inpex | 25.8 |
| Marathon Oil | 1.015 | SK Energy | 26.3 |
| SK Energy | 1.014 | Suncor | 26.3 |
| Suncor | 1.008 | Imperial | 26.9 |
| Imperial | 1.008 | OMV | 27.8 |
| Pioneer | 0.998 | Wintershall | 27.9 |
| Bashneft | 0.995 | Pioneer | 28.0 |
| CNPC( * ) | 0.976 | EnCana | 29.1 |
| EnCana | 0.974 | PETRONAS( * ) | 29.5 |
| Gazprom( * ) | 0.970 | Devon Energy | 29.8 |
| Devon Energy | 0.968 | Statoil( * ) | 30.1 |
| Rosneft( * ) | 0.956 | PDVSA( * ) | 31.0 |
| Chesapeake | 0.946 | Chesapeake | 31.5 |
| Eni | 0.935 | CNOOC( * ) | 31.8 |
| Novatek | 0.927 | Petrobras( * ) | 32.4 |
| PETRONAS( * ) | 0.913 | Pertamina( * ) | 32.6 |

续表

| 公司名称 | 总体相似性 | 公司名称 | 平均排名 |
|---|---|---|---|
| Tatneft | 0.901 | Mol | 33.0 |
| Southwestern | 0.892 | Bashneft | 33.8 |
| PDVSA(＊) | 0.883 | Southwestern | 34.1 |
| Petrobras(＊) | 0.872 | Lukoil | 34.2 |
| Ecopetrol(＊) | 0.857 | Ecopetrol(＊) | 34.4 |
| Pertamina(＊) | 0.850 | PTT(＊) | 34.4 |
| PTT(＊) | 0.822 | Socar(＊) | 34.7 |
| Socar(＊) | 0.819 | Gazprom(＊) | 36.6 |
| Kazmunaigas(＊) | 0.798 | Kazmunaigas(＊) | 36.6 |
| Statoil(＊) | 0.790 | Rosneft(＊) | 37.4 |
| Mol | 0.729 | Novatek | 37.5 |
| CNOOC(＊) | 0.722 | ONGC | 37.5 |
| ONGC | 0.662 | Woodside | 39.1 |
| Woodside | 0.632 | Tatneft | 41.1 |
| 小型企业 | 0.974 | 小型企业 | 29.1 |
| 中型企业 | 0.980 | 中型企业 | 27.3 |
| 大型企业 | 1.046 | 大型企业 | 24.6 |
| 国有企业 | 0.885 | 国有企业 | 31.3 |
| 私有企业 | 1.049 | 私有企业 | 25.2 |

注:打星号(＊)的企业为国有企业。

　　一方面,面临最激烈竞争的六家公司都是石油巨头,包括英国石油、雪佛龙、康菲、埃克森美孚、壳牌和中石化;从总体相似性和平均排名均可以看出,大企业面临较大的竞争,企业规模与面临竞争压力间存在正相关关系。另一方面,国有企业(表8-7中标＊)主要分布在名单的后半部分,这表明国有企业面临的竞争压力相对较小,私有企业面临的竞争压力相对较大。为了验证这两个假设,我们将所有公司分别按照公司规模和所有权进行划分。

按照公司规模,本章将 54 家全球主要石油企业按样本期内的平均年收益分为三类,包括 18 家小型企业(年均收益 30～170 亿美元)、18 家中型企业(年均收益 170～700 亿美元)和 18 家大型企业(年均收益 700～4000 亿美元)。值得注意的是,与大中型企业相比,样本中收益较小的企业集团规模只是相对较小,样本中所有企业均位列世界石油企业 100 强,年收益均在 30 亿美元以上。在表 8-7 中,大型企业集团平均相似度得分最高(1.046),平均排名也最高(24.6);其次是中型企业集团,获得 0.98 的平均相似性得分和 27.3 的平均排名;而小型企业的平均相似度得分(0.974)和平均排名(29.1)最低。因此,平均而言,大公司面临石油行业的总体竞争更为激烈。

按照所有制划分,54 家石油企业可以分成 16 家国有石油企业(NOCs)和 38 家私有石油企业(IOCs)。表 8-7 显示出私有企业的平均相似度(1.049)要高于国有企业(0.885),而私有企业的平均排名(25.2)也高于国有企业(31.3)。两者均证实,平均而言,私有石油企业面临的竞争要比国有石油企业激烈得多。许多研究(Al-Obaidan and Scully,1992;Eller et al.,2011;Hartley and Medlock,2013;Wolf,2009)发现在生产领域,私有石油企业比国有企业更有效率。Hartley and Medlock(2008)将国有石油企业效率低下归因于政治压力下的一些非商业目标,例如对国内能源消费实施价格补贴和为确保就业率而实施过度雇佣政策等。根据本章研究结果,私有石油企业所面临的激烈竞争可能是迫使其提高生产率和竞争力的决定性因素。相反,除了非商业目标,缺乏竞争可能是造成国有石油企业效率损失的另一个原因。这个假设在表 8-8 中得到了检验,表 8-8 回答了在其他条件相同的情况下,更多的竞争是否会倒逼生产率的增长。表 8-8 中的前两列测算了竞争压力对生产率的总体影响,而接下来的两列分别测算了产品维度、技术维度、部门维度和地域维度四个方面的竞争压力分别对生产率的影响情况。

表 8-8　竞争强度对生产率的影响

| 决定因素 | （1） | （2） | （3） | （4） |
|---|---|---|---|---|
| $comp_{it}$ | −0.808* | −0.759* | — | — |
| | (0.478) | (0.440) | — | — |
| $comp_{it}^1$ | — | — | 0.248 | −0.592 |
| | — | — | (0.495) | (0.539) |
| $comp_{it}^2$ | — | — | −0.053 | −0.524 |
| | — | — | (0.367) | (0.390) |
| $comp_{it}^3$ | — | — | −0.921*** | −0.855*** |
| | — | — | (0.250) | (0.274) |
| $comp_{it}^4$ | — | — | 0.174 | 0.135 |
| | — | — | (0.255) | (0.231) |
| $oil_{it}$ | — | 0.358 | — | 0.560* |
| | — | (0.302) | — | (0.324) |
| $con_{it}$ | — | 0.673** | — | 0.789** |
| | — | (0.278) | — | (0.322) |
| $seg2_{it}$ | — | 0.017 | — | 0.164 |
| | — | (0.163) | — | (0.170) |
| $seg3_{it}$ | — | −0.034 | — | 0.224 |
| | — | (0.246) | — | (0.264) |
| $\log(Labor)$ | 0.692*** | 0.712*** | 0.667*** | 0.672*** |
| | (0.035) | (0.034) | (0.037) | (0.037) |
| $\log(OilRsv)$ | 0.121*** | 0.100*** | 0.120*** | 0.117*** |
| | (0.035) | (0.038) | (0.035) | (0.039) |
| $\log(GasRsv)$ | 0.106*** | 0.126*** | 0.126*** | 0.148*** |
| | (0.035) | (0.039) | (0.034) | (0.040) |
| $\log(RefCap)$ | 0.081*** | 0.062*** | 0.087*** | 0.063*** |
| | (0.016) | (0.017) | (0.016) | (0.015) |

续表

| 决定因素 | （1） | （2） | （3） | （4） |
|---|---|---|---|---|
| $\log(OilPr)$ | 0.132<br>(0.096) | 0.097<br>(0.094) | 0.121<br>(0.096) | 0.098<br>(0.093) |
| $\log(GasPr)$ | 0.013<br>(0.079) | 0.001<br>(0.078) | −0.004<br>(0.079) | −0.001<br>(0.077) |
| $NOC$ | −1.000***<br>(0.250) | −1.114***<br>(0.197) | −0.765***<br>(0.248) | −0.902***<br>(0.205) |
| 时间效应 | 控 制 | 控 制 | 控 制 | 控 制 |
| 地域效应 | — | 控 制 | — | 控 制 |
| 截距 | 1.918***<br>(0.642) | −2.177<br>(2.538) | 1.389*<br>(0.811) | −2.948<br>(2.342) |

注：* 表示 10% 置信度，** 表示 5% 置信度，*** 表示 1% 置信度；括号中的数字表示标准误；在本表中，$comp_{it}$ 是公司 $i$ 在时期 $t$ 的总体竞争系数，$comp_{it}^1 - comp_{it}^4$ 是公司 $i$ 在时期 $t$ 在产品、技术、部门和地域四个维度的竞争系数。$oil_{it}$ 是原油的产出份额，$con_{it}$ 是常规产品的产出份额，$seg2_{it}$ 是炼油能力的产出份额，$seg3_{it}$ 是市场销售能力的产出份额。

表 8-8 中第 1 列的结果表明，当公司面临更激烈的全面竞争时，会降低生产率，从而导致较低的产出水平。此外，第 2 列表明，当包含更多控制变量时，这种估计结果是稳健的。因此，在石油行业，企业间的竞争通过产生负向溢出效应和降低生产率两个渠道对产出水平产生消极影响。但值得注意的是，总体竞争的影响仅在 10% 的显著水平下显著。因此，有必要对总体竞争进行分解，找出哪个维度的竞争压力对生产率的影响更为显著。表 8-8 中的第 3 列用四个维度的竞争强度代替总体竞争强度。部门维度的竞争强度 $comp_{it}^3$ 是唯一一个在统计学和经济学意义上均显著的系数。这一结果表明，产业链的部门竞争是生产率下降的主要因素，而其他三个维度的竞争对生产率没有显著影响。在第 4 列中加入控制变量得到的结果也验证了这一结论。此外，石油生产的生产率高于天然气生产，而非常规技术的生产率不及常规技术的生产率。

# 六、结论及政策启示

石油企业间存在多维度的相关性。将空间技术应用到生产函数中可以估计各个维度的溢出效应、相似性和竞争程度。受全要素生产率思想的启发，本章利用模型平均法，同时考虑产品、技术、部门和地域四个维度的竞争，测算油气行业的全要素溢出效应、相似性和竞争程度。本章利用2009—2015年全球54家主要石油公司的平衡面板数据进行实证分析。

本章发现四个维度的相关性均能在一定程度上解释企业间的相互影响和企业的生产过程，但地域维度的相关性最为重要，而技术维度的相关性所占权重最小。我们还观察到显著的负溢出效应，这表明一家公司的增长抑制了其他公司的增长。对于每一家公司，我们都提供了其最主要的三个竞争对手的名单，并计算出其面临的总体竞争压力，这就解决了两个常见的商业问题，即"谁在我的名单上"和"我在别人的名单上"。此外，私有石油公司和大型公司面临着比国有石油公司和小型公司更强的竞争压力。部门维度的竞争可以通过负溢出效应和生产率降低两个渠道降低产出水平，而其他三个维度的竞争只能通过负溢出效应降低产出水平。基于上述实证结果，本章提供一些政策启示并提出了未来研究的方向。

第一，石油公司的全球化趋势可能会导致更为激烈的竞争，在四个维度中，地理相关性对全要素竞争的贡献度最高。一些国家，例如中国，缺乏国内油气资源。为了满足国内需求，这些国家可以从外国公司购买石油和天然气，或者建立以寻求能源为目标的跨国公司。但出于能源安全的考虑，这些国家可能会选择后者。然而，本章的实证结果表明，国有企业可能无法，也不愿意进入国际市场成为跨国公司，因为这样做会带来更多的竞争和更严重的负面溢出效应。因此，如何激励国有石油公司走出国门是这些国家政府面临的一大挑战，也是未来研究的重要课题。

第二，由于激烈的行业竞争会通过负面溢出效应和生产率下降两条途径降低产出，因此应鼓励实施动态差异化的发展战略，避免同质化发展战略导致的过度竞争。对于拥有多个国有石油公司的国家来说，对这些公司采取差异化发展战略是必要的。这种差异化战略在中国已经清晰地体现出来，中石化、中海油和中石油三家公司的业务组合有很大的不同。未来的研究可以探讨如何设计最优的差异化策略。

第三，当今许多集团公司在全球不同领域生产多种产品。因此，在许多行业中企业之间的互动和竞争是多维度的。本章提供了一种方法来计算总体竞争水平，并估计当存在多维相关性市场时的总体溢出效应。未来的研究可以将此模型应用于其他行业。此外，同一国家的城市或省份之间（Hale，2016；Yang and Yan，2018）或各国之间（Huang et al. ，2017）均存在竞争，因此也可以使用该模型进行研究。

# 参考文献

［1］ Abbott M. The productivity and efficiency of the australian electricity supply industry［J］. Energy Economics，2006，28（4）：444-454.

［2］ Al-Obaidan A M，Scully GW. Efficiency differences between private and state-owned enterprises in the international petroleum industry［J］. Applied Economics，1992，24（2）:237-246.

［3］ Amsler C，Prokhorov A，Schmidt P. Endogeneity in stochastic frontier models［J］. Journal of Econometrics，2016，190（2）:280-288.

［4］ Anselin L. Spatial econometrics：Methods and models［M］. Springer Science & Business Media，2013.

［5］ Artis M J，Miguelez E，Moreno R. Agglomeration economies

and regional intangible assets: An empirical investigation[J]. Journal of Economic Geography, 2012, 12 (6):1167-1189.

[6] Bernstein P M, Montgomery W D, Tuladhar S D. Potential for reducing carbon emissions from non-annex b countries through changes in technology[J]. Energy Economics, 2006, 28(5-6):742-762.

[7] Bivand R. Regression modeling with spatial dependence: An application of some class selection and estimation methods [J]. Geographical Analysis, 1984, 16 (1):25-37.

[8] Breusch T S, Pagan A R. The lagrange multiplier test and its applications to model specification in econometrics[J]. The Review of Economic Studies, 1980, 47 (1):239-253.

[9] Buckland S T, Burnham K P, Augustin N H. Model selection: An integral part of inference[J]. Biometrics, 1997, 53 (2):603-618.

[10] Chen S, Golley J. "Green" productivity growth in China's industrial economy[J]. Energy Economics, 2014(44):89-98.

[11] Detotto C, Pulina M, Brida J G. Assessing the productivity of the italian hospitality sector: A post-wdea pooled-truncated and spatial analysis[J]. Journal of Productivity Analysis, 2014, 42 (2):103-121.

[12] Du L, He Y, Yan J. The effects of electricity reforms on productivity and efficiency of China's fossil-fired power plants: An empirical analysis[J]. Energy Economics,2013(40):804-812.

[13] Eberhardt M, Teal F. No mangoes in the tundra: Spatial heterogeneity in agricultural productivity analysis[J]. Oxford Bulletin of Economics and Statistics, 2013, 75(6):914-939.

[14] Eller S L, Hartley P R, Medlock K B. Empirical evidence on the operational efficiency of national oil companies [J]. Empirical

Economics，2011，40(3):623-643.

[15] Getmansky M，Girardi G，Hanley K W，et al. Portfolio similarity and asset liquidation in the insurance industry[R]. Fourth Annual Conference on Financial Market Regulation，2016.

[16] Gong B. Agricultural reforms and production in China changes in provincial production function and productivity in 1978-2015 [J]. Journal of Development Economics，2018(132):18-31.

[17] Gong B. Different behaviors in natural gas production between national and private oil companies: Economics-driven or environment-driven? [J]. Energy Policy,2018，114(3):145-152.

[18] Gong B. Efficiency and productivity analysis of multidivisional firms[D]. Rice University，2016.

[19] Gong B. The impact of public expenditure and international trade on agricultural productivity in China[J]. Emerging Markets Finance and Trade，2018,54(15): 3438-3453.

[20] Gong B. Multi-dimensional interactions in the oilfield market: A jackknife model averaging approach of spatial productivity analysis[J]. Energy Economics，2017(forthcoming).

[21] Gong B. The shale technical revolution—cheer or fear? Impact analysis on efficiency in the global oilfield service market[J]. Energy Policy，2018，112 (1):162-172.

[22] Hale T. International sources of political order in the people's republic of China: A lacuna in the fukuyama framework[J]. Journal of Chinese Governance，2016，1 (3):427-440.

[23] Han J，Ryu D，Sickles R. How to measure spillover effects of public capital stock: A spatial autoregressive stochastic frontier model

[M]// Spatial econometrics: Qualitative and limited dependent variables. Emerald Group Publishing Limited, 2016.

[24] Hanley K W, Hoberg G. Litigation risk, strategic disclosure and the underpricing of initial public offerings[J]. Journal of Financial Economics, 2012,103(2):235-254.

[25] Hartley P, Medlock K B. A model of the operation and development of a national oil company[J]. Energy Economics, 2008,30 (5):2459-2485.

[26] Hartley P R, Medlock III K B. Changes in the operational efficiency of national oil companies[J]. The Energy Journal, 2013,34(2): 27-57.

[27] Huang C, Yue X, Yang M, et al. A quantitative study on the diffusion of public policy in China: Evidence from the s&t finance sector [J]. Journal of Chinese Governance, 2017,2(3):235-254.

[28] Ike C B, Lee H. Measurement of the efficiency and productivity of national oil companies and its determinants [J]. Geosystem Engineering, 2014,17(1):1-10.

[29] LeSage J P. An introduction to spatial econometrics[J]. Revue d'économie Industrielle, 2008,(3):19-44.

[30] LeSage J P, Pace R K. Introduction to spatial econometrics (statistics, textbooks and monographs) [M]. Boca Raton: CRC Press,2009.

[31] Managi S, Opaluch J J, Jin D, et al. Stochastic frontier analysis of total factor productivity in the offshore oil and gas industry [J]. Ecological Economics, 2006,60(1):204-215.

[32] Managi S, Opaluch J J, Jin D, et al. Technological change and

depletion in offshore oil and gas[J]. Journal of Environmental Economics and Management, 2004, 47(2):388-409.

[33] Millo G, and Piras G. Splm: Spatial panel data models in r[J]. Journal of Statistical Software, 2012, 47(1):1-38.

[34] Moretz T. An assessment of China's ability to regulate its iron and steel industries[J]. Journal of Chinese Governance, 2018,3(1): 101-121.

[35] Ohene-Asare K, Turkson C, Afful-Dadzie A. Multinational operation, ownership and efficiency differences in the international oil industry[J]. Energy Economics, 2017(68):303-312.

[36] Ord K. Estimation methods for models of spatial interaction [J]. Journal of the American Statistical Association, 1975, 70 (349):120-126.

[37] Pesaran M H. General diagnostic tests for cross section dependence in panels[Z]. Cambridge University Working Paper,2004.

[38] Qiang L, Tuohan W. Social governance and the qinghe experiment[J]. Journal of Chinese Governance, 2016,1(1):139-156.

[39] Rahman F. Defeating or delaying the defaults: Bailout strategy of the Chinese government for its state-owned enterprises on their bond payments[J]. Journal of Chinese Governance, 2018,3(1):86-100.

[40] Ripley B D. Spatial statistics: Wiley series in probability and mathematical statistics[M]. New York, 1981.

[41] Sarafidis V, Wansbeek T. Cross-sectional dependence in panel data analysis[J]. Econometric Reviews, 2012,31(5):483-531.

[42] Sias R, Turtle H, Zykaj B. Hedge fund crowds and mispricing [J]. Management Science, 2015, 62 (3):764-784.

［43］ Sueyoshi T，Goto M. Data envelopment analysis for environmental assessment：Comparison between public and private ownership in petroleum industry［J］. European Journal of Operational Research，2012，216（3）：668-678.

［44］Thompson R G，Dharmapala P，Rothenberg L J，et al. Dea/ar efficiency and profitability of 14 major oil companies in U. S. exploration and production［J］. Computers and Operations Research，1996，23（4）：357-373.

［45］ Tobler W. Cellular Geography ［M］. New York：Springer，1979.

［46］ Wolf C. Does ownership matter? The performance and efficiency of state oil vs. private oil（1987—2006）［J］. Energy Policy，2009，37（7）：2642-2652.

［47］Xiao H. Public financial management and the campaign against extravagant position-related consumption in China［J］. Journal of Chinese Governance，2016，1（4）：546-563.

［48］Yang X，Yan J. Top-level design，reform pressures，and local adaptations：An interpretation of the trajectory of reform since the 18th cpc party congress［J］. Journal of Chinese Governance，2018，3（1）：25-48.

［49］Zhu X. Dynamics of central-local relations in China's social welfare system［J］. Journal of Chinese governance，2016，1（2）：251-268.

# 附录一  油田市场报告(OMR)数据简介

　　本研究利用的是 Spears & Associates 咨询公司的油田市场报告(OMR)数据。该报告提供全球油田设备和服务市场的收入信息。Spears & Associates 从 1996 年开始追踪油服市场,并且每年发布 OMR 报告。该报告每次不仅发布当年的新数据,而且还更新以前发布的数据。OMR中大部分数据是 Spears & Associates 通过以下 5 个途径得到的:上市公司年报(约 100 家公司)、公开信息、实地访谈(约 2000 个讨论)、贸易展览和网站访问。

　　OMR 数据集有很多优点。第一,该报告提供的是全行业内不同公司在相同标准下的部门和地区收益情况。不同公司在财务报告中对部门和区域有不同的分类,因此从 SEC 文件中直接使用他们汇报的分地区或分部门收益情况(如果汇报)是不明智的。第二,该数据集被这个领域内大多数公司和客户广泛使用。第三,Spears&Associates 通过以上五种途径调查并获得报告中的数据,市场认可度证实了该数据库估值的准确性。第四,OMR 每年更新,并根据最新的信息纠正历史数据。

　　在本书中,两年的 OMR(2011 年和 2015 年)用来生成 2002—2014 年公司层面的数据。OMR2011 包括 2002—2011 年按部门划分的公司层面收益,OMR2015 包括 2005—2014 年按部门划分的公司层面收益。

　　合并的 OMR 包含了全球大约 600 家油服公司的年收益情况。OMR

为 275 家公司提供了按部门划分的详细收益,其中 114 家是发布完整财务信息的上市公司。在这 114 家上市公司中,有 54 家公司有 2002—2014 年完整的按区域划分的收益数据。因此,本书使用的是一个有 54×13＝702 个观测值的平衡面板。

# 附录二　用永续盘存法估算资本存量

　　永续盘存法(PIM)是在许多生产率分析中使用最广泛的方法,用以调整投入要素中的资本投入项。Berlemann and Wesselhöft(2014)回顾了三种类型的 PIM,包括稳态方法、不均衡方法和综合时间序列方法。然后,他们将这三种方法合并成一种方法,进而避免各种方法带来的缺点。他们的方法遵循 de la Fuente 和 Doménech(2006)提出的程序。

　　PIM 将公司的资本存量定义为历年投资的积累量。总资本存量在每一时期以一定的折旧率减少,同时通过新的投资得到补充。因此,时期 $t$ 的资本存量是历年投资的累积:

$$K_t = \sum_{i=0}^{\infty} (1-\delta)^i I_{t-(i+1)}$$

　　然而,对于许多公司来说,一个从公司创建开始完整的历史投资数据是不可获得的。Thomson ONE,Bloomberg 和 Fact Set 只能追溯一定时间内的数据。假设投资只能跟踪到时期 $t_1$,那么当期资本存量可以使用如下形式估计:

$$K_t = (1-\delta)^{t-t_1} K_{t_1} + \sum_{i=0}^{t-1} (1-\delta)^i I_{t-(i+1)} \tag{B.1}$$

　　因此,计算资本存量所需的信息包括近期历年投资 $I_{t-(i+1)}$、折旧率 $\delta$、初始资本存量 $K_{t_1}$。首先,de la Fuente and Doménech(2006)提出对时间序列投资数据进行平滑处理,因为经济体处于向均衡调整的过程中,而不是大部分时间处于稳定状态。因此,本研究使用回归 $I_{it} = \alpha_i + \beta_1 t + \varepsilon$ 为每个公司可观测到的资本支出(投资)做平滑处理。其次,本研究遵循 Kamps (2006)的研究思路,采用了时变折旧方案。时变光滑折旧率可使用回归 $\delta_t = \alpha + \beta_2 t + \varepsilon$ 估计拟合值。本研究收集给定企业的年度折旧和总资本数据来计算会计折旧率,并利用这些信息进行回归。最后,时期 $t_0$ 的初始资本存量可通过投资 $I_{t_1}$、长期投资增长率 $g_I$ 和预计折旧率 $\delta$: $K_{t_0} \approx I_{t_1} / (g_I + \delta_{t_1})$ 来计算,其中增长率 $g_I$ 是 $\beta_1$,投资 $I_{t_1}$ 是相同的回归拟合值。与 Berlemann and Wesselhöft(2014)所使用的方法类似,本研究假定 $t_1$ 之前的所有年份,具有与 $t_1$ 相同的恒定折旧率。但对于本书收集的投资数据,折旧率是随时间变化的。因此,公式(B.1)变为:

$$K_t = \prod_{i=t_1}^{t} (1 - \delta_{t_i}) I_{t_1} / (g_I + \delta_{t_1}) + \sum_{i=0}^{t-1} \prod_{j=t-(i+1)}^{t-1} (1 - \delta_j) I_{t-(i+1)}$$

在我们的实证研究中,对于大多数仍处于活跃状态的公司来说,$t$ 是 2014 年,$t_1$ 为第一年的投资数据,但各公司之间存在差异。

# 附录三 油田市场报告(OMR)详细介绍、数据调整和部门划分

　　本研究使用了三个版本的 OMR 数据(2000,2011,2015),收集了1997—2014 年 114 家上市企业的分部门收益数据,文中表示为OMR1997—2014。OMR2000 包括了 1997—2000 年各企业分部门收益,OMR2011 包括了 1999—2011 年各企业分部门收益,OMR2015 包括了2005—2014 年各企业分部门收益。由于不同批次的数据在市场部门划分上存在差异,本研究使用 OMR2015 中对于市场部门的划分方式,调整其余两个数据库以使数据具有可比性。

　　对 OMR2000 的修订包括:(1)"录井技术"(Mud Logging)部门被新命名为"地面数据记录"(Surface Data Logging)部门;(2)"现场处理设备"(Field Processing Equipment)部门被移出市场;(3)"海上操作与服务部门/合同"(Offshore O & M Services/Contracting)部门被合并到"海上承包钻井部门"(Offshore Contract Drilling);(4)"生产测井"(Production Logging)部门被合并到"电缆测井"(Wireline Logging)部门。另外,OMR2000 与 OMR2011 中的"套管与胶结产品"(Casing & Cementation Products)部门被合并到"完井设备与服务"(Completion Equipment & Services)部门。最后,这两个数据库中的"压力泵送服务"(Pressure Pumping Service)部门被划分为"固井"(Cementing)和"水力压裂"

(Hydraulic Fracturing)部门。

OMR1997—2014中包含了来自全球约600家公司5个部门32个子部门的收益信息。详述了275家公司按部门和子部门划分的收益，其中114家是上市公司。其余300家小型公司在该报告中被归结到"其他"，详细的5个部门32个子部门划分信息如下：

1.勘探（Exploration）部门包括：（1）地质设备和服务（Geophysical Equipment & Services）。

2.钻探（Drilling）部门包括：（2）固井（Cementing）；（3）套管和油管服务（Casing & Tubing Services）；（4）定向钻井服务（Directional Drilling Services）；（5）钻头（Drill Bits）；（6）钻井液和完井液（Drilling & Completion Fluids）；（7）检查和涂层（Inspection & Coating）；（8）陆地承包钻井（Land Contract Drilling）；（9）录井技术（Logging-While-Drilling）；（10）海上承包钻井（Offshore Contract Drilling）；（11）国家石油专用管材（Oil Country Tubular Goods）；（12）固体控制与废物管理（Solids Control & Waste Management）；（13）地表数据记录（Surface Data Logging）。

3.完井（Completion）部门包括：（14）完井设备和服务（Completion Eqmpment & Services）；（15）连接油管服务（Coiled Tubing Services）；（16）水力压裂（Hydraulic Fracturing）；（17）试油（Productions Testing）；（18）租赁和捕鱼服务（Rental & Fishing Services）；（19）水下设备（Subsea Equipment）；（20）地面设备（Surface Equipment）；（21）地面数据记录（Wireline Logging）。

4.生产（Production）部门包括：（22）人工升举（Artificial Lift）；（23）承包加压服务（Contract Compression Services）；（24）浮动生产服务（Floating Production Services）；（25）特种化学物（Specialty Chemicals）；（26）油井服务（Well Servicing）。

5.资本设备、井下工具和海上服务（Capital Equipment，Downhole

Tools & Offshore Services)部门包括:(27)井下钻探工具(Downhole Drilling Tools);(28)石油航空(Petroleum Aviation);(29)海上建设服务(Offshore Construction Services);(30)钻机设备(Rig Equipment);(31)补给船(Supply Vessels);(32)单元制造(Unit Manufacturing)。

**图书在版编目(CIP)数据**

页岩能源革命:全球石油天然气产业的兴衰和变迁 /
龚斌磊著. —杭州:浙江大学出版社,2020.1(2025.4 重印)
ISBN 978-7-308-19673-4

Ⅰ.①页… Ⅱ.①龚… Ⅲ.①油页岩—能源工业—产
业发展—研究—世界 Ⅳ.①F416.22

中国版本图书馆 CIP 数据核字(2019)第 249712 号

**页岩能源革命:全球石油天然气产业的兴衰和变迁**

龚斌磊 著

| | | |
|---|---|---|
| 责任编辑 | 钱济平 | |
| 责任校对 | 沈巧华 | |
| 封面设计 | 续设计 | |
| 出版发行 | 浙江大学出版社 | |
| | (杭州市天目山路 148 号 邮政编码 310007) | |
| | (网址:http://www.zjupress.com) | |
| 排 版 | 大千时代(杭州)文化传媒有限公司 | |
| 印 刷 | 浙江新华数码印务有限公司 | |
| 开 本 | 710mm×1000mm 1/16 | |
| 印 张 | 14.75 | |
| 字 数 | 198 千 | |
| 版 印 次 | 2020 年 1 月第 1 版 2025 年 4 月第 2 次印刷 | |
| 书 号 | ISBN 978-7-308-19673-4 | |
| 定 价 | 60.00 元 | |